闽南师范大学学术著作出版专项经费资助

 福建省社会科学研究基地闽南师范大学闽南文化研究中心资助

Dock Economy and God's Habitation:
Study on the Social Changes of Zhangzhou Putou Harbor

码头经济与众神居所

漳州浦头港社会变迁研究

钟建华　著

中国社会科学出版社

图书在版编目（CIP）数据

码头经济与众神居所：漳州浦头港社会变迁研究／钟建华著 . —北京：
中国社会科学出版社，2023. 3
ISBN 978 – 7 – 5227 – 1443 – 1

Ⅰ. ①码… Ⅱ. ①钟… Ⅲ. ①信仰—民间文化—研究—漳州—明清
时代 Ⅳ. ①B933

中国国家版本馆 CIP 数据核字（2023）第 029397 号

出 版 人　赵剑英
责任编辑　宋燕鹏
责任校对　王佳玉
责任印制　李寡寡

出　　版　中国社会科学出版社
社　　址　北京鼓楼西大街甲 158 号
邮　　编　100720
网　　址　http://www.csspw.cn
发 行 部　010 – 84083685
门 市 部　010 – 84029450
经　　销　新华书店及其他书店

印　　刷　北京明恒达印务有限公司
装　　订　廊坊市广阳区广增装订厂
版　　次　2023 年 3 月第 1 版
印　　次　2023 年 3 月第 1 次印刷

开　　本　710 × 1000　1/16
印　　张　19. 75
字　　数　268 千字
定　　价　108. 00 元

凡购买中国社会科学出版社图书，如有质量问题请与本社营销中心联系调换
电话：010 – 84083683

序

　　中国古代以农立国，重农轻商甚至重农抑商是数千年封建社会的基本国策。然而，即使在自给自足的封建社会的广大农村，商品交换也不能缺少，至于都市城镇商业更是须臾不可或缺。在中国封建社会特定的历史时期、特定的地域，重农轻商国策往往成为一纸空文。

　　宋代之后，江南地区的经济超越中原，成为中国经济的重心，而推动中国经济重心南移的主要动因之一是商业的发展。福建偏处东南一隅，唐代之前被视为"蛮荒"之地。但唐末五代社会经济得到较快发展，至宋代福建社会经济进入全面迅速发展时期，从原来的"瓯越险远之地"发展为"东南全盛之邦"，超越中国大多数地区。福建社会经济后来居上的原因是多方面的，其中泉州港的兴起、商品贸易的繁荣、闽商集团的形成显然是推动福建各地经济大发展的主要动因。宋代之后，福建社会经济文化起起落落，曲折发展，从经济史的角度观察，不难发现，福建社会经济文化的兴衰与海外贸易的兴衰基本同步，海外贸易发展了，商业就繁荣，文化也就随着兴盛，相反，社会经济文化便衰微。

　　漳州地处闽南，与广东潮汕比邻，相对于省会福州和一度作为世界级港口城市泉州而言，明代之前的漳州并不显山露水。然而，有道是"风水轮流转"，明代中后期漳州因月港的兴起而走上世界舞台。明初实行"海禁"，禁止除了"朝贡贸易"之外的所有海外贸易，闭关锁国，对中国沿海经济，特别是福建、广东沿海带来致命性打击，民不聊生。然而，任何政治势力都无法阻挡经济发展的规律，沿海人民为了生存，便以"走私"来反抗"海禁"，私人海上贸易逐渐发展起来，嘉靖时期达到鼎盛，漳州月港因特殊的地理条件而勃兴，成为明代后期中国对外贸易的第一大港。

漳州浦头港地处漳州府城城郊结合带，它与位于九龙江出海口南北岸的月港与厦门港连接紧密，是明清以来漳州府城最大也是最重要的内河码头。浦头港内沿着浦头溪西岸有四个带有专营性质的小码头，与漳州府城东门街的二条主要商业街相连接，夹以一条可通舟楫、港汊众多的狭长港道——喜心港，形成了颇具规模的浦头市，在明清时期漳州府城的商贸中扮演着重要的角色。随着码头经济和商品贸易的发展，浦头港民间信仰也应运勃兴，这里陆续兴建的大大小小的庙宇多达十九座，其中主祀关公的崇福宫规模最大，俗称浦头大庙，浦头港人公认其为众庙之首，实为他们集体供奉的庙宇，其他庙宇则为角头庙，因此，民间流传有"大庙管十八庙门"俗语，反映了当时的宗教信仰文化生态。所以，无论从明清对外贸易史，还是漳州城市发展史，抑或是民间信仰史，漳州浦头港都是一个值得深入研究的课题。

然而，学界对漳州浦头港的兴衰嬗变几乎无人问津，根本原因是许多学者虽然认识到浦头港研究的重要学术价值，但苦于资料大多散落在民间，难以全面收集，故只能暂时放弃。众所周知，历史事件都是过去发生的，随着时间的推移，历史事件原有的信息也会逐渐丧失，通常的情况下，历史事件发生的时间离我们越久，历史信息丧失的就越多，历史的原貌就会逐渐模糊，甚至扭曲、变形，历史学研究的首要任务就是要尽可能恢复历史原貌，在此基础上才有可能对历史事件进行分析评判。我在给研究生上课时，经常把历史事件比作被打碎并散落各处玻璃瓶，把历史学研究比作是玻璃瓶的修复过程。要修复被摔碎了的玻璃瓶，修复工匠首先要做到是收集玻璃碎片，只有尽可能多地收集到碎片才有可能恢复玻璃瓶的原貌。同理，历史学家要进行某个历史事件的研究，首要任务就是要尽量多地找到散落在各处的文献资料，才有可能恢复历史的原貌。可是要找到散落的各处的文献资料谈何容易，特别是随着时间的推移，许多文献资料再也找不到了，因此只能借助别的研究方法诸如人类学、民俗学、社会学来弥补了。

钟建华毕业于西北民族大学社会人类学·民俗学系，经过严格的专业训练，后又长期从事学术刊物编辑工作，既有扎实的文字功夫，又擅长于田野调查。2014 年，钟建华成为我的博士研究生，根据他的学术优势和治学志向，确定以明清以来浦头港兴衰嬗变为博士论文选题，要求以历史学研究方法为主，结合人类学、民俗学等研究方法，个案研究与整体观察并重，透过码头经济和庙宇生态的变化揭示明清以来漳州社会的变迁，进而为中国城镇史、海上丝绸之路史、民间信仰史提供具有一定历史深度，兼具代表性与启发性的研究个案。钟建华不负所望，读博期间，在广泛收集文献资料的同时，深入民间进行扎实的田野调查，勘察港口码头街巷，访谈耆老，抄写碑文，观看宗教仪式，收集到十分珍贵的各种资料，为完成博士论文奠定了坚实基础。毕业后，钟建华继续完善博士论文，不但使论文更加全面系统，一些观察也更加深入，提出的观点更有说服力了。现在钟建华将博士论文充实为专著即将由中国社会科学出版社出版，作为导师的我也倍感欢心，可喜可贺！窃以为只要扎扎实实地做学问，其研究成果一定会得到学界的认可，甚至传世，钟建华的研究历程和研究成果就是一个很好的例证。

林国平

2021 年 5 月 10 日于福州寓所

目　录

第一章　绪论 ……………………………………………………（1）
　　第一节　闽南民间信仰研究的回顾与思考 ………………（1）
　　第二节　研究思路与论述框架 …………………………（9）

第二章　明清时期漳州浦头港的兴起与发展 ………………（19）
　　第一节　明代月港与清代厦门湾港口经济的相继兴起 ………（19）
　　第二节　月港与厦门湾港口经济对浦头港的影响 …………（34）

第三章　明清时期浦头港民间信仰的重构与发展 …………（48）
　　第一节　明代浦头港民间信仰的历史回溯 ………………（48）
　　第二节　清代浦头港民间信仰核心宫庙的建构 …………（66）
　　第三节　清代浦头港角头庙的集体繁荣 ………………（112）

第四章　近现代以来浦头港及其民间信仰的历史变迁 …………（141）
　　第一节　命运多舛的浦头港 ……………………………（141）
　　第二节　动荡中的浦头港民间信仰 ……………………（153）

第五章　改革开放以来浦头港民间宫庙群的复兴 …………（162）
　　第一节　浦头港民间信仰的复苏与发展 ………………（164）

第二节 城市化进程中的浦头港民间信仰 ……………………（186）

第三节 浦头港"联合宫庙"东岗祖宫 …………………………（206）

第四节 现代与传统的博弈：2006年浦头港端午节
　　　　"扒龙舟" ………………………………………………（218）

第六章 结论 ……………………………………………………（254）

第一节 浦头港民间信仰的主要特点 …………………………（254）

第二节 浦头港民间信仰周期性发展的启示 …………………（259）

参考文献 ………………………………………………………（266）

附录一 浦头港地理位置图三幅 ………………………（276—277之间）

附录二 改革开放以来浦头港各民间宫庙重修捐款
　　　　芳名碑 …………………………………………………（278）

后　记 …………………………………………………………（305）

第一章

绪　　论

第一节　闽南民间信仰研究的
回顾与思考

改革开放以来，中国大陆与台湾地区的学界都曾对民间信仰研究做过比较充分的总结，大陆方面的代表性论述有吴真《民间信仰研究三十年》[①]，后续又有陈进国《中国民间信仰研究述评——以大陆地区为中心》[②] 等；台湾地区方面则有张珣《百年来台湾汉人宗教研究的人类学回顾》[③]、郑志明《台湾民间信仰的研究回顾》[④]等。具体内容不再赘述。需要注意的是，闽南民间信仰研究的发展历程与整个大陆民间信仰研究的前进步伐是基本一致的，既置身于大陆整个民间信仰研究的历史进程中，又深受海外宗教人类学研究的影响；相对而言，受限于台湾"解严"（1987）前后海峡两岸不同的交流态势，先行一步的海峡彼岸的台湾地区民间信仰研究对闽南民间信仰研究的影响相对较小。

[①] 吴真：《民间信仰研究三十年》，《民俗研究》2008 年第 4 期。

[②] 陈进国：《中国民间信仰研究述评——以大陆地区为中心》，载路遥《中国民间信仰研究评述》，上海人民出版社 2012 年版。

[③] 张珣：《百年来台湾汉人宗教研究的人类学回顾》，载张珣、江灿腾《当代台湾宗教研究导论》，宗教文化出版社 2004 年版，第 193 页。

[④] 郑志明：《台湾民间信仰的研究回顾》，《世界宗教研究》2013 年第 1 期。

一　开创期

从 20 世纪二三十年代北京大学国学门以顾颉刚先生为代表的教授群南下厦门大学，成立厦门大学国学院，并进行了一系列的风俗调查与学术出版活动，揭开了福建民间信仰研究，尤其是闽南民间信仰研究的帷幕。其中，张星烺、陈万里奔赴泉州调查中外交通史料、古迹、宗教信仰、郑成功传说故事；顾颉刚对泉州安海土地神祠、厦门的墓碑进行调查；容肇祖对厦门偶像崇拜及福建的民俗事象进行调查；林语堂对闽南民间文化进行调查；林惠柏对闽南乡村生活习俗进行调查；林惠祥对闽南民间宗教信仰进行调查。① 这其中有历史学家、民俗学家、文学家、语言学家、人类学家等，显示了闽南民间信仰研究一启动就具备多元学科关注与介入的学术特点。从当时厦大国学院周刊刊发的文章与目录来看，尚有林幽《风俗调查书》、顾颉刚《泉州土地神》、陈万里《泉州的第一次旅行》、林语堂《平闽十八洞所载古迹》、高子化《云霄的械斗》，未出刊的目录还有潘家洵《观世音》、顾颉刚《天后》、林惠祥《闽南的下等宗教》、容肇祖《鬼神迷信》、林惠柏《闽南乡村生活》等，显示出了闽南民间信仰研究蓬勃的发展势头。可惜的是，这批学者在厦门大学短时间停留后，又辗转到了中山大学。但是，闽南民间信仰的研究活动依然保持一定的活力，其后中山大学民俗学会除了出版前述魏应麟《福建三神考》、容肇祖《迷信与传说》，还有吴藻汀《泉州民间传说》等著作面世，都涉及闽南民间信仰的研究。20 世纪 30 年代成立的中山大学民俗学会厦门分会与福州分会均创办《民俗周刊》，分别在《思明日报》与《民国日报》副刊刊发了许多福建各地的民俗调查与研究文章，厦门分会还出版了吴藻汀《泉州民间传说》2 集等著作；中山大学民俗学

---

① 陈育伦：《对二三十年代福建民俗学运动的回顾》，载苑莉主编《二十世纪中国民俗学经典·学术史卷》，中国社会科学文献出版社 2002 年版，第 72 页。

会漳州分会在 1931 年成立，翁国樑主持，出版《民俗周刊》30 多期，翁国樑著有《漳州史迹》（1935 年版，2002 年漳州图书馆重印）。其后闽南民间信仰研究陷入低潮。

总的来说，这段时间闽南民间信仰研究更多处在开创期（比如顾颉刚先生所著《天后》一文是我国早期研究妈祖信仰的开拓性文章），虽然总体研究流于调查记录与初步分析，但是参与者的研究起点都很高，涉猎的范围也很广阔，西方人类学的理论影响初步显现，学者们从象牙塔走向了民间，地方知识分子也积极参与其中，形成了良好的学术互动与传统。

二 兴盛期

改革开放以来，闽南民间信仰研究在福建民间信仰研究总体兴盛的掩映下，有了很大的进步。但是，相对于闽南地区蓬勃发展的民间信仰活动来说，闽南民间信仰研究仍然是滞后的。然而，在改革开放四十几年的发展历程中，闽南民间信仰作为一富有区域色彩的研究对象，其研究有其特点，在取得了不小的研究成果的同时，也仍存在许多不足。

其一，以召开各种学术研讨会为活动载体的闽南民间信仰研究成果颇丰，主要形式是编撰出版相关的论文集。改革开放以来，几乎与台湾"解严"（1987）同时期，闽南地区因为对台关系，在官方的引导与民众积极推动下，学者主动介入，在其后的三十几年里，几乎每年都举行了一次到多次以妈祖、保生大帝、关帝、开漳圣王、清水祖师、三平祖师、广泽尊王、城隍、福德正神等神明为主题的学术研讨会，且大多编撰或出版了相关的论文集。21 世纪以来，自 2001 年开始举办两年一届的闽南文化学术研讨会，至今已举行 8 届，其会议论文集包含了大量闽南民间信仰研究的文章，再加上厦、漳、泉各地高校举办的各种主题的闽南文化学术研讨会，以及各式各样的"文化搭台，经济唱戏"为名目的地方文化学术研讨会，闽南民间信仰研究都在其中扮演重要角色，形成了数量庞大的论文集。纵观历年编撰的各种闽南民间信仰论文集，21 世纪之前，历史学研究在其中所占分量相当大，显示了闽南民间信仰研究拥有深厚的历史学底蕴与传统，如朱天顺主编《吴真人学术研究论文集》（厦门大学出版社 1990 年版）、林文豪主编《海外学人论妈祖》（中国社会科学出版社 1992 年版）、朱天顺等编《陈元光国际学术论文集》（厦门大学出版社 1993 年版）。随着时间的推进与研究深入，相当多的会议论文更加重视吸收了田野调查等重要研究手段，做到了历史文献与田野考察并举，积极吸收人类学、民俗学、宗教学、社会学等学科研究理念，再加上中国台湾与东南亚、欧美等地的学者源源不断地加入，这一类论文集的文章进入了多元学科理论研究兼顾的阶段，如陈支平主编《一统多元文化的宗教学阐释：闽台民间信仰论丛》（厦门大学出版社 2011 年版）。遗憾的是，尽管每年有诸多闽南民间信仰学术研讨会举行，早期曾经很有力地推动过闽南民间信仰的研究，如今却显示出后继乏力的态势，更多陷入文化宣传的困境。这一类学术研讨会对于如何全面整理闽南民间信仰的基础资料，以及如何全面深化闽南民间信仰研究很有鼓动作用与启发之功，但实践之可行性似乎不是很大。

其二，闽南民间信仰虽有很强的区域特色，但是对整个福建文化来说，并没办法完全脱离其中，大同小异的文化性质，使得闽南民间信仰研究总是难以避免被福建民间信仰整体研究掩盖的尴尬。20 世纪 90 年代以来出版的比较有影响的福建民间信仰论著，如林国平、彭文宇《福建民间信仰》（福建人民出版社 1993 年版）、徐晓望《福建民间信仰源流》（福建教育出版社 1993 年版）、林蔚文《福建民间动物神灵信仰》（方志出版社 2003 年版）、刘大可《传统与变迁：福建民众的信仰世界》（社会科学文献出版社 2010 年版）、徐晓望《福建民间信仰论集》（光明日报出版社 2011 年版）、谢重光《闽粤台民间信仰论丛》

（海洋出版社 2012 年版）、林国平《闽台民间信仰源流》（人民出版社
2013 年版）等，所阐述的民间信仰内容涉及福建地区的每个角落，著
者习以为常，读者也不以为意，可见福建内各地区民间信仰整体性质的
大同；唯独涉及闽南民间信仰迁播台湾及东南亚的论述，才让人为之侧
目，稍微能够体察到闽南区域文化在民间信仰方面表现出来的个性。因
此，稍后有以"闽南民间信仰"为名目的论著出版，如郑镛、涂志伟
《漳州民间信仰》（海风出版社 2005 年版）、连心豪、郑志明《闽南民
间信仰》（福建人民出版社 2008 年版）、郑镛《闽南民间诸神探寻》
（河南人民出版社 2009 年版）、段凌平《漳台民间信仰》（厦门大学出
版社 2011 年版）、陈桂炳《泉州民间信仰》（九州出版社 2012 年版）、
段凌平《闽南与台湾民间神明庙宇源流》（九州出版社 2012 年版）等，
这些论著归拢了闽南民间信仰的范围，大致明确了闽南民间信仰的内
容，并进行了调查、梳理与考证，对于闽南民间信仰文化的历史渊源、
流变与迁播等研究有比较大的贡献。

其三，以历史人类学为代表的多元学科综合研究闽南民间信仰，
是目前闽南民间信仰研究的主要学术取向。

21 世纪前后十几年里，大陆民间信仰研究涌现了三种引人注目的
研究取向，即社会人类学、宗教人类学与历史人类学，三者分别在民
间信仰上取得了不俗的研究成果，这在闽南民间信仰研究实践上也得
到一定的体现。

社会人类学对于民间信仰的全面理论诠释，民族志的书写，完美
弥补了民俗学研究因偏重历史性与发生学而显得在社区传统共时性研
究和理论升华方面不足的缺憾，由此涌现了许多人类学理论阐释中国
传统社会的理论著作与众多精美的社区研究个案。如王铭铭《社会人
类学与中国研究》（生活·读书·新知三联书店 1997 年版）、王铭
铭、潘忠党主编《象征与社会：中国民间文化的探讨》（天津人民出
版社 1997 年版）、王铭铭《村落视野中的文化与权力：闽台三村五

论》（生活·读书·新知三联书店 1997 年版）等。

宗教人类学之于大陆民间信仰研究，更多是海外中国研究者做出的学术贡献，陈进国称为民间信仰研究的新视野①，特点在于糅合历史学、人类学与宗教学等学科于一体，综合研究民间信仰。他们对中国民间宗教、民间信仰的象征体系、组织结构及运作模式、仪式实践、社会功能等都有较为深入的考察。② 与闽南民间信仰研究密切相关的代表作有 [英] 莫里斯·弗里德曼《中国东南的宗族组织》（上海人民出版社 2000 年版），其架构了中国华南地方社会中宗族操办的宗教祭祀为地方权力演练的理念，颇有影响；[美] 韦思谛《中国大众宗教》（江苏人民出版社 2006 年版）精心收集了其时美国的中国研究者关于中国宗教的最新成果，其中对美国人类学家华琛提出的"神的标准"③ 进行了讨论与修正，引人注目。其他的著作，诸如 [美] 杨庆堃《中国社会的宗教：对宗教的社会功能与其历史因素的研究》（世纪出版社/上海人民出版社 2007 年版）对于整个中国民间信仰海外研究有着启迪与纠偏之功，对于民间信仰为发散性宗教的定位令人耳目一新；[美] 武雅士《中国社会中的宗教与仪式》（江苏人民出版社 2014 年版）对于神灵谱系如神、鬼与祖先的抽象及其社会功能的思考，对大陆民间信仰研究深有启发；[英] 杜赞奇《文化、权力与国家：1900—1942 年的华北农村》（江苏人民出版社 1994 年版）以庙会组织和关帝信仰为例，讨论民间信仰是中国传统地方精英努力构造与维系地方权利文化网络的重要环节；[美] 韩森《变迁之神：南宋时期的民间信仰》（浙江人民出版社 1999 年版）则通过南宋王朝对区域性祠神的压制与封赐过程，以探

---

① 陈进国：《中国民间信仰研究述评——以大陆地区为中心》，载路遥《中国民间信仰研究评述》，上海人民出版社 2012 年版，第 51 页。

② 陈进国：《中国民间信仰研究述评——以大陆地区为中心》，载路遥《中国民间信仰研究评述》，上海人民出版社 2012 年版，第 52 页。

③ James L. Waston. Standardizing the Gods：The Promotion of T'ien Hou, Popular Culture in Late Imperial China. David Johnson, Andrew J. Nathan, Evelyn S. Rawski. 台北：南天书局 1987 年版，第 293 页。

讨士绅等地方权力群体与国家政权的互动；〔美〕韩明士《道教与庶道：宋代以来的道教、民间信仰和神灵模式》（江苏人民出版社 2007年版）指出中国人眼中的神祇有两种模式——官僚模式与个人模式，信奉者的需求在人神关系中扮演着主动的角色；〔英〕王斯福《帝国的隐喻：中国民间宗教》（江苏人民出版社 2008 年版）对于地域社会神明崇拜体系和帝国官僚体系的模仿的象征性隐喻有着独到的阐释，等等。诸如此类，海外中国研究者所掌控的宗教人类学研究取向，在中国民间信仰研究的实践上，显示出了他们所擅长的超前的理论反思与理论建构的特质，为中国民间信仰的研究增添了新动力，对闽南民间信仰研究深有启迪与影响。

值得一提的是，以赵世瑜、陈春声、郑振满、刘志伟等的为代表的历史人类学研究，显示了两种学术反思结果。

其一，陈春声、郑振满将傅衣凌先生关于中国社会经济史的研究理念用于民间信仰研究。傅先生《福建佃农经济史丛考》一书，强调民间文书的收集和整理对中国社会经济史研究的重要价值，指出进行农村经济小区研究的同时，不放弃其对中国社会经济形态之总的轮廓的说明。傅先生强调"把活材料与死文字两者结合起来"的研究方法，包含了社会经济史研究者在心智上和情感上回到历史现场的深刻意涵。① 民间信仰作为"小历史"的重要内容之一，他们将傅先生关于文献材料与实地调查相结合的研究范式，用在民间信仰研究上，无疑是触类旁通，立见奇功。这是历史学"由下自上"学术关怀的必然结果，是历史学对社会学、人类学、民俗学等学科研究理论的主动吸纳，并发展出了新的研究境界。

其二，人类学向历史学的主动靠拢。人类学的长处在于田野调查与共时性的社区研究与个案深描，即民族志的书写。当人类学的研究

---

① 陈春声：《走向历史现场》，载郑振满《乡族与国家：多元视野中的闽台传统社会》，生活·读书·新知三联书店 2009 年版。

视线从以往无文字的原始部落转移到像中国这一类拥有漫长文明史和体量庞大的历史文献的国度时，人类学研究找到了更为庞杂与立体的研究对象。因为有了大量历史文献的支撑，使得人类学共时性的社区研究有了纵向和横向发展的无限可能，那么，历史学所重视的历史文献爬梳、考证与归纳优势凸显无遗。人类学研究的核心内容即田野调查与文化演绎，有了历史学的支撑，终于能够脚踏古今，实现了意义非凡的学术平衡。

相对于社会人类学与宗教人类学，历史人类学是现今大陆民间信仰研究时兴的另一种研究路数。其代表作有王铭铭《逝去的繁荣——一座老城的历史人类学考察》（浙江人民出版社 1999 年版），赵世瑜《日常与狂欢——明清以来的庙会与民间社会》（生活·读书·新知三联书店 2002 年版）与《小历史与大历史：区域社会史的理念、方法与实践》（生活·读书·新知三联书店 2006 年版），郑振满、陈春声《民间信仰与社会空间》（福建人民出版社 2003 年版）、范正义《民间信仰与地域社会——以闽台保生大帝信仰为中心的个案研究》（厦门大学博士学位论文，2004 年）、华南研究会编《学步与超越：华南研究论文集》（香港文化创造出版社 2004 年版），陈进国《信仰、仪式与乡土社会：风水的历史人类学探索》（中国社会科学出版社 2005 年版）、郑振满《乡族与国家：多元视野中的闽台传统社会》（生活·读书·新知三联书店 2009 年版）、林国平《签占与中国社会文化》（人民出版社 2014 年版）等。

综上所述，闽南信仰研究已取得了许多成果，相关的研究方法与视野也有了质的飞跃。而闽南民间信仰研究的缺憾在于：厦漳泉三地对闽南民间信仰基础资料的全面调查与整理多有基础，但限于社会经济文化发展水平，以及缺乏专项的人力、物力，因而尚无一网打尽式的资料收集与整理的学术雄心与实践勇气。面对内容繁复多彩的闽南民间信仰文化，以此为专业研究的科研力量较少，做擦边球式研究的较多；研究方法因人而异而显得多元，虽时有创新，但普及面不是很够，深入的专项研究依然缺乏，有深度的个案研究稀少。

有鉴于此，2012 年，闽南师范大学闽南文化研究院重大课题"闽南民间信仰与漳州社会变迁"立项，以历史学与人类学等多学科综合的研究视角，对漳州民间信仰进行了一次多节点式的个案研究工作，并于 2016 年正式出版结项成果《漳州民间信仰与闽南社会》①。由此，挖掘了许多闽南民间信仰研究新材料，开辟了闽南民间信仰研究的新视角，尤其是有力地促进了该课题主要调研地——漳州的民间信仰研究。受此触动，笔者的博士学位论文即选择以九龙江干流之一的西溪故道"浦头溪"中段的内河码头——浦头港为田野调查地，从历史学、人类学、民俗学等学科综合的研究视野出发，对明清以来这一具有特殊经济地理区位的漳州府城东厢最大的内河码头——浦头港的民间信仰的历史存在及其现状，进行详尽的文献爬梳与深入的田野调查，希冀为闽南民间信仰研究提供一项既有纵深历史脉络，又有丰富横截面内容，并具备一定代表性的研究个案。本书即在笔者的博士学位论文基础上进一步修改而成。

第二节 研究思路与论述框架

一 研究思路

行啊行，小溪透（通）山城②，漳州有个龙眼营。又再行，走入漳州城，走入浦头街，还有巷下（凤霞）浸水埕。又再行，

---

① 林国平、钟建华主编：《漳州民间信仰与闽南社会》（上、下），中国社会科学出版社 2016 年版。

② 小溪镇是漳州平和县的县城所在地，山城镇是漳州南靖县的县城所在地，这是与漳州府城同处于九龙江西溪流域的两个上游县城，自古以来与浦头港就有着紧密的水陆交通与商业贸易关系。

> 走到港后王厝埕。又再行，走到王爷庙乞丐营，走到枕头街，是
> 杨桃仔埕。又再行，走到粉仔街五谷埕，走到大庙，是盐馆埕。
> 又再行，走到马寮尾，是蚶壳埕。……

当土生土长的浦头人林师傅①笑语盈盈的把这首老旧的浦头港商业地理歌念给笔者听的时候，距离笔者调查浦头港民间信仰已经过去四年多，浦头港的历史地理、社会经济文化及其民间信仰内容逐一明晰了起来。

浦头港是本地民众对浦头溪西岸浦头社一带的俗称，是一个笼统的商业地理称谓，主要体现的是当地人对于明清以来浦头曾经辉煌的码头经济的深刻历史记忆。而其地理核心是浦头人经常自称的"浦头社里"，大致就是明代的浦头社，清代与民国时期的浦头保，现在的浦头社区。按照林师傅的描述，浦头社里的四至大概如下：东至田中央瓮仔窑，西至后港仔补牙医室，南至古玩街（后田仔、新行街一带），北至塔后社。同是浦头本地人的苏师傅②干脆为笔者提供了一份他自己手绘的浦头各角落的地图（附录一　图1.1）。按照这幅地图来看，浦头社里的范围比前述浦头社里四至会稍微大一些，也更准确。浦头各角落的外围：东端沿着浦头溪西岸一侧，东北至田中央，即现在的龙文区的田丰村，南部则到马寮尾渡口，也就是现在的新浦路浦头大桥处，这是比较明确的地理界限。往西则

---

① 林建国先生，人称亚国师，男，现年70多岁，土生土长的浦头人，对浦头地方文化，尤其是民间宫庙保护非常热心，是"浦头文保小组"主要成员，以经营馒头店为生，与已故浦头人厦门大学叶国庆教授熟稔，叶先生生前常称他"卖馒头的"，是笔者在浦头港调研的主要报道人之一。

② 苏水泉师傅，男，现年80多岁，亦是土生土长的浦头人，一生阅历很丰富，年少时候随父母租住遍及浦头港各个角落，因此十分熟悉浦头港的各条街市。受其祖母影响，苏师傅在20世纪五六十年代担任过浦头港"扒龙舟"浦头大庙青色龙舟的主事整整十年（1955—1965）。苏师傅又十分多才，是"漳州南词"的第六代传人，漳州南词省级非物质文化遗产传承人，能弹会写，能说会画。

是浦头港纵深的街市，以喜心港为中轴，北边最外侧则与相厝社、塔后社、官园社毗邻，内里有东西走向的文化街，与凤霞祖宫玄天上帝庙交界；南边最外侧为新浦路，与诗浦毗邻，这倒很齐整划一，内里亦是东西走向的新行街，最西即为新行街上下街的交界处虾（霞）浦小学为止，所以，新行下街又称浦头街。当然，把新行上街在商贸意义上归纳到浦头港中来，也没有错，但浦头人心理上并不认为其属于浦头社里，这点是明确的。

　　漳州城东一带俗语常道"岳口街团仔不怕鬼，浦头港团仔不怕水"。[①] 浦头溪作为西溪故道（附录一　图1.2），由南向北流淌，环抱漳州城东门后，再向东直奔入海。在浦头溪中段位置形成的浦头港是明清以来漳州府城最大也是最重要的内河码头。浦头港内里沿着浦头溪西岸一溜还分为四个小码头，分别为：周爷楼（即文英楼）码头（主要经营海鲜干货等）、米坞码头（又称探花码码头，主要经营柴、米、布等）、大庙前码头（去南洋，外出，专门提供上下客人的码头）和广兴码头（又称番薯馆码头，主要经营地瓜粉、面线、瓷器等）。这四个小码头与漳州府城东门街之间由三条主要商业道路相连接，分别是南边的新行街街市、中间的水路喜心港港道与北边的文化街街市。而这三条商业道路的横截面则是由无数纵横交错的街道、巷道与桥梁构成，历史上又称这一带为"浦头市"。值得强调的是，浦头人都知道，浦头市又比浦头港与浦头社大得多，至少包括新行街上街、巷口街和凤霞街这一带，但这些街市则属于与浦头保西侧紧邻的附凤保的街市。

　　浦头港的民间信仰内容，可用浦头本地一句通行的俗语来概括，即："大庙管十八间庙门"。这句俗语一方面表明，自明清以来，浦头

---

　　① 这句话的意思是，漳州规模宏大的城隍庙就在岳口街，这里的小孩见惯了城隍庙里的大小鬼，对此也就无所畏惧；而浦头港一带靠水吃水，这里的小孩子常年在浦头溪里扑腾，水性都很好。

大庙确确实实在扮演着浦头港民间信仰核心的历史事实；另一方面，也为笔者厘清浦头港的民间信仰范围做了一个相对清楚的表述。这里的大庙，指的是浦头大庙崇福宫（主祀神为关公），至今还留存在浦头人记忆中的其他宫庙有：霞东书院文昌宫、文英楼（定潮楼）周仓爷庙、祈保亭观音佛祖庙、东岗关帝庙（因浦头大庙主神是关公，因此这座庙被称为关帝小庙）、蛏仔市祥慈宫妈祖庙、文浦亭有应公妈庙、管仔顶保生大帝庙、探花码土地公庙、石桥头增福祠土地公庙、闸仔头谷保仙王庙（无存，谷保仙王寄放在增福祠祭祀）、人和庙（庙已无存，目前浦头已经无人记得其主神是什么神明，叶国庆教授曾记得该庙祭祀的是"开漳圣王"陈元光的重要部将辅顺将军马仁①）、朝天宫保生大帝庙（无存，保生大帝寄放在浦头大庙祭祀）、三公庙（无存，不知祭祀何种神明）、合美宫王爷庙（主祀神是白氏王爷公）、柳仔脚妈祖庙（无存，现重塑神像在东岗祖宫）、水田陵土地公庙（无存，现重塑神像在东岗祖宫）、龙泉馆潭仔有应公妈庙（无存）、河仔尾佛祖庙（无存，主祀神注生娘娘被合并到祈保亭佛祖庙）、田中央凤田宫（奉祀伽蓝大王与夫人）、相厝伽蓝大王庙。而所谓的庙门，指的是有社里人专门奉祀的庙。那么根据现今浦头港耆老的口述，能够回忆或明确的称得上是"庙门"的浦头民间宫庙有：

1. 浦头大庙崇福宫，主祀关公，属于全浦头所有；

2. 霞东书院文昌宫，主祀文昌帝君，属于后田仔、新行街，实为全浦头所有；

3. 文英楼（定潮楼）周仓爷庙，主祀周仓爷，属于盐鱼市、港脚社；

① 叶国庆：《笔耕集》，厦门大学出版社1997年版，第65页。

4. 祈保亭观音佛祖庙，主祀观音佛祖，属于祈保亭角落；

5. 东岗关帝庙，主祀关帝，属于粉街仔、水田陞、柳仔脚；

6. 祥慈宫妈祖庙，主祀妈祖，属于蛏仔市；

7. 管仔顶保生大帝庙，主祀保生大帝，属于管仔顶；

8. 探花码土地公庙，主祀土地公土地婆，属于探花码角落；

9. 增福祠土地公庙，主祀土地公土地婆，属于石桥头与米市仔，一边一半；

10. 闸仔头谷保仙王庙，主祀谷保仙王神农氏，属于石桥头与米市仔，一边一半，已无存；

11. 人和庙，叶国庆教授曾称主祀神是开漳将领辅顺将军马仁，属笼子街与蛏仔市，一边一半，已无存；

12. 朝天宫，主祀保生大帝，属于朝天宫角落，已无存；

13. 三公庙，主祀神名已轶，属于圆潭仔郭姓人奉祀，现庙与信众皆已无存；

14. 合美宫王爷庙，主祀白氏王爷，属于王爷庙角落；

15. 河仔尾佛祖，主祀注生娘娘，属于河仔尾角，已无存；

16. 相厝伽蓝大王庙，主祀伽蓝大王，属于上厝社；

17. 田中央凤田官，主祀伽蓝大王与伽蓝夫人，属于田丰社；

18. 塔后武当宫，主祀玄天上帝，属于塔后社。

　　记忆与历史，难免会有偏差，同时，历史的发展本身就是一个变动不居的过程。笔者在上厝社相厝庙庙门左侧墙壁高处找到的一块黑底白字的古朴铁质牌匾（附录一　图1.3），其上有"龙溪县第一区霞浦镇"牌匾名及其具体管辖各里的记载，对照《芗城区志》对"龙溪县民国时期区划"①的记载，其为民国三十六年龙溪

---

① 福建省漳州市芗城区地方志编撰委员会编：《芗城区志》卷一《建置》，方志出版社1999年版。

县设 3 镇 18 乡 236 保和一个特编甲中的"霞浦保"，属于丹霞镇中的 15 保之一，不知何时曾改称镇，因此该牌匾才会出现"霞浦镇"的字样。但是霞浦就是浦头，这是毫无疑问的，源自漳州府原有"霞城"之谓，城东的浦头雅称霞浦，再合适不过。浦头增福祠现存清代道光四年"重修增福祠碑记"第一句即"霞浦择建增福祠，市廛境止而祈福庇者也"，可见把浦头雅称为"霞浦"在清代浦头一带就已出现。相厝庙那块牌匾很清楚地标明了霞浦镇即浦头保所管辖的 25 个里：水边王崎（即现在的水田墘，笔者注）、闸仔头、中街里、金城内、中巷里、粉街里、大庙里、探花里、上厝里、大埕里、石桥里、米市里、潭仔尾里、王厝呈港后里、枕头里、朝天宫里、祈保亭里、王爷庙里、下新行里、盐鱼市里、周爷庙里、蛏仔市里、笼仔街里、人和里、后壁田仔里。这些地名与苏师傅提供的浦头各角落旧址手绘地图（附录一　图 1.1），几乎可以一一对照，苏师傅的记忆真是精准！我们可以发现，塔后社与田中央社已经在历史的发展过程中发展壮大，从而独立出去，至少到民国三十六年，已经不在浦头保的范围之内。这对于我们探讨浦头港的民间信仰内容又有了更明晰的范围界定。

明清以来，"大庙管十八庙门"的涌现与浦头港经济社会的发展是并行不悖的。浦头港变动不居的码头人口特性使得很少有家族在此繁衍长久，但是这些民间宫庙，则大多顽强地留存了下来，道理一同"铁打的营盘，流水的兵"。可以想象，这些民间宫庙建筑矗立在浦头港的各个风水宝地，众神祇一直默默地审视着浦头港各个角落里上演的形形色色的社会经济文化生活。而实质上，浦头港经济的兴衰对于这些民间宫庙一直有着不可小觑的影响，外加其他社会政治文化等因素，从明清到现在这么长的时间段里，浦头港民间宫庙群从一开始就有着各自不同的命运际遇，从而分化出不同的历史存在轨迹，一直延续至今，综合成了明清以来浦头港民间信仰的历史脉络与变迁态势。

2012年底伊始，笔者对浦头港进行了长期而深入的田野考察，发现明清以来浦头港在整个九龙江流域中与众不同的经济地理区位：其背靠漳州府城，码头街市即为漳州府城东门街的远端起点，一路折向东的浦头溪航道则直通九龙江出海口，直接与明代月港、清代厦门港相勾连；既是漳州府城最重要的内河码头，又在码头繁复的人口流动中保持着相对完整的社里、街市组织结构。也因此，浦头港保存了相对完整且多彩的民间信仰内容，尤其是众多的民间信仰宫庙至今还在发挥作用，浦头港的核心社里浦头社社民凝聚力依然存在，同时有着大量的新旧碑刻遗存、民间故事传说、多处省市级文物保护单位的历史遗迹等地方文史材料，使得梳理和阐释明清以来浦头港的民间信仰历史存在及其社会变迁成为可能，由此能够为探讨明清以来漳州府城郊结合带码头经济社会中的民间信仰历史及其地方社会发展的互动关系，提供一项颇有历史深度，兼具代表性的研究个案。

二 论述框架

浦头港民间信仰的存在历史，拥有漫长的时间维度。本书虽然只能从明清时期开始勾勒其概貌，但是，哪怕是自明清至今，也至少经历了明清两代、民国以及中华人民共和国三段不同类型的历史时期。何况，浦头港民间信仰的存在历史还拥有相对厚实的、共时的横截面。就闽南民间信仰研究趋势而言，采用历史学、人类学、民俗学等多学科研究的视角，唯一的宗旨在于更好的描述与阐释明清至今这一长时间段的浦头港民间信仰内容，以能充分探索浦头港这样具有特殊地理经济区位的闽南民间信仰究竟如何。对此，笔者自始至终保持着强烈的研究兴趣。目前，笔者所接触到的仍然健在的浦头港耆老年长的且堪称合格的报道人，大多在60岁、70岁、

80 岁三个年龄段，也就是说，浦头港民间信仰的口述资料最早也只能追溯到 20 世纪 30 年代，更早的研究则必须更多依赖相关的历史文献、民间文献，以及浦头港已故耆老们的回忆录等资料。由此可见，浦头港民间信仰的历史与现状研究并存，且在民国以来的时期里又相互交错。而这种历史与现状既并存又交错的社区民间信仰研究，正是历史学、人类学与民俗学等学科综合研究的专长。因此，本文在扎实做好田野调查的基础上，紧密结合相关历史文献，在梳理浦头港民间信仰漫长的历史发展过程的同时，强调浦头港民间信仰所经历过的每一个时期的横向的历史内容，秉持微观个案研究与宏观整体观察并重的理念，以古鉴今，以今喻古，以深入探讨、解读漳州浦头港三个重要发展时期的民间信仰内容及其社会变迁。具体如下：

其一，明清时期，笔者收集到大量的地方志、地方文人笔记，以及数量可观的民间碑刻、民间文学等文献资料，充分证明了在明代月港与清代厦门港经济的相继兴起影响下，漳州浦头港由明代的"荒浦"发展成清代的"浦头渡""浦头市"（即"浦头港"）的历史过程。正是在浦头港码头经济发展的驱动下，浦头港民间信仰内容也完成了重塑、发展与繁荣的发展过程。

其二，民国时期到改革开放前这一段时间，西学东渐，各种新式社会运动，以及各种更具开放性的、新式的信息载体的出现，如国民政府地方档案、报刊资料、文人日记以及耆老们的口述资料等，让笔者看到了浦头港经历了民国时期各式各样的社会动荡，以及 1949 年中华人民共和国成立后的计划经济和各式政治运动，再加上浦头溪航道的逐渐淤塞，使得浦头港社会经济生活由盛转衰，乃至一潭死水。其民间宫庙群发展轨迹也相应产生了分化，大多进入蛰伏状态，不但见不到新庙宇的出现，更多的是人散庙废，霞东书院文昌宫主祀神甚至发生了根本性改变。所有一切都在改革开放前陷入沉寂状态。

其三，改革开放以来这段时期，浦头港及其民间信仰得以全面复兴，浦头港社会经济完成了转型，逐步完成"农转非"，最后被纳入漳州市区，化身为"浦头社区"，浦头港民间宫庙群也相应经历了重建或重修、翻新或抬升，以及迁建等重要历程。其中各庙的经历，冷暖自知。而这一阶段基于现状调查的便利，笔者可以参与观察浦头港每一座宫庙的日常信仰活动，也可以从容地做好浦头港耆老们的口述资料。在文献方面，这一时期浦头港民间诸宫庙每一次修建都涌现大量新碑刻；浦头港民间诸宫庙日常信仰活动日益正规化，且态度更加开放，相关信息公开的方式亦便捷且多元，尤其是近十年，浦头港各民间宫庙的各类捐资账本、捐资芳名录、举行祭祀活动的告示、招贴等资料按照每一年的信仰活动节奏依次出现。所有这一切，都能够为笔者更清楚地观察、探讨浦头港民间信仰现状提供了强而有力的资料支持，也能更好地探索浦头人在维系其民间信仰历史及其日常信仰活动所体现出来的焦虑、艰辛、努力，以及满足、欣慰与幸福等各种情绪，同时，还可以窥见未来浦头港民间信仰发展的某种趋势。

在这三个主要历史时期中，浦头港社会经济、政治、文化等因素与其民间信仰内容互为交织，相辅相成，密不可分。从中可管窥浦头港人与人、人与神、人与宫庙、宫庙与政府、地方与政府之间互相交汇与影响等精彩内容；与此同时，本书的价值还重点体现在：明清时期以来，迄今为止，浦头港民间信仰实际上经历了1.5个发展周期，不同时期不同的社会经济、政治、文化环境等因素决定了浦头港民间信仰不同的兴起与发展内容。改革开放以前浦头港民间信仰已经走完一个完整的生长周期，似乎奄奄一息，谁知转眼间又兴盛一时，时至今日，仍生机勃勃。这一个半周期的比较研究因此就显得颇有学术趣味，也为本书探讨浦头港民间信仰未来的发展态势提供了不可多得的研究样本。总之，本书为我们深入观察漳州城郊结合带内河码头——浦头港的民间信仰与社会变迁，提供了一个既有纵深历史脉络，又有丰富横截面内容的闽南民间信仰研究个案，对于观察闽南民间信仰的发展规律有着很好的启示作用。

第二章

明清时期漳州浦头港的兴起与发展

按照美国人类学家施坚雅教授对于中国社会经济层级所下的定义①，明代的月港、清代的厦门港与漳州府都属于地区城市的范畴，漳州府城所在地为漳州府与龙溪县的治所所在地。那么，明代漳州府东门外的浦头渡如何凭借着其先天的水陆交冲地理优势，背靠漳州府城，东向则直接勾连九龙江出海口处——厦门湾南岸（明代月港）、北岸（清代厦门港）港口经济，由渡口一跃发展成为清代中后期漳州府龙溪县东门外的中心市镇"浦头市"（即"浦头港"），成为了一项颇具学术意趣与挑战性的研究内容。

第一节 明代月港与清代厦门湾港口经济的相继兴起

一 明代月港的兴起及其对漳州府城的影响

明隆庆元年（1567）漳州月港正式"开洋"，成为其时中国唯一合法的海外贸易港口。然而，明代月港的兴起具有时代发展的必然性，亦存在着一定的偶然性。

其一，明初洪武皇帝朱元璋因开国初期需要休养生息，也因海氛

---

① 施坚雅：《中国帝国晚期的城市·附录》，叶光庭等译，陈桥驿校，中华书局2000年版。

未靖，厉行海禁，拥有悠久海外商贸传统的东南沿海一带民众为了生存，更多是以民间走私的方式进行海上商业贸易。永乐皇帝时期，命三宝太监郑和率领庞大的舰队七下西洋，重新打通了南洋乃至印度洋一带的中国传统海上商贸航线。"周边和海外六十余国与明朝建立了朝贡关系，郑和下西洋以先进的船队和航海技术开辟了亚非之间的海上交通网络，显示了明朝在世界上的影响力。"① 此举虽为重塑明朝的"朝贡制度"，对民间海上商业贸易依然采取杜绝的态度，但无形中却为东南沿海一带培养了一大批航海技术人员，并在南洋与印度洋一带海域为后世的中国商人提供了绝佳的海上航行、商贸经验与社会政治文化环境。

其二，经过明初雄才大略的朱元璋、朱棣等皇帝的整顿与治理，明朝政治制度趋稳，社会经济得到全面恢复，一扫元末民不聊生的颓势。"永乐年间的综合国力，在亚洲乃至世界，都堪称首屈一指。"② 俗语道"前人种树，后人乘凉"，正因为有了明前期打下的良好社会基础，明代中后期的商品市场经济有了突飞猛进的发展，甚至出现了资本主义萌芽。"中国的商人们也开始萌动着突破传统经济格局和官方朝贡贸易的限制，犯禁走出国门，投身海上贸易的浪潮中。"③ 如果说明前期小规模的、走私式的海外贸易如同涓涓细流，连绵不绝，那么，明中后期的海外走私贸易则犹如洪水泛滥，一发不可收拾。

其三，1511 年葡萄牙人侵占马六甲，悍然突入了中国商人进行传统海外商业贸易的大本营——南洋。以葡萄牙人、西班牙人、荷兰人、英国人等为代表的欧洲列强主观上为掠夺资本主义原始积累，最终为殖民亚洲而来，犯下了数不清的、不可饶恕的罪恶；客观上，他们沟通了欧、亚、非、拉等大陆板块的海上商贸，为南洋的海上商业

---

① 陈支平：《史学的思辨与明清的时代探寻》，中西书局 2020 年版，第 265 页。
② 陈支平：《史学的思辨与明清的时代探寻》，中西书局 2020 年版，第 265 页。
③ 陈支平：《史学的思辨与明清的时代探寻》，中西书局 2020 年版，第 265 页。

贸易增添了新的动力，无形中大大提高了南洋一带海上商业贸易的容量，其中不乏扮演了中、日与南洋乃至印度洋诸商港的中间商。这对明代月港的开洋与后续发展亦有着不小的外在拉力。

其四，月港本身所处地理位置比较偏僻，港口条件并不太好。然而，正是因为明朝政府的海禁政策，使得偏安一隅的月港能够有效躲避明朝官方的监管，成为东南沿海民间走私的主要集中地，一时之间，上至泉、兴、福，下至潮、广，远涉中国整个东南沿海地带，海上商贸所需的人脉、资源等大量汇集于此，隆庆元年左右海澄县的设立与月港的开洋只不过是明朝政府审时度势、妥协折中的举措而已。

明代中后期，漳州海澄月港的兴起对漳州府城的影响是不言而喻的，这一点对于本研究追溯浦头港的兴起及其民间信仰的形成与发展，具有相当重要的价值与意义。根据现有文献记载的比照，月港兴起肯定早于浦头港，其兴起，乃至后续清代厦门湾港口经济的兴起，对整个九龙江流域的社会经济的发展与繁荣起到了不可忽视的作用，尤其是对近在咫尺的漳州府城经济的辐射作用，相当明显。

从明嘉靖《龙溪县志》记录的龙溪县舆地图（图2.1）来看，月港在九龙江出海口，而九龙江主干分西溪与北溪，浦头溪紧贴着漳州府城东南面，是西溪流经漳州府城东门外的一段，其位置与北溪的浦南大致相若（但浦头港具有背靠漳州府城的独特优势），二者都距离九龙江出海口不远，且水流平缓，水深江阔，实际上拥有九龙江中下游地带最好的内河航运条件，其两岸是九龙江中下游人口最密集、最富庶的地带，因此，二者在明代月港以及清代厦门湾经济圈的带动下，分别扮演了西溪与北溪下游地带商贸集中地的角色，也是月港乃至厦门湾港口经济辐射深入九龙江腹地，而产生的最重要的两大商贸集散地，即清中前期民间所谓的"浦头市"（位于龙溪县二十七都）与"浦南墟"（位于龙溪县二十三四都）。

图 2.1　明嘉靖《龙溪县志》"龙溪县舆地图"

对于原属于龙溪县八、九都的月港来说，其兴起，根据陈自强先生的归纳，可分为两个历史阶段：

> 第一个阶段是 15 世纪至 16 世纪中叶，为非法的民间海外交通贸易港；第二个阶段是 16 世纪中叶至 17 世纪前期，明政府局部开放海禁，于月港开设"洋市"，月港作为我国东南沿海唯一合法的民间海外交通贸易港而兴起。①

在月港兴起之前，与之相毗邻的曾经在宋元辉煌一时的泉州港业已没落，而位于月港下风向的广州港，处境相对好一些，明朝虽然也

---

① 陈自强：《明清时期闽南海洋文化概论》，海峡出版发行集团/鹭江出版社 2012 年版，第 7—8 页。

对它时开时禁，但它毕竟一直是东南亚朝贡诸国传统登岸的官方港口。但是，葡萄牙人的侵扰，以及明廷吏治的无能与腐败，使得广州港在正德年间一度被严厉封锁，而这些海上贸易资源为找出路，则纷纷北上其时最大的走私地——漳州湾，这也为月港的开洋创造了条件。

明代厉行海禁，漳州月港地理位置偏僻而隐蔽，官方疏于管理，其前接广州港，后接泉州港的海外贸易资源，中间依靠漳州府广袤的九龙江流域，成了泉、广之间这一大片沿海区域民间海外贸易走私的最好所在，月港一带由此繁荣。嘉靖二十七年（1548）福建巡抚朱纨在《增设县治以安地方事》中转述巡海副使柯乔的话是最好的标签："漳州府龙溪县月港地方，距府城四十里。负山枕海，民居数万家。方物之珍，家贮户峙，而东连日本，西接暹球，南通佛郎、彭亨诸国。其民无不曳绣蹑珠者，盖闽南一大都会也。"① 其后，戚继光与俞大猷平定倭寇之乱，明朝政府在福建地方官员的力主下，相机调整海洋政策，局部开放海禁。"先是发舶在南诏之梅岭，后以盗贼梗阻，改道海澄。"② 隆庆元年（1567）从龙溪县分出海澄县并于月港开设"洋市"，由官方监管民间海外交通贸易。针对"月港"开洋前后于漳州地方经济文化的巨大影响，徐晓望先生将弘治年间（1485—1490）黄仲昭《八闽通志》与万历四十一年（1613）袁业泗《漳州府志》进行比较后，有相当惊人的发现：

> 明代中叶弘治年间漳州府 6 个县，共有 11 个市镇，平均每个县只有 1.8 个市镇。……而到了万历年间，漳州分为 10 个县，共 69 个市。……从明代中叶到明代后期，漳州府市镇的数目增加了六倍多，给人留下深刻的印象。其中龙溪县在弘治年间有 8 个市，

---

① （明）朱纨：《甓余杂集》卷三，台南：庄严文化事业有限公司 1995 年版。
② （明）张燮：《东西洋考》卷七《饷税考》，谢方点校，中华书局 2000 年版，第 132 页。

而到了嘉靖年间《龙溪县志》则记载龙溪县有 12 个市，……万历四十一年《漳州府志》市镇志记载，龙溪已有 15 个市，而从龙溪县分出的海澄县，还有 7 个市，二县总数达到 22 市。……崇祯《海澄县志》市镇记载，明末海澄县又多出来旧桥市、新桥头市、海沧镇 3 个市。也就是说，在原先的龙溪县范围内，市镇数量达到了 25 个，比之弘治年间的 8 个，增加了三倍。①

明代龙溪县举人张燮（1573—1640）著述则更加直观地展示了"月港"开洋前后漳州府社会经济文化气象剧变：

明兴圣治，翔洽被于海表。易固陋而文明，往往自啬而丰。施雕琢于醇初，又往往刊厚而薄。人情物态亦略可，言如婚姻，不甚择婿，在门户为主，其有高门降衡修庭树蓬者，中或别有利焉，则远近丑之。男礼女贽，豪华相尚，觉明珠翠羽之属，大为腾踊。死丧之门，粗知备礼，顾强半作佛事，绅韦犹然。营葬一节，见窅阴阳家，岁月迁延，十室而九。然娶妇无不亲迎者，读礼无不终制者，即琐族细人，尽知守此，尚依古道之遗耳。尝试考比年之间，士大夫多能自树坊表，扃门户，课洒扫，谈稼穑，乐寒温，耳目足迹不复出百里外，而高者乃披赤心而忧国是，抱素业而思名山，白屋绳枢，人铉户诵，秃翁稍具修脯，莫不阿儿作计，挟策而问吾伊者。士从单门起家以为常，至后来骏快，又多自童牙学作馨语，琴书图籍，较有远志，前此未有也。此士风之盛也。田家毕力从事汙邪，即高邱悬崖可辟而亩，他或结网而渔，或反裘而薪，足复生活。城闉之内，百工鳞集，机杼炉锤，心手俱应，又或别市方物，贸易而时盈缩焉。四方环视大有可观，前此未有也。此民风之盛也。甲第

① 徐晓望：《论明末清初漳州区域市场的发展》，载氏著《明清东南海洋经济史研究》，中国文史出版社 2014 年版。

连云，朱甍画梁，负妍争丽，海滨饶石，门柱庭砌，备极广长，雕摩之工，倍于攻木砖植设色也。每见委巷穷间，矮墙败屋，转盼未几，合并作翚飞鸟革之观矣。中人家才自存，伶俜环堵，亦强自修饰，为乡里颜面焉。人无贵贱，多衣绮绣，意制相诡，华采相鲜，盖一二华胄贵人，或存寒素，而俗子官仪、娈童妇饰，每每瓶无余粟，桁列残衣。尝见隆万初年布衣，未试子衿，依然皂帽，今则冠盖相望于道，不知何族之弟子也。叹世者谓竟盛之端即伏衰之路，省烦裁僭，是当世第一吃紧。然一家之繁费，十家取给焉。贫人因得糊口其间，损有余，补不足，安知非天道乎？所可笑者，一种敝衣羸马，诡托清修，而辇贿避名，攫金闭眼；又如老子素封，衣不曳地，食不重肉，弄牙筹，争刀锥，征以施予赈贷，摇头而走，若者竟日阿堵，贫民不得名其一钱，出孔甚悭，入孔甚溢，复何益于人世哉？又其甚者，豪门上族，实繁有徒，蜂目既嗔，豺声乍展，始犹祸中黔庶也，终且扇虐士绅矣。闾左无赖，拔扈鞅张，鸡肋安拳，螳臂摧辙，始犹横施村落也，终且明目都市矣。大都竞胜终讼，竞利启衅，鼠辈因凭社作威，虎冠以生翼滋暴，狡者视阘劣为奇货，后进凌长大作死灰，此漳与四方之所同也。筑水为田，淄渑稍混，因而攘夺不休；以夷为市，子母既赢，因而机械百变。此漳与四方之所异也。若夫行乐公子，闲身少年，斗鸡走马，吹竹鸣丝，连手醉欢，遨神辽旷，虽妨本业，然亦足鼓吹盛世，点缀丰年，不容此无以见太平已。世重福田，每梵官有所修葺，金钱之施，不呼而满，然多不媚道而佞佛，人家祈禳，置坛甚尊，膜拜甚虔，焚香作供甚备，然又不信僧而信巫，此其不可解者。①

张燮是赫赫有名的《东西洋考》的编撰者，其祖上连榜进士，是

① （明）张燮：《清漳风俗考》，载（清）吴宜燮修，黄惠、李畴纂《龙溪县志》（清乾隆廿七年修，光绪五年补刊本影印），台北：台湾成文出版社1967年版，第351—352页。

龙溪有名的仕宦家族。其长期居住在锦江（即石码）与漳州府城，是明代中后期漳州文坛最活跃者之一，也是直接见证与受惠于月港开洋的士绅之一，曾与本地名流蒋孟育等十二子组结"玄云诗社"，与黄道周、何乔远、徐霞客等交好，参修过《漳州府志》与《海澄县志》等。因此，张燮对于月港开洋后漳州地方政治经济文化风俗的全面观察，兼具宏观与微观的视角，从其文可以看出整个漳州府社会风气在月港开洋的前后比较与巨变：月港开洋后，龙溪县传统农业经济社会深受月港港口经济的刺激，此必然带动整个社会风气的渐变，张燮看到和担心的正是这一点，他希望官方有所作为，加以预防与引导，因此该处引文紧接着还写道："夫以孤屿遥屯，前代不啻瘠土，忽而声名文物为东南一大都会，然世变江河之虑，亦复乘之而趋，是必有人焉。砥柱其间，临尾闾而防沃焦，洪涛不至荡岳耳，是所望于司世者。"①

前面对于明代月港兴起的简单追溯，目的在于探索其兴起背后与漳州府城相关的几点要素：

其一，隆庆元年（1567），也就是"月港"官方正式开洋的这一年，龙溪县析一二三都、四五都、六七都、八都、九都 5 个都建立海澄县，并割二十八都的第五图隶属海澄县。至此，龙溪县辖 10 个都，即十一都、十二三都、二十一都、二十二都、二十三四都、二十五都、二十六都、二十七都、二十八都、二十九三十都。这一举措与改革开放初期在闽南一带设立厦门经济特区相仿，其影响效应还远超厦门经济特区对于原属地泉州的经济辐射作用。月港的开放与海澄县的设立，使得南至广东，北至泉州、兴化与福州等地的海外贸易资源与人脉纷集于此，而近在咫尺的龙溪县治即漳州府城显然受益更多：从唐代设置漳州伊始，漳州经济政治文化的发展格局一直都是东强西

① （明）张燮：《清漳风俗考》，载（清）吴宜燮修，黄惠、李畴纂《龙溪县志》（清乾隆廿七年修，光绪五年补刊本影印），台北：台湾成文出版社 1967 年版，第 352 页。

弱，"向东看"仍然是现今漳州经济的方向标。月港的开放与海澄县的设立显然强化了这一倾向。

其二，明代政府选择在月港开洋，而非在南诏梅岭开洋，其原因除了史书所述的盗贼骚扰，还在于梅岭所在的南诏的社会经济政治文化资源远远比不上月港所在地。九龙江下游才是漳州经济人口资源最充裕的地带，而非处在闽粤交界的南诏可比拟，再加上月港左侧的泉州同安与晋江等腹地的经济资源，为月港提供了充足的海外贸易资源。同理，围绕月港的漳、泉两府下辖这沿海几个大县是闽南地区官宦家族的主要密集地，拥有雄厚的政治文化资源，也是南诏梅岭所不能比拟的，此群体对于海外贸易利润的持续追逐，本身就是明代月港与后续厦门湾兴起的一大潜在推动力。

海澄月港的兴起，对漳州府城的影响是肉眼可见的，由其东门外的浦头渡至月港周边的一系列津渡历史变化可见一斑。

从现今的地理位置来看，整个明代漳州府城东门外的官道主要还是陆路，即由现在文昌门外的新华东路最东端与巷口街的交接点——"接官亭"处折向北，顺着新华东路的北段——岳口街，之后便出了城厢，而翻过漳州府东北部的战略要地——万松关，再过江东桥，不久便能进入泉州府同安界。而从"接官亭"折向东对接的则是巷口街，东行至新行街直抵浦头溪处有文英楼，这一带便是浦头渡。正德《漳州府志》载："东南路渡九。浦头渡、西浦渡、碧湖渡、陈洲渡、上苑渡、马洲渡、浮宫渡、绿石渡。"[①] 这九个渡口相互衔接的陆路交通正是漳州府城通向海澄月港的主要通道。浦头渡作为漳州府城东南向第一个渡口，而浮宫渡则已然是石码与海澄的交接处，明嘉靖四十四年（1565）海澄县创设后，浮宫渡直接被纳入其县域之中。显然，在明代从漳州府城出发的这条东南道路依然以陆行为主。由此地理条件可见，

---

① （明）陈洪谟修：《正德大明漳州府志》（下册），中国政治协商会议福建省漳州市委员会整理，厦门大学出版社 2012 年版，第 1984 页。

浦头渡发展成浦头市，是迟早的事。万历癸丑《漳州府志》"津渡"中对于龙溪县这一东南道路的渡口记载，多了"马岐渡"，而少了"浮宫渡"，但"浮宫渡"赫然出现在海澄县的"津渡"之中。所不同的是，在海澄县的"津渡"还特别记载了北溪渡、南门渡、浦头渡三个渡口，并备注"以上俱在县西北门外埠头"①。其中南门渡与浦头渡分别是漳州府城的南门和东门最重要的渡口。从该备注来看，南门渡与浦头渡显然已经不是正德年间记载的那种仅仅是为民众提供日常横渡的渡口，而是已经扮演起了渡口兼埠头的角色。崇祯《海澄县志》"津渡"内容则有更较大的变化，除了以"石码渡"替代了"浮宫渡"，此前原有的渡口一应俱全，还特别增加了"安海渡、海沧渡、厦门渡"②。这三个渡口都在厦门湾的东北侧，与月港遥遥相对，但安海渡与厦门渡都属于泉州府管辖，特别引人注目的是，安海渡是宋元泉州港的重要组成部分，并非厦门湾的范围，而这三个渡口无一例外的还都是当地很重要的港口所在地。由此可见，月港的兴起，由近及远，不断带动了周边港口的商业贸易与人员往来。如果说海沧渡与厦门渡还都属于九龙江出海口，厦门湾周边的渡口，都属于月港港口群的范畴，那么原属于泉州湾而地理位置距离月港要远得多的安海渡也能够纳入《海澄县志》修撰者视野之中，可见月港商业贸易的核心辐射力已经远达泉州港。在这种情况下，浦头渡依然位列其中，无形中显现了浦头渡地理优势的稳定性，其所发挥的作用日趋重要，由渡口转而兼码头，再发展成为浦头市，是指日可待之事。

二　清代厦门港的兴起及其对漳州府城的影响

厦门港的兴起与月港息息相关，厦门港兴起与月港的没落在线性

① （明）闵梦得修：《万历癸丑漳州府志》（下册），中国政治协商会议福建省漳州市委员会整理，厦门大学出版社2012年版，第1944页。
② （明）梁兆阳修，蔡国祯、张燮等纂：《崇祯海澄县志》（二十卷），据日本东京图书馆藏明崇祯六年刻本影印，第456页。

时间上有明显的继承关系。明末月港的没落与元末泉州港的没落有着惊人的相似之处，当然也存在着一定的差异。共同之处，譬如港口淤塞，吏治腐败、海禁政策，还有持续不断的战乱。而月港还面临着新时代产生的问题，即遭受到以荷兰人为代表的欧洲殖民者的持续侵扰。当然，月港的没落与泉州港最大的差异在于，位于月港斜对面的厦门港随之兴起，同属厦门湾，原本就是月港外港的厦门港最终替代了月港的位置，但从某种意义上来说，更是月港的自然延伸，而非"乾坤大挪移式"的替代，因为"早在明代后期，拥有深水良港的厦门就成为月港的重要外港。清初郑成功抗清，以厦门为大本营，并且使之成为闻名海内外的大商港。"① 故此，入清以后，随着台湾的收复，迁界令的废除而展界，厦门海关的设立，厦门湾的海上贸易变得如火如荼，比起明代的月港，可以说更胜一筹。同位于九龙江出海口的月港（图2.2）与厦门港的先后兴起对于浦头港最终的勃兴与发展起到了相当关键的作用，并保持着历史的连贯性，这一点在本书中有充分证明。

元代泉州港被马可波罗誉为"世界第一大港"，然而从元末泰定年间（1323）到明初这几十年里，泉州城始终笼罩在战争的阴霾中。首先，诸多的民间起义使泉州的社会秩序完全失控，至正二十一年（1361）《建安忠义碑》即载：至正改元之十八年，皇帝重念闽海道远，用兵日久，民勿堪命。② 为了镇压农民起义，元朝政府借重久在泉州盘旋的色目人番客势力，结果他们不但酷虐地方，还自相残杀，引起了新的叛乱，直到至正二十六年（1366）元将陈友定入闽才最终平息这一切，而泉州城原先从事海外贸易的人脉、资源至此可以说被消耗殆尽。针对这一点，苏基朗先生有更深入的剖析："作为叛乱的

---

① 陈希育：《清代前期的厦门海关与海外贸易》，《厦门大学学报》（哲社版）1991年第3期。

② （民国）《福建通志·金石志》（第45册），《石十二·元·建安忠义碑》。

大本营，泉州的情况也并不好。波斯叛军垄断海上贸易，残酷掠夺其他的地方精英，造成许多富裕的权势家族破产。尽管海上贸易在波斯人叛乱时期并没有停止，但失去了活力，因为由少数人垄断的海上贸易使得重要的海上贸易关系网络严重萎缩。此外，在外族人社区中，用于经济目的的人力资源也很少，因为数千人被征召参加波斯军以维持旷日持久的战争。更糟糕的是，由于社会环境的恶化，许多富裕商人，其中既有中国人也有外国人带着他们的资金、贸易关系和其他必要的海上贸易资源移居到中国的其它地方。"[①] 外加李金明先生关于明初泉州港衰弱的两个主要原因的分析，大致可以弄清楚元末明初泉州港持续衰弱，无法重新崛起的关键所在："一方面是福建市舶司的迁移，使之丧失了国际的分析，贸易的地位。……另一方面是明初厉行海禁，不准私人出海贸易，使泉州港不可能复兴而成为私人海外

图2.2　现今月港遗址一角

---

① 苏基朗：《刺桐梦华录》，李润强译，浙江大学出版社2012年版，第137页。

贸易港。……泉州港既不是沿海附近的小岛，又不是偏僻的小港口，它是府治所在地，属海防重镇，……很难是走私贸易商的玩命之处，故泉州港在当时根本不可能成为走私港。……这殆是时势所致，无法逆转矣。"① 反观地处偏僻的明代月港与安平港的兴起，上述的明初泉州港衰弱的历史原因，不无道理。

对于月港而言，在其成为当时中国唯一对外贸易港口之前，地方史志便称："成弘之际，称小苏杭者，非月港乎?"② 月港开洋后，繁华一时无二。但是，"天（启）、崇（祯）以来，又日忧兵。虽设险重门，前车易鉴，而养鹰厝火，掉尾难收。"③ 明代天启、崇祯以来，以荷兰人为代表的欧洲殖民者，以及以郑芝龙为代表的海寇轮番侵扰东南海疆，月港深受影响，陷入萧条期。而明末明郑政权与清军在东南沿海，特别是在闽南与潮汕一带长时间的拉锯战，最终断送了月港持续繁荣的可能性。明郑政权将厦门、金门作为其大本营，厦门湾附近成为了明末战乱的重灾区，漳州俗语道："三日清，五日明"，正是对此最真实的写照。富庶的月港犹如砧板上最肥大的那条鱼，所受的摧残难以估量。郑成功退守台湾后，清政府又实行残酷的"迁界"策略，成了压垮月港海外贸易的最后那根稻草。除了一小部分有远见的商人携带家眷赀财前往南洋、东洋等处避难，为后续厦门港的兴起保留了一定的海外贸易人脉与资源，更多的人是故土难离，迟疑观望，进退维谷，乃至玉石俱焚。当然，明郑政权以厦门作为其庞大的海外贸易的大本营，厦门中左所一时之间成了中外商人所熟知的厦门港，还是积攒下了无数的海外贸易资源，乃至给后来的清政府留下了深刻的印象。清政府在收复台湾以后，随即设立厦门海关，厦门港的海外

---

① 李金明：《明初泉州港衰弱原因新论》，《海交史研究》1996 年第 1 期。
② （明）梁兆阳修，蔡国祯、张燮等纂：《崇祯海澄县志》（二十卷），据日本东京图书馆藏明崇祯六年刻本影印，第 43 页。
③ （清）陈锳等修，邓廷祚等纂：《海澄县志》（乾隆二十七年刊本），载《中国方志丛书·第九十二号》，台湾成文出版社 1968 年版，第 171 页。

贸易国际地位随之确立，为其后续的繁荣打下了良好的基础。

"由以奢侈品为主向以大宗商品为主是明清时期海上贸易的一个重要变化，……与以前的历代相比，明清时期中国海上贸易的另一个重要变化是：大致从明代中期，随着大航海时代的到来，西方人开始大规模进入东方，中西方直接贸易大规模展开。"① 如果说，月港时代的海上商业贸易以奢侈品为主的痕迹还很重，那么，入清以后厦门港的繁荣则直接受惠于前述这两种变化。这里所谓的大宗商品，实际上都是明清时期在中国很常见的日常社会生活用品，诚如清代康雍时期的蓝鼎元在其著名的《论南洋事宜书》一文所述："闽广人稠地狭，田园不足于耕，望海谋生十居五六，内地贱菲无足重轻之物，载至番境，皆同珍贝。是以沿海居民，造作小巧技艺，以及女红针黹，皆于洋船行销，岁收诸岛银钱货物百十万，入我中土，所关非细矣。"② 与明代郑怀魁《海赋》描述月港海外贸易商品"异宝奇珍，十居八九"③，大相径庭。这就大大促进了厦门港所背靠的九龙江流域等经济腹地的日常社会生产与商业运输，形成了"全民参与式"的商品生产、消费与贸易。黄启臣先生通过对清代前期贸易港口与贸易国数量、商船的数量与进出口商品的数量，以及贸易商品流通值等四个方面的增加进行详细分析，认为清代"中国的海外贸易……以不可抗拒的势头向前发展，其规模与贸易总值远远超越前代。"④

另外，随着清政府收复台湾，后续开展厦门港与台湾鹿耳门港对渡，厦台郊行随之兴起，其商业往来在清中期达到了高潮。台湾的米、糖等大宗商品源源不断输往厦门，厦门则大量供应台湾民众日常

---

① 刘军：《明清时期海上商品贸易研究（1368—1840）》，博士学位论文，东北财经大学，2009 年 6 月，第 3 页。

② （清）蓝鼎元：《鹿洲全集》（上），蒋炳钊、王钿点校，厦门大学出版社 1995 年版，第 55 页。

③ （明）梁兆阳修，蔡国祯、张燮等纂：《崇祯海澄县志》（二十卷），据日本东京图书馆藏明崇祯六年刻本影印，第 486 页。

④ 黄启臣：《清代前期海外贸易的发展》，《历史研究》1986 年第 4 期。

社会生活所需的商品。此举为厦门港的转口贸易增加了崭新的、稳定的商业动力。鸦片战争后，厦门港被迫开放，随之被纳入世界资本主义市场体系，尤其是海峡两岸商业贸易出现了新的景象，台湾与厦门港的商业贸易进一步加强，厦门港成了台湾与欧美列强转口贸易的基点，也就是说，厦门港的海外商业贸易增加了新的能量。总之，有清一代，厦门港的勃兴，进一步促进了其腹地九龙江流域的内河航运与商业贸易的繁荣。很显然，作为九龙江流域的核心州府所在地——漳州府城深受其惠，而其东门外的浦头港由此应声而起，开始随着厦门港的兴衰而兴衰，这段商业繁荣史，直至抗日战争才戛然而止。

　　明末月港的衰弱，以及明郑时期，尤其是入清以后厦门港的兴起，使得厦门港与漳州府城的经济关系更加密切，位于厦门湾南岸的经济节点也就顺势由厦门湾南侧外沿的海澄城关，下移到与之毗邻但位置更靠近厦门湾南岸内侧即九龙江河口的龙溪县十一都的石码，以便更好地承接厦门港与漳州府城的商贸往来。因为月港一旦丧失海外贸易港的功能，厦门港取而代之，那么相较于石码镇，海澄县在承接漳州九龙江平原经济腹地与厦门港之间的内河航运与商贸经济往来方面就毫无优势可言。因此，石码镇的海外商业贸易虽然被厦门港所掩盖，也难以匹敌月港当年的辉煌，但其海上与内河相交错的商业贸易发展仍然是一日千里。清代乾隆期间漳州府通判石山诗《石码镇》云："南漳名胜地，石码更称雄。金厦如襟带，澎台接舰艟。街衢夸洞达，阛阓庆盈丰。一自海氛息，安歌乐土中。"[①] 也就是说，入清以后，月港海外贸易为厦门港所替代，而石码则承接了月港原来与九龙江流域之间的内河商贸功能，成了清代漳州府管辖下最为繁荣的商业重镇之一。

　　海氛后，尤其是康熙二十二年（1683）清政府统一了台湾，1864

---

　　① （民国）林凤声重编：《石码镇志》，载《中国地方志集成·乡镇志专辑26》，上海书店1992年版，第814页。

年康熙皇帝下旨解除迁界，取消海禁，令开海贸易，并相继设立闽海关、粤海关、江海关和浙海关，厦门海关成了福建省通洋正口。正如陈自强先生所指出的那样：

> 月港衰落后，九龙江流域的航运中心移至石码。它距离厦门水程百里，厦门海关在此设一口岸，"查验龙溪、漳浦往泉州货物，遇盐鱼零星水陆各货不进正口者，即由该口征税。"① 石码还是厦关正口所辖的钱粮口岸之一。漳州的外贸商品也经由石码抵厦门而去。石码，成为了九龙江流域仅次府城的商业集镇。漳州府城城东门外的浦头港，位于九龙江西溪航道，是漳州与厦门之间的货物转输、商旅往来的水陆联运内河港，商贾云集。②

这种情形一直持续到民国时期，而编撰于民国时期的《石码镇志》"津渡"③ 条目赫然将"浦头渡"放在所有重要津渡的首位，由此可见清代以来石码镇与浦头渡之间密切的航运与商贸关系。中华人民共和国成立后，1960 年海澄县与龙溪县大部合并的龙海市，依然是现今漳州市最富庶的县级市之一④。

第二节　月港与厦门湾港口经济对浦头港的影响

根据明代万历元年癸酉《漳州府志》记载，"大海在府城东南，其潮汐分为三派。一自濠门，达于诸港，入于柳营江，止于北溪。一

---

① （清）周凯修：《厦门志》卷七《关赋》（清道光十九年刊本），台湾成文出版社1967 年版。

② 陈自强：《明清时期闽南海洋文化概论》，鹭江出版社 2012 年版，第 16 页。

③ （民国）林凤声重编：《石码镇志》，载《中国地方志集成·乡镇志专辑26》，上海书店 1992 年版，第 750 页。

④ 2021 年，龙海又撤市设区，特此说明。

自泥仔乌礁、许茂，经通津门，止于西溪，分于浦头，至于东湖小港。"① 大海潮汐直达浦头溪的景象，一直到了 1967 年至 1970 年位于九龙江下游龙海区榜山镇洋西村的大型水利工程"西溪桥闸"（图2.3）建成后，才被彻底改变。在西溪桥闸下游 4 公里处，西溪之水与九龙江北溪水汇合后东流入海，这巨大的桥闸实际上也就彻底截断了西溪通向大海的航道。

图 2.3　位于龙海区榜山镇的西溪桥闸

《漳州府志》记载："东湖，旧在东门外，周四千余亩。宋绍兴间，郡守刘才邵、林安宅、赵汝谠、庄夏相继修治。今悉变为平田，中有十二土墩，人称为郡东罗星。今耕者侵没其半矣。"② 由此可见，来自月

① （明）罗青霄修纂：《漳州府志》，陈叔侗点校，福建省地方志编纂委员会整理，厦门大学出版社 2010 年版，第 393 页。

② （明）罗青霄修纂：《漳州府志》，陈叔侗点校，福建省地方志编纂委员会整理，厦门大学出版社 2010 年版，第 393 页。

港一带的潮汐顺着西溪上溯，可至浦头，乃至东湖。另外，浦头必定有港道岔口通向东湖，反言之，浦头更在东湖东边之外。府志又称：

> 浦头渡、西浦渡、碧湖渡、陈洲渡、上苑渡、马洲渡、马岐渡，上七渡，俱在二十七都。[①]
>
> 二十七都，统图九。在府城东三十里。宋唐化里。……龙溪县，宋分六乡，三十三里，一百一十五保。淳祐间，改保为都。元析七都隶南靖县。国朝分在城为三隅，附郭为三厢，在乡为十五都。永乐间，省一厢，辖一百五十二图，后省为一百四十九图。隆庆元年，析一三都至九都属海澄县。今实在十都，统图一百三。[②]

上述文献资料显示，在明代，浦头渡口还远在漳州府城附郭之外，浦头渡即今浦头大庙前码头渡口，西浦渡即现在的诗浦社区内（浦头溪南边入口处），碧湖渡在现在的碧湖生态公园碧湖社（浦头溪东边出口处）。而清初民间所谓的"浦头溪"的首尾恰恰与这三个渡口紧密相关：西浦渡是西溪入浦头溪的开端，浦头渡恰在浦头溪中间，而碧湖渡则在浦头溪再入西溪的出口处。同时也显示了在明末，浦头渡是漳州府城东出必经的第一个大渡口（图2.4）。

"万历三十七年（1609），知府韩擢因新改南桥露三台洲，改命南门曰三台，东门曰文昌，北门曰太初，西门曰太平焉。"[③] "龙溪县

---

① （明）罗青霄修纂：《漳州府志》，陈叔侗点校，福建省地方志编纂委员会整理，厦门大学出版社2010年版，第422页。

② （明）罗青霄修纂：《漳州府志》，陈叔侗点校，福建省地方志编纂委员会整理，厦门大学出版社2010年版，第418页。

③ （明）闵梦得修：《漳州府志》（万历癸丑），中国人民政治协商会议福建省漳州市委员会整理，厦门大学出版社2012年版，第1941页。

图 2.4　石堤左侧中段凹处为浦头大庙古码头所在地

近郭为湖者二，曰东湖，曰西湖。"① 显然，文昌门是为明代中后期漳州府城的东大门，而东湖在文昌门外，浦头渡则更在东湖外。东湖即现在的九龙公园内，浦头港至今有喜心港水道与九龙公园湖泊相连。现存有一块浦头大庙明万历十年（1582）的"大庙码头碑"："公议凡渡船在此停泊者，每日头摆渡布施钱四十文，二摆渡钱二十文，以为香火之费，不得违误。万历十年立。"由碑文可知，早在万历十年，浦头渡口已经是一个商业性渡口。明清时期漳州有收摆渡税钱以资修桥修路、资助书院社学束修或正祀之祭等资费的惯例，如康熙版《龙溪县志》记载"间道出于莲浦（属十二三都），迤西陵（属

---

① （明）闵梦得修：《漳州府志》（万历癸丑），中国人民政治协商会议福建省漳州市委员会整理，厦门大学出版社 2012 年版，第 1945 页。

十一都），凡铺二，东入于澄。北由草亭、乌石度揭鸿塞，之华封，上达于漳平（今多由浦南登舟，入九龙潭，至跃鱼碤过岭，从陆者稀，故道不设铺）。又东北岐于岳口渡鳌岛（即渡头渡。一名云英渡。原编渡夫，本县一名，长泰县一名。明季无编。国朝康熙五十六年，知县江国栋审拨渡税，分为四季：春归渡头开漳王庙内香资，夏归蓬洲社修筑渡头台级，秋归芗江朱子祭费，冬归郭坑迎福寺社学束修。勒碑渡头），至于五里亭，抵泰境。此路之四达者也。"① 《明史·食货五》记载："凡是商税，三十而取一，过者以违令论。……天启五年，户部尚书李起元请复榷水路冲要，依万历二十七八年例，量征什一。允行之。"② 纵观《明史·食货志》关于明代商业税的记录，其大致在三十取一、十五取一与什取一之间摆动，如果按照距离"大庙码头碑"时间最近的明万历二十七八年执行过的"什取一"的商业税率来计算，浦头渡的头摆渡一次总费用至少400文，钱额不算少，不过这块"大庙码头碑"显然是民间乡约碑刻，不可能按照其时商业税来抽取。但是我们相信，这60文钱至少可以应付当时浦头大庙一天香火祭祀的基本开支。由此可见，浦头渡在明万历年间已经人来人往，颇为繁盛。康熙《龙溪县志》记载："浙营兵（始于万历十一年），吴双引谋乱，特设浙兵一营，驻扎西教场，名色把总一员统之。后以浦头、镇门一带河道萑苻不时窃发，及设哨船二只，轮兵巡缉。"③ 显示浦头渡到镇门这一段河道是龙溪县地方盗匪事故多发地段，因此需要设置哨船不时巡逻，虽然表明这段河道也还不够繁荣，但已显露这段河道的航运交通价值，因此官方开始实行有效布控。经

---

① （清）江国栋修，陈元麟、庄亨阳纂：《龙溪县志》（清康熙五十六年刻本），漳州市图书馆整理，2005年版，第24页。

② （明）张廷玉等撰：《明史》卷八十一《志第五十七·食货五》，中华书局1974年版，第1629—1633页。

③ （清）江国栋修，陈元麟、庄亨阳纂：《龙溪县志》（清康熙五十六年刻本），漳州市图书馆整理，2005年版，第49页。

过明、清朝代的更替，尤其是明郑政权与清军在漳州的来回拉锯战争，漳州府城几度成为废墟，本地俗语形象地形容这段战乱时期为："三日清，五日明"，可想而知，这场战乱对于本地的民间社会经济文化等影响巨大。郭上人《东门古街史话》记载了这一期间的漳州社会政治经济形势：

> 明代中叶，漳州月港开洋市对外贸易，"漳泉商民，贩东西两洋，代农贾之利，比比皆是。"从月港输出的货物，主要有丝绸、布匹、瓷器、果品等。"丝绒之利，不胫而走"、"男耕女织"日盛，城乡"机杼之声相闻"。漳州城内、东厢及四乡生产的纱布、绢、绸、缎及柑桔、荔枝、砂糖、大豆从"后港"、"浦头港"运往"月港"。东门古街及浦头成为了出口商品集散地，客商云集，贸易繁忙。逐渐形成民居聚集，店坊罗列的街区。

> 明末清初，郑成功以金厦为反清复明基地，数度围攻漳州城。《台湾外纪》载，顺治九年（1652），清廷为解漳州之围，调浙江金衢总兵马逢知率步骑四千援漳。清军从东门出击，经激烈战斗，被郑军冲杀击溃。东门古街成为战场。顺治十八年（1661），郑成功率军渡海驱荷复台后，漳州得暂时安定，古街才从战乱中复苏。康熙十三年至二十年（1674—1681），郑成功子郑经为继父志，又从台进军闽粤。郑军再次设营环城围攻漳州城。两度战劫，古街断墙残壁，满目荒凉。战争给古街带来灾难。

> 康熙二十二年（1683）清廷统一台湾，漳州经五十多年经营，经济才逐渐恢复。……①

---

① 中国人民政治协商会议福建省漳州市委员会、芗城区委员会文史资料委员会编：《漳州市文史资料（合订本）》第五卷，内部资料，2009 年版，第 3345 页。

到了清康熙年间，《龙溪县志》记载："外此，不桥而道者有横渡，不胫而至者有长渡。横渡于镇门，于福河，于石码（属十一都），于西渡（属二十二都），于蓬莱，于香洲，于松洲（属二十三四都），于西浦，于碧湖，于陈洲（知县沈铉吉定为朱文公祭业，白云、云洞分收其税。有碑立渡头），于上坂，于马洲，于马岐（属二十七都），于湾头（二十八都），于石美（二十九都）。而长渡之舟会于浦头，自近及远，靡所不至。此平政之大端、惠人之善道也。出斯途者，岂必借智于老马，兴歌于苦叶哉？"① 发展至清代中前期，浦头渡已经由横渡之渡口，发展为长渡之总码头，且长渡之范围可谓无所不至，这也就意味着浦头码头已经不仅是漳州府城东出必经之地的一渡口，而是在康熙年间已经发展成了一货客汇集的大码头。

康熙《龙溪县志》还记载：

（龙溪墟市）凡民之生，以食以用。蔬果艰鲜之余，耕凿织纂之具，欲使化居无积，则贸迁之制尚矣。古者前朝后市，市之制也。日中为市，墟之制也。民稠聚而食用繁多者取诸市，市以日，故亦谓之集；民散处而食用可备者取诸墟，墟有期。是以城镇制市，而村落制墟。在城有东铺头市（府治东）、西市（县前）、南市（府治南）、北桥市（府治北）、东街市、浦头市（东厢）、南桥市、新桥市（南厢）、北圣楼市（北厢）。在镇有石码市（十一都。初，钞关人役踞石码市，横抽担钱。康熙五十二年，知县江国栋申详抚宪请禁，嗣奉院批不许。钞关人役仍踞石码馆，横抽刻剥，商民违者详究治罪，勒石在石码市）、天宝市（二十一都。宋理宗时，郑玠中京元，因号曰京元市）、华崶市（十五都，俗名茶碪）、石尾市（二十九都）。而墟之市，浦南为

① （清）江国栋修，陈元麟、庄亨阳纂：《龙溪县志》（清康熙五十六年刻本），漳州市图书馆整理，2005年版，第26—27页。

大（二十三四都，逢五、十日为墟期），南山、天宝（十一都，四、九为期）次之；长桥（二十六都。一、四、七为小墟，鬻米谷之属；二、五、八为大墟，鬻牛豕之属）、黄枣（二十五都，四、九为期）、新埭、乌屿（二十九都）又次之；浦西、龙潭（俱二十三四都，二、七为期）、店仔（二十五都，三、八为期）又次之；莲花、乌云、凤塘（十二三都）、山都、塔仑（二十五都），其小者也。福河（十一都）、翰林（二十六都），市之古盛而今寥者也；草市（二十六都）、汐浦（二十二都），墟之古设而今废者也。大抵墟市随人迁徙，讥察征税，準上意之重轻；贵贱淫巧，烛民情之好恶。溪当闽广之交，货物易聚，舟舰所臻，亦通苏洋珍奇玩好。小民易奢，奇赢子母，大贾多诈，龙断私登，豪强放利。欲使正量平价，易事通功，彼不见有余，此不见不足。熙熙穰穰，民藏民归，实赖有施之仁政者耳，岂以其末忽之哉？①

　　相较之下，海氛平静后三四十年里，即到了康熙五十六年，漳州府城经济已发生了巨变，城郭附近的市镇就达到9个，是为明中后期时市镇数量的两倍有余；周边墟市也剧增至19个，其中许多墟市都是新发展起来的。但是，原来在月港所在地的海澄县的几大墟市如福河、翰林、草市、汐浦，都由盛转衰，甚至已经荒废了。由此可见，月港到了清康熙年间已经衰落。然而，原位于龙溪县二十七都西溪干流上的浦头渡并没有受到多大影响，相反，在厦门港兴起的影响下，完成了蜕变，成了龙溪县衙东厢的浦头市。

　　从明万历到清康熙，浦头渡发展成浦头市，这是暗合月港的兴起与厦门港湾全面发展的经济规律。明清漳州府城内城并不大，西至现

---

　　① （清）江国栋修，陈元麟、庄亨阳纂：《龙溪县志》（清康熙五十六年刻本），漳州市图书馆整理，2005年版，第31页。

闽南师范大学新旧校区交界处，东端到文昌门，古今文昌门位置差别不大，但是其东向的商业街市则延伸发展到了距离内城三里路程的浦头市，这对于漳州府城的经济格局来说，是很大的突破。因此，康熙版《龙溪县志》才会记载："郡城南河，昔年水从东西闸直通城内，小舟载鱼盐抵上街，为渔头处，今有渔头庙现存，盖昔年鱼盐市也。及后，河沟壅塞，而市遂移东南浦头矣。其路旁有祈保亭，中《碑记》云：'昔年此地荆榛，午后绝人迹，傍晚磷火青熠。'则知浦头原属荒浦也。"① 渔头庙在现今文昌门内，中闽百货大厦前，原为东桥闸在内城的交汇处，可谓原东门街最内里的商贸码头，再往西不远即为府衙；东门街出文昌门则为东门市，祈保亭在东门市最东端，大约在南昌路东段凤霞宫的附近。隔着一条新开的丹霞路，浦头即在祈保亭的东南角处。

据汤怀亮先生在《漳州浦头与西溪故道的变迁》一文的归纳：

> 西溪未改道前，浦头溪是其故道，西溪水从城南诗浦的西浦低洼处涌入，沿着故有的沟渠，流经港脚、港口等村社，北流到浦头，再开始向东在港尾分成南北两道，朝东北向的北道流经田丰村（田中央）入九十九湾，通向九龙江北溪；朝东南向的南道流经土坪、东洋、溪头、庵仔边、后坂、田厝，最后到碧湖出口与古县里港合流汇入西溪下流，直通月港、厦门等地。②

浦头溪主干的起点即为府城东厢与南厢的交接点即诗浦，中间为城东的浦头渡，终点在东向远端的碧湖社。出碧湖社，浦头溪与现西

---

① （清）江国栋修，陈元麟、庄亨阳纂：《龙溪县志》（清康熙五十六年刻本），漳州市图书馆整理，2005年版，第319页。
② 中国人民政治协商会议福建省漳州市委员会、芗城区委员会文史资料委员会编：《漳州市文史资料（合订本）》第五卷，内部资料，2009年版，第3371—3374页。

溪流向再度重合，即一路浩荡流向江东，汇合北溪，直入月港。"郡治附郭龙溪县，诸川至县界皆安澜，去海尚百里而遥潮汐应焉。其环绕城南者，曰南溪。……东过于郡城南，疏为三台洲，南桥亘焉。下至方壶洲，水势微折而南，故又束以文昌之桥。其云方壶洲者，桥东水中洲也，以西望员峤得名。从此曲而抱城者，再乃东过文山，而会于北溪。"①"从此曲而抱城者"的这一段西溪流程，即为民间俗称之浦头溪。

又清康熙《龙溪县志》记载：

　　其川之大者为溪。自西来者，溯天宝墨场，北源出于永丰禾溪，南源出于管溪，至南靖合流，绕郡城为南河（旧名西溪。中三台洲，南桥亘焉。下至方壶洲，水势微折而南，又束以新桥。其云方壶洲者，以西望员峤得名），过诗浦（从此曲而抱城，东过浦头。其上流分一水为田里港，初流绝细，自戊申以后，洪水时至，港岸崩陷，西溪之水从此港直下，汇出陈洲之上，入于大溪。而诗浦港沙壅，绕城之水甚微，诸绅士以有关形势，募众填塞，寻圮。康熙四十六年，陆路提督郡人蓝理，慨然引为己任，捐金筑之。从此数年，西溪之水复绕抱城。知府魏荔彤以港中水利拨充仰文书院，为诸生水夫之费。五十六年五月，洪水大作，港岸复崩），出镇门与北溪会。自北来者，曰九龙江（以九龙戏水，故名），源出于延、汀，合宁、岩、平之水，下华封，历天宫、漫潭，复会长泰之水，渡香洲，出两峡，过柳营江，出三叉河，与西溪会。②

① （明）闵梦得修：《漳州府志》（万历癸丑版），中国人民政治协商会议福建省漳州市委员会整理，厦门大学出版社2012年版，第1946页。
② （清）江国栋修，陈元麟、庄亨阳纂：《龙溪县志》（清康熙五十六年刻本），漳州市图书馆整理，2005年版，第17页。

资料显示，清初西溪从田里港分流，并因历次的洪水冲刷，而导致堤岸屡次崩解，虽经地方士绅蓝理等人的屡次修复，但人力最终不敌大自然的力量，西溪主干顺势直东而去，不再形成抱城之势。然而，从后面的文史资料来看，西溪改道，对于浦头溪而言，并非绝对的坏事。从康熙年间就可以看出，此时浦头港已经不再是简单的浦头渡，而已经是相当繁华的码头街市。西溪的改道，并没有完全淤塞浦头溪的上游，自诗浦而浦头这一段，沙壅而水微，一如原先田里港之水，保留了西溪水对于浦头溪的源头灌注。而浦头溪中下游浦头至碧湖这一段，并没有淤积，不仅水深港阔，更加上月港顺着西溪主干的潮汐返涌，使其航道运输功能的发挥一直持续到中华人民共和国成立后于1970年建成西溪桥闸。更重要的是，浦头溪最有商业运输价值的也恰恰在浦头至碧湖村，再往东朝向月港这一段，由此也促成了漳州民众对于浦头溪中下游航道运输畅通的有意识的维护。至于漳州士绅所关心的漳州府城的风水形胜之事，"自兵戈之后，亭、楼俱废，塔亦无存，加以西溪之流溃于田里港，绕城之水，不绝如线，数十年来，风气日下矣。儒者言：'人事不征形势。'然先王建国，亦相阴阳，未可以形气家言废之也。近者，士大夫共兴文昌阁，而太守魏公已建亭芝山，将成威镇阁，以卓异升去，未果所志。田里港筑而复坏，兴复未能。是不能无望于恺惠之君子。"① 则不是务实的浦头港民众日常关心的首要之事。

清乾隆《龙溪县志》记载：

> 东厢（宋城东郭），统图一辖保十，曰文昌、曰元魁、曰迎恩、曰东郭、曰附凤、曰岳口、曰官园、曰葱园、曰护满、曰田霞。……二十七都（宋永宁乡唐化里），统图九辖保十，曰诗浦、

---

① （清）江国栋修，陈元麟、庄亨阳纂：《龙溪县志》（清康熙五十六年刻本），漳州市图书馆整理，2005年版，第17页。

曰浦头、曰蔡耀、曰陈洲、曰蔡润、曰李阳、曰蔡吉、曰林云、曰关下、曰蔡吴唐。……街市，府前街、新府路街、衙口街、南市街、西桥街、马坪街、道口街、海道后街、东坂后街、公府街、东桥街、少司徒街、渔头庙街、步武街、东埔街、县口街、西市头街、开元口街、总爷街、正气街、后街、观口街、三圣庙街、北门街、北桥街、院路街、霞井街（俱内城），东门街（东厢）、东铺头市（县治东）、西市（县治后）、南市（县治南）、北桥市（县治北，俱城内），东街市、浦头市（俱东厢），南桥市、新桥市（俱南厢），北圣楼市、北庙市（俱北厢）。石码镇市（商贾辐辏舟徒纷集）、福河市、下浒市（俱十一都）、乌云桥墟、凤塘墟（今改为田紫，俱十二三墟）、天宝市（宋理宗时郑玠中京元，因名京元市，又有天宝墟）、南山墟、月岭墟、墨场墟、莲花墟（俱二十一都）、郭坑市、汐浦市（府志汐作社，今废，俱二十二都）、浦南墟、浦西墟、龙潭墟（俱二十三四都）、华崶市（俗名茶硎，旧有税或入五百余镪，里人吕式及子爨捐赀置地免其税，都人祠祀之）、店仔墟、山都墟、塔崙墟、黄棐墟（俱二十五都）、菓亭墟、长桥墟、长市墟（今废）、翰林市（俗呼内林，今废，俱二十六都）、东美市、许茂市（俱二十八都）、石美市、壶屿桥市、新岱市、角尾墟（俱二十九都）。①

浦头渡在乾隆年间编撰《龙溪县志》时，已经成为东厢有名的浦头市，与东街市相接，可直通文昌门前的东门街，而穿过文昌门，则是漳州府衙东侧的东铺头市，由此可见，浦头市是漳州府城东向一系列的街市对外开口处。

① （清）吴宜燮修，黄惠、李畴纂：《龙溪县志》（清乾隆廿七年修，光绪五年补刊本影印），台北：台湾成文出版社1967年版，第23—24页。

西浦潮水与溪水汇灌田十顷余，可通舟楫。郑公渠在留佩洋（留佩洋桥）宋嘉靖间郡倅郑焕浚。喜心港（喜心港闸，明嘉靖间里人孙宜忠、林遵距重造）上承西港（西港通浦头溪万余亩），南入浦头溪。天亭港（天亭港闸，国朝里人黄宏遇修；天亭桥长七丈有奇，国朝里人黄宏遇修）上承市后洋，南入浦头溪。碧湖港（碧湖港闸，国朝里人黄廷辉修；林节桥长十一丈有奇，国朝里人黄廷辉修）上承赤岭，南入西溪。①

现今可以看到，喜心港与天亭港正在浦头大庙的两侧，也就是说，这两条港道一是沟通浦头港与内城西港与偏北的市后洋的水道交通，二是为浦头溪注入新的水源，使得浦头溪通往城内与碧湖的商业港道水源循环往复，满足其水上交通的基础用水量。喜心港闸、天亭港闸与碧湖港闸的修建，也意味着浦头港的民众有意识地对这一段很重要的水上交通进行人工调节，一方面防治潮汐返涌与保证农业灌溉，另一方面可以确保水上交通的畅通。

虎渡桥一名江东桥，在柳营江，为郡之寅方，因名虎渡，俗传昔有虎渡江（谶云：虎渡通人行，渐渐出公卿）。宋绍熙间守赵伯遏始作浮梁；嘉定间守庄夏易以木垒石为址，酾水为十五道而屋之名通济；嘉熙丁酉毁于火，守李韶捐钱五十万为倡，里人颜颐仲及故守夏之子梦说哀成之，里人陈正义董其事，其役长二百余长，梁长八尺余，桥东西各有亭（守黄朴为之记）；明洪武间知府钱古训正统间佥事陈祚知府甘瑛成化间知府刘瀚正德间知府陈洪谟潘旦嘉靖间知府詹莹孙裕顾四科同知龙遂，相继修建，知府唐德砌石为栏，东西为关，二曰三省通衢曰八闽重镇；国朝

① （清）吴宜燮修，黄惠、李畴纂：《龙溪县志》（清乾隆廿七年修，光绪五年补刊本影印），台北：台湾成文出版社1967年版，第74—81页。

康熙十七年海寇刘国轩焚毁殆尽，十八年总督姚启圣修以木梁，三十四年提督施琅以石，四十年郡人蓝理重建，五十二年知府魏荔彤修，雍正九年里人郭元龙重修（郡人蔡世远为记），乾隆二十一年桥石中断，巡道杨景素知县陶敦和倡捐重建，里人王维杰董其事（王材为记）。拱石桥、留佩洋桥、通仙桥、通源驿东桥、天亭桥（长七丈有奇，国朝里人黄宏遇修）、林节桥（长十一丈有奇，国朝里人黄廷辉修）、陈洲桥（旧桥一、新桥一）。以上俱二十七都。

浦头渡在东南三里许，通厦门、海澄、石码各处。镇头渡旧为洋西渡、福河渡、石码渡、碧水寺津、锦江渡，俱在十一都。……西浦渡、碧湖渡、陈洲渡（知县沈铉吉以为白云、云洞两处朱子祠祭业）、上坂渡、马岐渡、马洲渡，俱在二十七都。①

桥的增多、小渡口的减少与大渡口名目的凸显，意味着漳州府城以东一带经济与人口的增量有巨大的提升，才能满足建设更多桥梁的财力与人力；桥增多意味着阻碍日常交通的小渡口的不断减少，而来往的商贸人群的增多则意味着大渡口及其航运价值的凸显。

综上所述，浦头渡靠近漳州府城，又有其天然的水陆地理优势，成了衔接府城与府城东向九龙江下游一带的经济节点，其水陆交通的兴盛完全可以彰显整个浦头港的兴盛，浦头渡由此一跃成了漳州府城附近最大的内河港口与中心市镇。而清代厦门港之于此时的浦头渡或浦头港而言，其位置之重要不言而喻。

---

① （清）吴宜燮修，黄惠、李畴纂：《龙溪县志》（清乾隆廿七年修，光绪五年补刊本影印），台北：台湾成文出版社1967年版，第81—82页。

第三章

明清时期浦头港民间信仰的
重构与发展

第一节　明代浦头港民间信仰的历史回溯

　　浦头港在明代尚只是龙溪县二十七都十一个社之一的浦头社①，其时与浦头相关的记载仅仅提到"浦头渡"②，与位在浦头溪头尾的"西浦渡""碧湖渡"同属二十七都，其他了无涉及，唯以浦头社所在的"二十七都"出现的频率较多，然事也都与浦头社无涉。而此时浦头社究竟有多少民间宫庙，具体状况如何，不得而知。究其原因，一是浦头社一带在明代虽有发展，但毕竟还是地属漳州府龙溪县城外的偏僻地带，注重精英文化记录的正史很少有兴趣关注及此；二是明郑时期前后，漳州府城尤其是东向区域经历海禁、战乱与迁界，浦头社一带为渡口要冲，一再被殃及，相关的碑刻等民间文献资料保留难度极大。尽管如此，明代浦头社的几座民间宫庙还是留下了些许相关的民间传说和一块浦头大庙的碑刻，可供笔者勾勒其历史轮廓。

---

　　① （明）刘天授修，林魁、李恺等纂：《龙溪县志》卷一《地理》（明嘉靖刻本），载《天一阁藏明代方志选刊》，中华书局1995年版。
　　② （明）刘天授修，林魁、李恺等纂：《龙溪县志》卷二《公署·渡》（明嘉靖刻本），载《天一阁藏明代方志选刊》，中华书局1995年版。

一　浦头大庙

浦头大庙是清代至今浦头港民间宫庙群的核心宫庙，这是毫无疑问的。鉴于明代浦头社民间信仰内容的不明晰，笔者不好断定浦头大庙在当时的浦头社的信仰地位到底如何。浦头大庙现存最早的碑刻是一通明万历十年（1582）的"大庙码头碑"（图3.1）："公议凡渡船在此停泊者，每日头摆渡布施钱四十文，二摆渡钱二十文，以为香火之费，不得违误。万历十年立。"这也是浦头港宫庙群存留至今纪年最早的碑刻。从碑刻内容可知，至少在明万年十年，浦头大庙已经存在，并且是作为浦头渡口西岸的停靠点而存在的。由此可以合理推测，当时浦头大庙不仅为浦头渡口提供了遮风避雨的所在，更可能的是，浦头渡西岸应该是在浦头大庙的土地范围之内，现存的浦头大庙码头就设在浦头大庙前右侧。因此，才有碑刻上所述公议抽取头摆渡与二摆渡的摆渡钱来作为浦头大庙的日常香火费用。而这意味着浦头大庙在明万历十年以来，有着稳定的香火来源，对于处在乡间里社的浦头大庙的存在与发展意义非凡。这也预示着浦头大庙在浦头社民间宫庙群中首先占据着天然的地理优势，这一点对于后来浦头大庙一跃成为清代浦头港的核心宫庙有着先决条件的作用。

二　文英楼（定潮楼）周仓爷庙

文英楼又名定潮楼，与浦头大庙在1988年同一批被授予"漳州文物保护单位"，文物名录为"定潮楼古码头"。文英楼呈东西坐向，共二层，原格局正面临街面向盐鱼市，背面靠水朝向浦头港定潮楼古码头。楼上一层面阔三间，硬山顶，两进夹一天井，面街一进祀周仓，靠水一进祀妈祖。其楼下一层有意构建为干栏式门廊，门廊内左右两侧架铺长石板，以供商旅行人休憩，通道地板亦由长条石板铺就，方便行旅商贾通过，是新行街盐鱼市与定潮楼古码头的直接

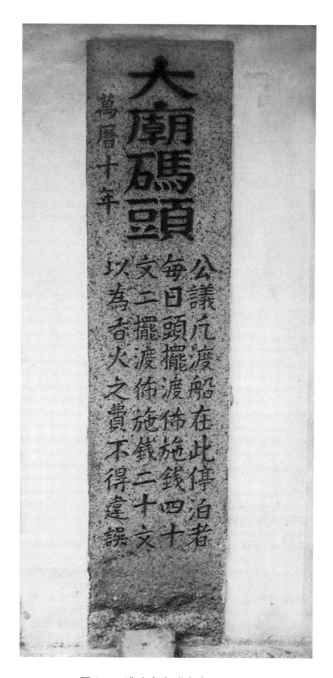

图 3.1 浦头大庙"大庙码头碑"

通道。

此楼始建年代不明，现有建筑实物最早纪年为清朝雍正七年（1729），现存一楼大门两石柱楹联："义勇擒庞功蚕著，英灵镇浦泽长流"，梁上石柱刻有"石码镇太学生林梦崧喜舍楼前石梁三支，石柱四柱，雍正七年孟春谷旦立"。在田野调查过程中，笔者抄录到了一则2010年张贴在文英楼周仓爷庙北侧走廊上的题名为《生尽义勇忠故主 神赫灵显渡解元》的红纸告示，这则民间故事与《中国民间故事集成・福建卷・漳州分卷》（一）的《周爷楼的传说》，大致类同，内容核心都是"一夜渡南台"，相关的信息都显示了周仓爷庙的创建年代远早于清朝雍正七年。两则民间故事内容抄录如下：

（一）《生尽义勇忠故主 神显灵威渡解元》

古时住在漳州东门外港脚桥仔头角姓陆的村民，据传说是陆秀夫之后裔。传说曾有一个秀才陆希韶在此居住，父母双亡的他，从小靠叔父养大，故而祖上财产全归叔父所有。叔父有一个与他同年龄的秀才儿子，且在同一所学堂读书。某年的一个傍晚，其叔父上茅厕解手，忽听附近树下传来"啾啾啾"的声音，被吓得毛骨悚然，不敢做声。忽听得有一声音在问：今年科试解元乃谁？另一声答：乃港脚社陆家之相公也。其叔父想上前问明，但见树下空无一人也，疑是贵人托梦，或是神鬼作祟。心想：社里只有儿子与侄儿是秀才，要中解元，非他俩莫属。左思右想，便起私心，绝对不能让侄儿去应试。于是就将侄儿关在书房内读书写作，以阻止其参加应试。秋考前他替儿子筹备马匹干粮，让佣人送儿子去福州应试。在秋考前一天的傍晚才将侄儿放出。陆希诏因被叔父阻止无法参加应试，心中不快，便独自沿着港边解闷。忽见有一位粗眉大眼满面胡须的老者驶着小船向他划来，老者停船上岸，关切地问他：科试已至，你为何不去应试，却在港边散步。希韶便告实情。老者笑曰：你若想科试，吾可助你。希韶欣喜万分，即向老者致谢。老者唤他上船，让他坐在船舱闭眼，待风平浪静时方可眼开。希韶耳边只听阵阵风浪之声，片刻便睡眠了。翌晨当他睁眼时船已停在福州南台。他立即赶往考场应试，一时都忘记向老者询问姓名、地址。陆希韶如愿以偿，名列第一，高中解元。当喜讯传到陆家时，叔父以为是儿子高中，喜乐筹备为儿子接风贺喜。当儿子与侄儿回家时，方知是侄儿高中，暗想自己明明将侄儿关在书房内，他却高中，因此，百思不解之。后来，陆希韶进京又考中进士。回乡后，要报答助他应试圆梦之老者，信心四处查巡，但全无音信。有一次在浦头港边漫步，刚好走到文英楼看到周爷公的神像与当年助他应试的老者一模一样，才恍然大悟，周爷公即是助他高中解元的神仙也。

真乃：周兴浦头千秋福，爷震古今万代春。

文英毓秀凤龙翔万民福，浦头呈祥莺歌燕舞合境兴。

公元二○一○年孟冬　杨子艺整理　蒋盛尔书

（二）《周爷楼的传说》

漳州城东浦头港的古渡口有一座周爷庙，庙里供奉的尊神就是周仓将军，由于有一段《一夜渡南台》的神觇传说，至今香火鼎盛。

传说明朝崇祯年间，浦头港附近有个港兜社，有个秀才，名叫陆希韶，据说是宋末忠臣陆秀夫的后代。他从小父母早亡，由他的叔父抚养长大，他父亲留下的家产，都被他叔父霸占了，说是希韶还没成年，不能管理家产。他的叔父也有一个儿子，也中过秀才，跟希韶同年，两兄弟都在县里学宫读书。

这一年的秋闱前，两兄弟正在"三更灯火五更鸡"地拼命苦读苦练文章。有一天夜晚，陆希韶叔父上厕所大便，忽听墙外树荫里有两人低声细语地在谈话。一个声音在问："今年这科乡试，解元该谁中？"另一个声音答道："是港兜社陆家相公得中的。"希韶的叔父听了，赶紧系上裤子，想找到那人问个明白，哪知道墙外树下空无一人，黑暗中传来"啾啾"几声鬼叫，吓得他全身毛孔都竖起来了，大气也不敢出，便溜回家去。

但是，他心里明白，那是野鬼们在悄悄议论人间私密，泄露了天机。于是他暗暗盘算：小鬼说今科乡试的解元是陆相公得中的，我这社里中过秀才的，也只有我儿子和希韶两人。这样看来，今科解元不是我儿子，便是希韶了。他想来想去，私心大发作，咬牙切齿地说："今科秋闱只能让我儿子去考，中个解元，决不能让希韶也去考，他要中也得等来年。"于是，他断然阻止希韶去应考，硬说他的文章火候不到，还应闭门读书作文，再下一番苦功方行。希韶无可奈何，被叔父蛮不讲理地锁在书库里，强迫他读书作文。眼巴巴地看着他堂弟骑着高头大马，带着家僮，高高兴兴地到福州应试去了。直到秋闱的前一天傍晚，才把他放出书房去散散心。

陆希韶平白无故地遭到叔父阻挡，不知为了何事，偏不让他去应试，心里想不通就沿着门前小港溪，漫无目的地走着，走着，不知不觉地来到了浦头港。只见茫茫一派大水，挡住了他的去路，希韶触景伤情，悲从衷来，不禁恸哭流泪，仰天叹气。正在这时，只见一叶扁舟，向他驶来，等小船靠岸时，只见船上站着一位老渔翁。你看他：粗眉大眼，两腮刺猬胡须，双目炯炯有神，气度不凡。老渔翁系好船，登岸来，关切地问希韶道："今科秋闱已到，相公为何不去省城应试，却在江边恸哭叹气呢？"陆希韶正憋着一肚子委屈，无处倾述，见老渔翁这么慈祥关切，就把自己的遭遇，统统告诉了老阿伯，最后他失声痛哭说："明天就要考试了，今科我没希望了。"

老渔翁听了呵呵大笑道："我还以为你有什么天大的难事在此恸哭，原来只怕明天赶不上考试，来，来，请上船来，老汉包你一夜潮水，就送你到福州，'赴赴'进考场。"

陆希韶听了大欢喜，赶紧跳上船，千恩万谢渔父老阿伯，他想都没想，这只小船怎能一夜行驶七百里，赶上明天清晨去府学应试。老渔翁和蔼地说："免谢，免谢，日后不要把我忘记了就行。开船啰，相公请闭上眼睛。"果然，他闭上眼睛坐在船舱里，只听见舱外风声呼呼，水浪拍着船舷，不久，竟昏昏睡去了。等到老渔翁来叫醒他时，天还"暗眠摸"（还没大亮），说是已经船泊福州南台码头上了，叫他赶紧进城入考场。陆希韶匆匆忙忙告别老渔翁赶紧赴考，竟然忘记请教好心仗义的老渔翁尊姓大名，仙乡何处了。

三场考试下来，乡试发榜了，陆希韶大名高踞榜首，果然中了解元，而他的弟弟却名落孙山。当快马传喜报到达陆家时，希韶的叔父满心欢喜，还以为他的儿子考中解元了，赶紧准备接风酒宴，还得酬谢野鬼通风报讯的功劳。等到他儿子和希韶一同回家来，这才弄明白，高中的却是他的侄儿陆希韶而不是他的儿子，自己白费心思，落得一场空欢喜。可是他怎么也想不通，希韶考试前明明被自己关在书房里，直到临考前夕才放出来，他怎么能赶得上到福州应试呢？

陆希韶当上解元公了，社会地位高了，他叔父只好将他父亲遗留的田产屋厝全部归还给他。又过了两年，希韶进京参加会试，中了进士及第，被派到广西做了几年知县。后来满清入关，明朝倾覆了，陆希韶就弃官归隐，回到原籍，立誓不为清廷效劳。但是为了报答老渔翁的恩情，他走遍浦头附近四乡村社，都查问不着。有一天，他来到浦头咸鱼市的周爷楼敬香，抬头看见神龛坐着的周仓爷的神像，跟当年帮助他的老渔翁长得一模一样，这才恍然大悟，不有神力，扁舟怎能夜行七百里，赶得上省城赴考呢？恩人正是周大将军啊！于是他出资重修了周爷楼，并尊称神为"渡人侯"。

讲述人：王燕贻，64 岁，女，退休职工。

采录人：戴志尧，16 岁，男，学生。

采录时间：1990 年 8 月 13 日。

流传地区：漳州、龙海一带。①

上述两则民间故事的主角都是龙溪县解元陆希韶，康熙《龙溪县志》② 明确记载陆希韶为明崇祯六年（1633）解元。陆希韶出生地港脚社就在浦头溪边，处在诗浦与浦头之间的溪段，属于浦头溪东面的"浮洲十八社半"之一。该社建有供奉玄天上帝的德兴宫，也是参加浦头溪端午节"扒龙舟"习俗的六大宫庙之一。陆希韶属于港脚社陆氏小宗，时至今日，陆氏小宗的宗祠仍然存在，且翻修一新。在陆氏小宗祠堂的大厅三对石柱上，分别镌刻了三副对联：第一副和第三副对联没有纪年与出处，排在最里头与外头；排在中间的第二副对联则是丙子年仲秋（1996）时，已故厦门大学叶国庆教授撰，郑长琰书：

"临朝尽忠明天主，解元换朝出外洋。"

"世人逐世争奔走，沥胆瀝肝惟恐后。"

"一夜乘风越南台，八闽赴试列前茅。"

这些材料都进一步证实了陆希韶这一历史人物的真实存在，与上

---

① 漳州市民间文学集成编委会编：《中国民间故事集成·福建卷·漳州市分卷（一）》，(87) 闽出管准印证第 13—1800 号，1987 年版，第 92—94 页。

② （清）江国栋修，陈元麟、庄亨阳纂：《龙溪县志》（清康熙五十六年刻本），漳州市图书馆整理，2005 年版，第 107 页。

述两则民间故事相互印证，证明了文英楼周爷庙的始建时间不晚于陆希韶的生平，以及陆希韶曾经重修过文英楼周仓爷庙。笔者在港脚社做田野调查时，还在该社居民陆江先生那里采录到了陆希韶广西辞官后的一些轶事。

其一：

又过了几年，李自成攻下北京，崇祯皇帝自杀。翌年清军入关建立了清朝，明朝灭亡。陆希韶辞官归里，把他考上解元的旗匾毁于"解元洲"中，陆希韶十分忠心于故国。清初封疆大吏唐朝彝劝陆希韶归顺清朝担任官职，陆希韶严厉拒绝了唐朝彝的好意，他说："一女不侍二夫，一心不为二主！"并告诫子孙说："有谁去任清朝官职的就是不孝！"所以清朝一代，港口、港脚姓陆的没有一个参加过科举的，就是遵循这个告诫。

其二：

陆希韶晚年流落异乡，至死都未回归故乡。据说，当年陆希韶因故国灭亡，心情烦闷，外出到一友人家中做客，不巧这户人家的女主人与当地一男子通奸，此时正好碰上其友人回来捉奸，奸夫听闻动静立马从后院逃跑，男主人气愤难忍四处寻找，正好此时陆希韶从其院边经过，友人便认定是希韶与其夫人通奸，便扭打希韶，要其四周乡邻给其做主。此时希韶本来就已因故国灭亡，整个人跌落人生低谷，在这时候却又碰上这样的事，实在是令其痛苦不堪。而后陆希韶便决定离开自己从小生活的这片土地，远下南洋新加坡。

陆希韶至死都未曾回到故土，其子孙早已在新加坡生根发芽，其间有一部分子孙回到大陆，据说已在厦门定居生活，我

（指陆江先生自己）曾前往厦门找寻回来的陆希韶后代，只可惜最终无功而返。①

港脚社陆氏小宗宗祠大厅三对石柱上镌刻的三副对联内容均有所指，既契合漳州关于陆希韶"一夜渡南台高中解元"的民间传说，也符合港脚社陆姓宗族居民对于其精英级别的祖辈陆希韶解元忠于明朝，入清不仕，且规定后世族人不许在清朝入仕，以及自身辞官归隐，浪迹南洋，大有"伯夷、叔齐不食周粟"气节的诸多记忆，这都并非偶然。其中原句出自唐代开元进士李欣《杂曲歌辞·行路难》的"世人逐势争奔走，沥胆隳肝惟恐后"这副对联，尤其符合陆希韶忠明不仕清的心境与处境，显然，作为历史学家的叶国庆教授特撰此联，比常人更能体会其时陆希韶的家国情怀。

根据前述浦头港本地民间传说"一夜渡南台"可知，文英楼大殿高挂的"渡人侯"匾额，是八闽解元陆希韶因周仓爷灵应而感恩所尊称或题写，浦头社人则尊称周仓爷为"义勇将军"，文英楼正殿最中间的那块大匾题额即为"义勇将军"。据胡小伟先生考证，现存关公文献最早出现周仓的，是元末明初人鲁贞的开化（今浙江衢州市开化县）《武安王庙记》之"迎神词"中"乘赤兔兮从周仓"。② 胡小伟先生认为周仓可能为江右一带的五显神之一的"周侯"③，然而从文英楼周仓爷的"义勇将军"称号来看，其取自李焘《续资治通鉴长编》所记载的宋宣和五年（1123）关羽被敕封为"义勇武安王"④ 与王圻《续文献通考·群祀考》所记载的元代文宗天历元年（1328）

---

① 据 2014 年 5 月 16 日在港脚社对陆江先生的访谈记录。

② 胡小伟：《关公崇拜溯源》（下册），山西出版集团/北岳文艺出版社 2009 年版，第 339 页。

③ 胡小伟：《〈周仓考〉补正》，《明清小说研究》2003 年第 2 期。

④ （明）赵钦汤编，焦竑校：《汉前将军关公祠志》，转引自李焘《续资治通鉴长编》（不见今本中，疑为佚文），参见鲁愚《关帝文献汇编》（第 8 册），北京国际文化出版公司 1995 年版，第591 页。

敕封的"显灵义勇武安英济王"① 中的"义勇"二字。因此，笔者更倾向于周仓爷信仰的兴起，是其作为关帝爷老部下，受惠于宋元明清以来关帝爷信仰的盛行。到了陆希韶所处明末时期，义勇将军周仓爷已经在中国东南漳州府城外的浦头社建置正式的宫庙。现今浦头社的其他庙里也多附祀义勇将军，浦头大庙的右庑房祭祀的正是采用坐像的"渡人侯"②。可见，明代周仓爷信仰在浦头一带有着一定的影响，并对其后续的香火延续起到了很重要的作用。

三　探花码土地公庙

据浦头探花码土地公庙边竖立的那块纪年疑似明代宣德六年（1431）的《浦头探花码》石碑记述，该庙是龙溪人明代宣德二年（1427）丁未科马愉榜进士一甲第三名探花谢琏（1398—1453）所建造，主要用于营造其祖坟的好风水，与其建的码头一起锁住喜心港通往浦头溪交界处的水口，塑造其祖坟藏风聚气、财不外流的风水效果。值得一提的是，这块落款为"宣德六年"的碑文属白话文，落款也过于简单，显然不是谢琏本人生前所书，也不是明宣德六年所立，极可能是近现代重修浦头探花码土地公庙时乡贤重立的石碑，石碑上所谓的"宣德六年建"字样应该是指探花谢琏在这个时间建造了探花码。其碑文内容具体如下：

浦头探花码

探花码土地公庙是明代探花谢琏建造，谢家祖墓在南坑雨亭

---

① （明）王圻：《续文献通考·群祀考》，现代出版社1986年版。
② 根据笔者的访谈，浦头大庙管委会人都说，这座坐像"渡人侯"周仓爷像是以前发大水的时候从文英楼那边漂来的，通过掷筊杯，周仓爷不愿意再回去文英楼，因此就供奉在浦头大庙，文英楼只好重新雕塑的一座周仓爷像。又因为这座周仓爷是"渡人侯"，有品阶，所以在以关公为主祀神的浦头大庙，周仓爷作为关公的老部下，可以坐着被供奉。当然，浦头大庙关帝爷像的两侧依然有立像的周仓与关平。

边，前面有一条水流经洋筠社，流过喜心港，过教子桥、三涧桥，成河通浦头溪。后经地理师指点，在浦头溪口建码头，使水产生漩涡，使财水不外流，建土地公庙镇守，并种下一棵榕树在江边。

宣德六年建

颜知森先生是浦头港老一辈知识分子，热心家乡历史文化的收集和研究，对浦头港的历史了如指掌，他于 1996 年为探花码土地公庙撰写了相关的历史碑刻，内容以上述宣德六年《浦头探花码》碑文与漳州关于谢琏未中进士落魄时的民间故事为蓝本，并邀请厦大教授叶国庆鉴阅。该碑文在 2004 年浦头蔡家子弟主持重新迁建探花码土地公庙时，被制成碑刻镶嵌在庙的外墙上。这块碑文最大的价值，一是描述探花码的历史沿革与相关的历史信息；二是证实了探花码在 2004 年未迁建之前一直完整存在着，并未在历史长河的冲刷下倾废。

探花码

探花码，昔名米坞，系古芗江即九龙江运粮来漳东门出枭停泊处。其上有米市街，地处漳邑东门城郊浦头溪中段亦市内东北角各河港排水出口处。其处有一小庙，坐东向西，始建于明代宣德六年。其庙系由明代谢琏专资承建。内奉祀福德正神一对老夫妇为正尊。谢琏龙溪县人明代宣德二年进士第三名，授翰林院编修进侍讲。尝上治安十五事，切于时政，迁南京户部右侍郎。回家祭祖扫墓时，追思往事顿觉忧伤。其先祖系在路边经营小吃摊。有一日，一位江湖地舆师途经其处歇脚，小点食后无钱付款。其先祖宏量不以计较，感动地舆师，在其临近选一灵地，言此葬后，将来后代能出状元。至其先父生谢琏，臭头流鼻，其父思将祖骸迁移。三年后，地舆师适经此处，言确系灵地，若要迁移，须备糯米粿候用。其父照办，挖无深突见墓内起烟，地舆师令将糯米糕全部速盖，并言"状元去，探花来，你速回，你儿子从高墙跌下"。回家果然其子跌破头额流血，经急救苏醒。事后，谢琏果然聪颖勤读，乡试中秀才。连科皆落第，家境困难。为生活，在漳州杨老巷开办私塾，束修微薄，三餐只有稀粥糊口，连买菜亦难办。他为勤俭节约，免被人耻笑寒酸，用小木头削一只鸡腿，蘸酱油配粥。刻苦勤读还被人嫌疑偷鸡，但对赌咒读书人绝不会做这种卑鄙事，大家还不信。故古云：人若落魄被犬欺。经受此折磨，其志更坚，刻苦攻读，终于联科皆中，因面额有疤迹劣取探花。经反复思考，此地难能应预言，为何未出仕时家境如此寒酸？内中必有缘故！决定请名师勘察。因其墓前有一灵泉，大旱亦不干，出水无流，须挖沟入洋筠社港，至喜心港，过教子桥、三涧桥成河，直至浦头溪，出口处有成一喇叭口，水源直冲入溪并无回旋。地舆师建议在左边建一码头，将其港水把转回流形成漩涡，使财水不尽直泻。经建后，其港水至此形成一大漩涡回头转。建设费用皆谢琏独资兴筑，故名探花码，在码头边建一小庙祀土地公婆一对，意采祀神祀水尾。经数百岁月，其建筑物还稳固无损。

里人　颜知森　撰

顾问　厦大教授　叶国庆　鉴阅

一九九六年　桐月　吉旦

从现今浦头港人的历史记忆中发现，探花码土地公庙确实是明代宣德二年探花谢琏所建。谢琏在明清以来漳州府城一带影响较大，残留至今有多处历史遗存：

民国时期翁国樑（1910—1978）所著《福建漳州传说》里中有关于谢琏的民间传说故事"三四·少司徒与公爷街"：

三四·少司徒与公爷街

少司徒（街名），为明谢琏之故居。《志》载有"少司徒坊，成化间为侍郎谢琏立。"今废。故名"少司徒街"。

嗣，谢琏迁居上街，《志》载："上街有探花坊，为谢琏立（卷四页十三）。因是，俗呼上街为'探花街'"。后黄梧因献海澄城降清，世袭海澄公，实禄海澄全县赋课，势极一时，乃强占探花府为黄公府，改探花街为公爷街。但民间惯用俗名，黄梧命人在街之两端，以铜钱投罌中，行人欲经此街过者，则问之曰："此街何名？"答公府街者，赏以手入罌中取钱一次，尽其所能取而去。若答"探花街"，则鞭挞之，不让其通过。民畏其暴，从此之后皆不敢再呼为"探花街"云。

该街之面积特宽，约四丈，两侧之房屋高大巍峨。每届新年，该街即为灯市。盖因一可收租，又可观看妇女也。今届新年，让有娱春游艺会之举，虽设在他处，而俗仍呼为"公爷街"，沿于惯习之故也。

……

按谢琏字重器，宣德丁未廷试第三人，除翰林院编修，从谒长陵、献陵，对述稼穑闾阎利弊甚悉，丁艰服除，起故官，与修《宣宗实录》及《会典》《圣鉴》《日历》诸书，因灾异请出宫人，又请赦诸无辜，及连坐法，迁侍讲。正统十四年，上言时政十五事，论石亨不可专任尚书，于谦知军旅，老臣胡濙堪付托，事后若悬鉴焉。复上其议于朝，筑龙岩城，建守御。秩满升南京户部右侍郎，创便宜六事。明年兼掌兵部务，时户部郎陈秀坐诬下狱，琏力争之，秀释。景泰四年以疾卒于官，诏遣中使莅丧，赐葬祭。明代韩林论朝政自琏始。著有《奏笺》百余卷，及《玉堂藏集》。

《志》载："谢司徒琏墓在三峰寺，景泰间赐葬（卷十一页十）。"

民间传说：谢琏初甚穷困，为乡塾师，亲戚朋友都看轻他。教书所得，日食尚难度，当然鸡鸭这些食品，更非其所能梦想的。所以每日三餐，只用木头削成的鸡腿，搅些碟中酱油，以舌舐之，聊以度日。那时候是六月的天气，太阳最适宜以晒曝书籍与衣服的，谢琏就把那十几本残破的书籍和一双旧书笼，搬出去在庭中晒太阳。那知邻家有一只母鸡从矮墙飞过来，啄食笼中的蛀虫，不提防陷入书籍中，被书籍压住，飞走不得。天黑了，谢琏便把竹笼草草的扶入屋里去。邻妇失掉母鸡，四出找寻皆不见，就出口大骂。有人说："谢先生这几天都是以鸡腿佐饭，莫不是他偷了的。"于是邻妇便向谢琏讨鸡，两下争吵不休。后来村长出来和事，说两人齐到伽蓝庙去，请伽蓝大王作判，若一连有十二个圣杯，那鸡就算谢琏偷去，否则邻妇应该受罚。这意思就是要为谢琏争面子，因为一连十二个圣杯是很难的。但两人到了伽蓝庙，烧过香，丢下杯珓，却有一个杯珓是直立的。因此这件事解决不了。邻家恃势，强搜谢家，终于在他的书笼中搜出母鸡。谢琏到了这时申辩不得，好像哑巴吃莲子，谢琏又气愤，又惭愧，于是发愤读书，上京赶考，举了探花回来。游街之日，就把那伽蓝大王系在马尾拖，以消前恨。按该伽蓝庙在杨老巷，庙匾题"一珓卓立"，今犹存。

或云，谢琏之子名能，人称"能舍"，生平行为，约与徐文长同，把谢琏的家产都花光了。有一天以银贮大竹杠中，荷于肩，三颠四跑的跑向南门溪边而来，在新桥上与一人相碰，谢能舍问其："你知道我要那里去吗？"那一人被碰气愤之余，骂曰："你去死！"谢能舍大喜，曰："你真知我也。"遂将贮满白银之大竹杠赠之，自己跳下桥梁去了，而浮起水面的并不是能舍的死尸，却是一尊伽蓝木像。所以人家都说：这谢能舍是伽蓝大王被谢琏系在马尾拖后，心不甘愿，投胎为谢能舍，籍以败谢琏之家产也。①

　　翁国樑先生是20世纪二三十年代深受顾颉刚先生等学界名宿鼓励而涌现出来的一批福建地方民俗研究者，对于闽南文化，尤其是漳州地方文化十分熟悉，并有深入的研究。上述翁先生所撰《少司徒与公爷街》糅合了《明史》的"谢琏传"、《漳州府志》《龙溪县志》关于谢琏的记载，以及漳州地方上流行的两则关于谢琏儿子谢能舍的民间故事《一笑卓立》《投水自尽》②。当然，漳州关于谢能舍败家的故事还有很多，单单《漳州民间故事集》就收集整理了17则，这里不再赘述。把翁先生的叙述与探花码土地公庙的碑刻内容相互印证，可以发现，谢琏年轻的时候确实很窘迫，以至于出仕后，就赶紧思苦忆甜，找寻年轻时穷困的原因，最后把具体的问题回归到浦头人日常所关心的风水上来。而探花码土地公庙实际上是谢琏听从风水先生的指点，为其把住祖坟水口的厌胜建筑。让土地公来替探花谢琏看祖坟风水，浦头人似乎毫无疑义，认为其理所当然，一般人的福分可当不起这样的规格。浦头人实际上也间接地受益于此，毕竟喜心港是浦头社南北两区的分界线，刚好与浦头溪成"丁"字形，探花码土地公庙锁住了喜心港的风水，实际上也就替整个浦头社从明代开始锁住了这里的财气，难怪浦头社明末清初以来越来越兴旺发达。浦头人一方面为能够沾光于漳州府屈指可数的探花而洋洋得意，另一方面肯定倍感珍惜探花码土地公庙看住喜心港水口的用意，也因此，探花码土地公庙的香火一直延续到今日。

四　祈保亭

　　明代的祈保亭观音佛祖庙，相关记载只在康熙《龙溪县志》卷十

---

① （民国）翁国樑：《漳州史迹》，漳州市图书馆重刊2002年版，第56—59页。
② 政协漳州市文史资料委员会编：《漳州民间故事集·谢能舍的传说》，闽漳新出内刊第008号，1988年版。

二《灾祥》的"遗事附"里提到一处：

> 郡城南河，昔年水从东西闸直通城内，小舟载鱼盐抵上街，为渔头处，今有渔头庙现存，盖昔年鱼盐市也。及后河沟壅塞，而市遂移东南浦头矣。其路旁有祈保亭，中《碑记》云："昔年此地荆榛，午后绝人迹，傍晚磷火青熠。"则知浦头原属荒浦也。①

"遗事附"的最末尾特别点出"论曰：遗事识小也。裨乘所传，君子不废立乎。今日以指数代。数代远矣，衰而录之。传信传疑，附之终篇。"②该"遗事附"所记录的各种轶事，最早转载唐代黄璞（832—？）③《闽川名士录》所述唐代漳州府周匡物进士未及第前徒步赶考，路过钱塘江江口无钱坐船过江被舟子为难，后以诗歌获得钱塘江所在郡牧援手事开始；最迟则为榕城（福州）凌元孚记述龙溪界山石奇秀正宜兴名士的随笔；其余皆是清代之前的轶事。明代万历年间榕城名士徐𤊯（1563—1639）所著《鳌峰集》有诗"送凌元孚博士之官北雍"④，两相佐证凌元孚亦大致是明代万历年间榕城官宦人家。因此，康熙版《龙溪县志》关于祈保亭的这一条记载，反映的应该是前朝明代的轶事，证实了祈保亭在明中后期就已经在浦头社立足。这条记录还真切地反映了浦头社在明代一如九龙江流域上诸多普通社里一样，默默无闻，唯独浦头社祈保亭可能是沾了其位置在主要交通要道边上的光，所以还有点名气，得以在康熙版《龙溪县志》上露脸。从地理位置来看，祈保亭观音佛祖庙比其他三座宫庙更靠近漳州府

① （清）江国栋修，陈元麟、庄亨阳纂：《龙溪县志》（清康熙五十六年刻本），漳州市图书馆整理，2005 年版，第 319 页。

② （清）江国栋修，陈元麟、庄亨阳纂：《龙溪县志》（清康熙五十六年刻本），漳州市图书馆整理，2005 年版，第 320 页。

③ 福建省莆田市地方志编纂委员会编：《莆田市志》卷四十四《人物·黄璞》，方志出版社 2001 年版。

④ （明）徐𤊯：《鳌峰集》（中），陈庆元、陈炜编著，广陵书社 2012 年版。

城，相对而言，也更容易吸引漳州府城士人的目光。而浦头大庙、文英楼周仓爷庙与探花码土地公庙所在的这一片浦头溪溪岸，在明代中后期基本还是一片荒浦，哪怕浦头渡口就在那里。

目前能够梳理出来的明代浦头社民间信仰内容仅有上述这四座民间宫庙，这四座宫庙的香火也都延续至今。明代浦头大庙得益于其先天的地理优势，以及宋元明清以来关帝信仰的盛行，注定其香火将在明清时期得以延续与进一步光大；文英楼周仓爷庙同样得益于宋元明清以来关帝信仰的盛行，另一方面是"八闽解元"陆希韶的报恩，使得其香火旺盛，并额外获得了文英楼所在的浦头溪对岸的港脚社陆氏宗族的长期奉祀，对其信仰的留存与发展不无裨益；探花码土地公庙得益于探花谢琏的创建，仕宦官绅对于民间信仰的影响力不言而喻，更重要的是，探花码土地公庙镇守喜心港水口，这风水厌胜符合浦头社的集体利益，深得浦头社人的认可与珍重，因此，探花码土地公庙的香火获得延续也是必然的；明代浦头社祈保亭的出现，明显得益于唐宋以来观音菩萨信仰的世俗化，以及明清时期佛教的进一步世俗化，"明代以后，观音佛与观音信仰成为中国民间佛教的主要内容之一，具有丰富的内容，对中国民众的社会生活影响巨大，……"① 林国平教授指出："唐宋时期，福建各地都有观音寺。明清时期，观音崇拜已进入家家户户。……在福建，以观音为名或以供奉观音为主的寺庙、阁、堂、庵不可胜数，农家厅堂的神龛上除了供奉'天地君亲师'或'历代先祖之神位'外，大多同时敬奉有'大慈大悲观世音菩萨'。"② 明代浦头社社众信奉观音菩萨，建亭奉祀，完全符合其时社会发展的实际。这四座庙，自明代起就构成了后世浦头港民间信仰的主要内容之一，并延续至今。

---

① 严明：《佛道世俗化与江南民间信仰之关系——以明清时期江南观音、城隍习俗为中心》，《学术界》2010 年第 7 期。
② 林国平：《闽台民间信仰源流》，人民出版社 2013 年版，第 145 页。

第二节　清代浦头港民间信仰核心宫庙的建构

根据笔者的调研，以及相关历史文献的印证，清代浦头港经济的发展促使浦头港民间信仰进行重构，也由此，浦头港民间信仰内容得以逐一凸显。其时，大量民间宫庙进行了重修，乃至新建，从而奠定现今浦头港民间信仰的概貌。也就是说，清代浦头港民间信仰内容基本延续到了今日，其后浦头港民间信仰内容并没有再增添多少新的内容，相反，在清代以来的历史长河中，历经民国以及中华人民共和国的成立，浦头港原有好几间民间宫庙还被逐渐废弃了。如此，笔者才能够大胆断定，浦头港民间信仰因应浦头港码头经济的发展，进行了重构，从而为研究浦头港民间信仰与社会变迁设立了一个很重要的起始点。而奠定这个起始点的最重要的因素除了前述浦头港社会经济的兴起，则是两座被浦头人称为"文（霞东书院）武（浦头大庙）庙"的浦头港核心民间宫庙即为浦头大庙的复兴与霞东书院文昌宫的创建，而这都与清初"平台名将"蓝理将军息息相关。

一　"破肚将军"蓝理与（武庙）浦头大庙的复兴及其核心地位的确立

前述浦头大庙那块明万历十年（1582）的"大庙码头碑"（图2.1）碑文显示浦头大庙作为浦头渡的停靠处，明万历十年以来不但有着一小笔稳定的香火钱，也比浦头港的其他民间信仰宫庙有着先天的地理优势，更容易吸引信众。再加上明代以来朝廷对于关帝的崇奉有着日趋加强的趋势，上行下效，浦头大庙的香火并不会像一般的民间宫庙，时刻存在着香火湮灭的危险。然而，最大的危险来自改朝换代的战乱。众所周知，浦头港位于漳州府城东门街的最东端，而漳州府城东向一带指向月港、厦门、泉州、福州，比起府城其他三个方向来说，战略要地的价值更高，因此，受战乱影响就可能更深。明末清初，明郑政权与清军的拉锯战多次发生在这一带，幸运的是，"（清顺治）十二年春，世子王率大兵入闽；成功度势不支，六月，坠漳州及漳浦、南靖、长泰、平和、诏安各县城（时郡城民屋无论大小俱拆毁，浮木石于厦门；所存者，惟神庙寺观而已）。"① 其时明郑军队对地方神灵信仰另眼相看，无形中也保护了浦头社的民间宫庙。但是，战乱对地方经济社会的破坏是毋庸置疑的，没有任何的文献记载或口头流传下来的历史记忆，能够为笔者提供这段战乱时间里浦头社有任何的宫庙修建的信息。相反，可能有些宫庙还是在战乱中不可避免地被破坏或荒废了，甚至包括浦头大庙。

这要从清前期平台名将蓝理说起。先看一则至今在浦头港流行的关于蓝理的民间故事：

五人三条裤（又名：五兄弟迁居浦头　关帝爷指点投军）

（蓝理、柯彩、许凤、吴田、陈龙）五人相聚在一起，……听说浦头好汉街多聚四方游子。柯彩曰："我小时候跟母亲回娘家，曾经到过好汉街。"蓝理道："那就到好汉街去吧。"至时因天气热，一时难容身。转到浦头大庙，见此庙貌宏伟，石埕宽敞，榕树下阴凉，溪水流畅，实是渡暑胜地。五人先洗浴后，在旷地拾砖垒灶，无锅暂用破缸片代，煮豆，因所烧的柴什物，压下火熄，许凤蹲下用口吹火，湿裤贴肉，闻"吱"一声，裤底破裂。蓝理再吹同样破裂。柯彩拿起木棍向灶内翻火，一不小心，将砖块弄倒，缸片斜落破裂，所有豆汤漏掉，各人急摘芭蕉叶，伸手抓豆。……遂入庙内随便拿敬神茶杯，码头拾捡磁罐洗洁，装溪水当酒，猜拳痛饮，并议定以后三日小餐，五日大餐，个人轮流当家。如须协助互相通知，日间各分散找机遇，夜时聚集由吴田教练拳技，以归正

---

① （清）沈定均续修，吴联薰增纂：《光绪漳州府志》卷四十七《灾祥》"，载《中国地方志集成·福建府县志辑29》，上海书店2000年版，第1138页。

统。隔晨，刚要分散，许凤、蓝理感裤裂不能见人。陈龙曰："你二人先在大缸委屈，我去设法，田弟你在此看候。"约过了几时，陈龙手拿裤给他们换。由此，后来遂有了"五人三条裤"的传说。……时值九月初八，众兄弟欢聚饮得酩酊大醉，睡躺东倒西歪，时至深更，柯彩梦见一蚕眉凤眼，五绺长须的老人指示讲："你等兄弟无须在漳放荡，往东是出头的方向，切记，现香炉有三锭银可拿作费用。"遂醒，自言自语在念。许凤曰："大哥，此言小弟亦有听见。"即叫醒众人在香炉摸找，果有一包银项。蓝理曰："既然关圣帝君指助，吾等今日动身，往厦门转澎湖投军郑经麾下。"后来，这五个结义兄弟，成了闻名遐迩的漳州五虎将。

注：此八节纲目系根据厦门大学黄典诚教授论著台湾外纪与台湾外志目录回数比较表摘出有关浦头大庙事宜，结合盛传漳州民间故事，以不脱离目录中心撰写，因水平有限，望指正。

耆叟　颜知森　整理

公元一九九七年　岁次丁丑　桂月

《漳州浦头关帝庙资料汇编》一书由本社探花码弟子

蔡源根（粪堆）捐资敬献

1998 年桂月　　初版①

　　上述民间故事主要依据是黄典诚先生《台湾外纪与台湾外志考》，结合漳州流传的民间故事写成的。江日昇《台湾外纪》描述的是漳州五虎将投军郑经，而清史记载中，蓝理直接投奔的是康亲王。上文写道"转到浦头大庙，见此庙貌宏伟，石埕宽敞，榕树下阴凉，溪水流畅，实是渡暑胜地。"姑且不论其时浦头大庙建筑是否宏伟，关键是五个流浪汉居然能够在浦头大庙寄身几个月而无人管理，这显然不符合这则民

---

①　浦头文保小组、浦头大庙理事会编：《福建漳州浦头关帝庙》，内部资料，1998 年版，第 79—82 页。

间传说故事所描述的浦头大庙繁盛的存在状态，相反，清初的浦头大庙，因为明郑军队与清军在这一带的战争，而导致浦头社一带社会秩序尚未完全恢复，浦头大庙缺乏稳定的信众与专门的管理人员，估计处在半废弃的状态，年轻时代的蓝理等五虎将才能够在此存身，并能够在庙埕前自由"烧烤"，而不至于被驱赶。如果是处在正常社会状态或正常的社里，这样的核心庙宇怎么可能任由流浪汉折腾？

而年轻时代的蓝理为何在浦头港一带浪迹，而非其他地方？一方面当然是因为浦头港作为渡口，鱼龙混杂之地确实容易吸引闲杂人等，而最初始的原因则是蓝理在漳浦赤岭老家因为桀骜不驯无法存身，前来投奔其在漳州府城岳口街的姑妈不成，顺势到毗邻的浦头港浪迹。这依然还得从浦头港一带流行的蓝理民间传说故事说起。

蓝理报恩

蓝理，漳浦县赤岭乡畲族人，是石椅村"种玉堂"苗裔。由于家境一贫如洗，寡母无力培养他入学。他生就一副健壮的体魄，真像说书人形容的"虎臂熊腰，膂力超人"，因而他就专意练武。据说有一回他飞步追上奔马，用力抓住马尾巴，令奔马倒退。这样的神力，何等了得！但他整天只跟族中不务正业的"鲈鳗"①们鬼混，没日没夜地酗酒聚赌。穷极无聊时，也干些偷鸡摸狗的事。遭到族亲冷眼蔑视，闲言碎语地背后议论不已。族中绅士达官们更是恨之入骨，咬牙切齿地痛骂他是"孽种""不肖子孙"，欲置之于死地。

有一次，他跟穷哥儿们打赌，有人说："楚霸王力拔山兮能举鼎，你蓝理能举起祠堂门前的石狮子吗？"他拍拍肚皮，大声说："当然也能！"于是一帮子弟就起哄着，簇拥蓝理到祠堂前。只见蓝理从容不迫地把宽腰带扎紧，盘起辫子，深吸一口气，暗中运

---

① 鲈鳗：鳗鱼。因鳗鱼无鳞难提，比喻歹人难教育。

劲，但见他浑身肌腱块块饱绽，喝一声"起"，双手举起石狮子绕石埕走一圈，把石狮子放在旗杆前。大家看得真过瘾，不由得吹口哨，鼓掌，喊声震天。而蓝理脸不红，气不喘，洋洋得意地站在人圈中傻笑。这时家族中的长辈们闻声出来看歹仔①们吵闹什么，一看是石狮子移位了，气得胡子都翘起来了，举着长烟杆大喝道："反了，反了，你们这些孽子歹仔，竟然敢在祖宗祠堂前胡闹，难道你们都不怕王法、族规吗？"蓝理他们伸伸舌头，赶快溜走。

族里长辈们连夜在祠堂里议事，怎样处置歹仔蓝理，杀一儆百，以警效尤。最后一致同意把蓝理抓来沉入池塘处死，永绝后患。

可怜蓝理还蒙在鼓里，不知大祸即将临头，他仍旧跟三朋四友在小庙中聚赌豪饮到深夜才回家。他的老母已听见风声，急得像热锅上的蚂蚁，等到蓝理喝得醉醺醺地进了家门，母亲将这事说了，叫他赶快离家出走。蓝理说什么也不信，他也不怕，他说他没犯法，何必逃走？再说能逃到哪里去呢？母子俩正纠缠不清，谁也说服不了谁时，这时隔壁的好心寡嫂跑来通风报信，"真的，族长决定，明天要按族规将蓝理沉池塘。好兄弟，快逃吧！"她拔下头上银簪一只，给蓝理做路费。蓝理这才相信了，就哭着拜了老母，感谢过堂嫂，趁天未亮就出走了。

刚走到村口，碰见他的婶婆，叫住了他，老人噙着眼泪，从锅里拿出两个大番薯，塞给蓝理，挥挥手叫他赶快逃跑。

蓝理没出过门，不知到哪里谋生好。他知道自家亲姑母嫁到漳州，就住在岳口街，于是他决定到漳州府投奔姑母去。

谁知道他的姑母家也穷得四壁空空，家无隔夜粮，床上仅有一条旧被子，还是在附近车马店租来的。姑母一见侄儿到来，非常欢喜，赶快招呼蓝理坐下，可是家里没钱也没吃的，她连忙出

---

① 歹仔：指不务正业的人。

门向左邻右舍去借粮。

　　蓝理等了半天，不见姑母回来，心中不免狐疑起来，看来姑母家徒四壁，也没什么油水可捞，顺手把旧棉被一卷，溜出家门，交给当铺一当，得几文钱，就在漳州城里混过了第一天。

　　后来他沦落到浦头大庙里，和几个结拜兄弟过着"五人共三条裤"的紧日子。以后加入浦头港的帮派，违禁私宰耕牛，向泊港商船强行摊派什税，赚到钱就到好汉街上挥霍。

　　所谓"好汉街"，就是两排背靠背的矮房屋，一排门向新行街，一排门对浦头港，后楼上窗户洞开。江湖好汉们在此活动，倘若官差来抓人，他们只要越过后窗，就可以从另一头逃跑了，好汉街的机关就在这里。迄今遗址还残存着一部分。

　　有一回，蓝理出事了，官府差役成群来抓他。蓝理见势不妙，"噌"地一下，飞身跃上好汉街的屋顶，沿屋脊轻身奔跑，最后抱一叠瓦片，跃下平地，向浦头港奔去。身后众捕快吆喝追赶，蓝理回身笑嘻嘻地招呼"来吧！到水里玩玩。"说罢，手中撇出一片瓦，他飞身踏上，没等瓦片沉入水中，他又撇出一片，就这样借瓦片之力，使轻功从水面上飞跃过浦头港，众差役无可奈何，只有望水兴叹了。

　　后来蓝理思过发愤去投军了，在施琅大将军麾下当先锋，在平定台澎的战役中屡建奇功，官至福建提督。蓝理衣锦还乡之日，"种玉堂"下高悬着康熙皇帝御笔题写的匾额"所向无前"和"福"字。两边还有康熙皇帝赞蓝理的御制楹联：

　　"铜柱海疆曾著绩，铁衣戎略夙知名。"

　　只见蓝理高踞"种玉堂"主座上，家族中长辈们都鹄立两边，胆颤心惊地侍候着。蓝理叫人抬上两大箱银锭来，一只只大元宝都摆在供案上。

　　蓝理满面春风地高声说道："众位族亲，我蓝理当年不肖，长辈们唯恐我辱没家声，今日里，我蓝理衣锦返乡，总算能光宗耀祖了。皇帝恩宠,令'种玉堂'蓬荜生辉,我蓝理肝脑涂地,誓死报效皇恩。对于众族亲,我也知恩必报,案上银锭,聊表心意,只要说出往日于我蓝理有一饭之恩者,即可上前随意领取。"

蓝理说完,这些长辈们只是你看我,我看你,大眼瞪小眼,谁也不敢吭一声,堂上静悄悄的,鸦雀无声。静了片刻,这时在下头观看的人群中挤出一个大嫂来,她开声说道"大兄弟,那年,嫂子送一只银簪给你做路费,你还记得吗?"蓝理一看,连忙离座,下来向堂嫂施礼,感谢道:"嫂嫂大恩,蓝理没齿难忘。当年若非嫂嫂半夜来通风报信,蓝理早已沉溺池塘做水鬼了,哪能还有今日!"赶快取两大锭元宝相赠。

这时,一位拄着拐杖的老妇人,颤巍巍地颠上前来说;"理仔,那天我塞给你两块大番薯,你还记得吗?"蓝理一看老婶婆还健在,赶紧扶住老人,请她坐下,说:"婶娘,我可想念您呐。那两块番薯可真甜哪,要不填饱肚子,怎有力气逃到漳州去了呢?"也送给两锭大银。

最后一个,是他姑母,刚从漳州赶来,蓝理一见姑母,禁不住热泪盈眶,连忙跪下向姑母请罪道:"不肖侄儿,不念姑母的好心,反起歹意,卷走您的棉被,叫您受饥寒了。"加倍地送四锭大银给姑母。

蓝理对卷走姑母棉被一事,一直感到内疚,所以后来钦赐为蓝理立"勇壮简易,所向无前"的牌坊时,就定点建在姑母家的前面,以显光耀,藉以报答姑母之恩。

蓝理对浦头大庙中"五人三条裤"的生涯也是不会忘记的,他出资修建大庙,还亲自练笔学书法,写下"江汉以濯"四个字,制成匾额,悬挂在大殿上,以表敬仰关夫子之心意。

他还疏浚了浦头港,修建了浦头街,可见他真是个知恩必报的硬汉子,难怪浦头大庙中,人们还给蓝理设置神位,当伽蓝神一样看待。

讲述人：蓝海亮，男，60 岁，漳浦县人，退休干部，中学，畬族。

采录人：王雄铮，男，66 岁，福州市人，离休干部，大学，满族。

采录时间：1991 年 9 月。

采录地点：漳浦赤岭。

流传地区：漳州、漳浦赤岭一带。①

　　王建红教授曾对蓝理的生平作了个简短的总结：" ' 平台首功 ' 蓝理（1649—1720），字义甫，号义山。顺治四年，蓝理出生漳浦县赤岭乡畬族聚居区，乱世生人，孟浪性格，一生起伏跌宕。"② 以蓝理健壮的体格而言，在农业相对发达的漳州九龙江流域，实在是一块务农的好料子；而以其孟浪的性格，其健壮的体格，外加乱世未定的社会大环境，投军从戎则是其更好的选择。《清史稿》记载其："集族人勇健者击杀海寇卢质，诣吏，欲因以为功，吏疑亦盗也，系之狱。康熙十三年，耿精忠反，悉纵系者，令赴藩下授职。理间道走仙霞关诣康亲王军降，为乡导，破叛将曾养性于温州。十五年，从师入闽，授建宁游击。……"③ 显示了其有勇有谋，本欲杀贼献功进入仕途，谁知明珠暗投，幸而机缘巧合，得益于耿精忠造反，因祸得福，得以脱身直接投奔康亲王，由此发迹。蓝理在浦头港的流浪应该是其杀贼献功之前的最后一段流浪岁月，从后续蓝理发迹后对浦头港所做出的一系列报恩行为来看，流浪浦头港是其走向发迹之前的一段很重要的人生经历，蓝理对浦头港感情非常深厚。因此，蓝理积极反哺浦头港，对清代浦头港的社会

---

　　① 漳州市民间文学集成编委会编：《中国民间故事集成・福建卷・漳州市分卷（三）》，（87）闽出管准印证第 13—1800 号，1987 年版，第 136—140 页。

　　② 王建红：《融入与适应：明清漳州蓝姓畬族的崛起》，《闽台文化交流》2011 年第 4 期。

　　③ （民国）赵尔巽等撰：《清史稿》卷二百六十一《列传四十八・蓝理》，中华书局 1998 年版。

经济文化等内容产生了很大的影响。其中，对于清代浦头港民间信仰影响最大的是奠定了或者说进一步树立了浦头大庙的核心地位。（图3.2）

图3.2 20世纪50年代的浦头大庙

资料来源：汪洋：《漳州百年老照片汇集·第十九辑刊（影印本）》，内部资料，2011年。

1995年浦头大庙进行改革开放以来最大规模翻新的时候，立了一块"崇福宫沿革碑"，碑文如下：

崇福宫沿革碑

石碑立在庙前东侧忠勇亭。崇福宫俗称浦头大庙，处漳郡东郊浦头交通中心。始建于宋孝宗淳熙十四年岁次丁未，解州全志有敕文。宫内奉祀关王为至尊，因关侯一生富豪，侠除吕熊，桃园结义，守誓明，为人忠，与友信，重诺言，丹心碧血扶炎汉，志节凛然。昔人赞曰：三国名将如云，而绝伦逸群者，莫若关侯。三事辞曹，秉烛达旦传其大节；两军对阵，万军显神勇，即解白马围。单刀赴会，世服其神威。独行千里，报主之志坚。义释华容，酬恩之

重。行事如青天白日，待人如霁月风光。威镇荆襄，纪律严明，水
淹七军威震华夏。是古往今来名将中第一人，故为士庶所景仰。世
传汉寿亭侯精工数算，封金挂印时将曹相馈赠各物附簿原、收、出、
存，后世商家采其式当简明日清，认其创始者，遂奉祀关侯为武财
神。而浦头于明、清之际，漳龙汀各地货客云集于此，溪日聚千帆，
四通八达，货物装卸码头日夜不停，尤其五月龙舟比赛，大船排列
沿岸，更拥挤不堪。昔商旅船户，途经浦头无不谒宫参香，祈神庇
佑。传云蓝理寒贱之时，曾寄身宫内或金城内好汉街，遗址犹存。
日后蓝理投军平台建奇功，官至福建提督。衣锦还乡，为答神恩，
扩建宫寝，增其庙制，雕金身画栋梁，并题匾"江汉以濯"高悬正
堂。复疏浚浦头溪，拓建新行街，筑田里港排涝。乾隆庚申二月，
庙主持感念蓝公讳理生前仁义，立神碑供奉。迨至民国初颜木治再
翻修庙堂，旁室改霞浦小学，辟后花园为操场。抗战期间，苏有能
复作维修。解放后，庙作他用。改革开放，乡里信士讨回旧宫，不
惜重金按原制修整，植榕六株。今宫宇焕然一新，为市级文物保护
单位。千年沧桑随时代建设，昔溪河港已成为市内排水沟，陆路发
达，工厂林立，前所未有。特建亭立碑，昭示后人，永志不忘。

颜知森　撰

浦头关帝庙理事会

公元一九九五年　岁次　乙亥　桂月谷旦立

浦头耆老颜知森先生撰写的"崇福宫历史沿革碑"显露了以下历
史信息：

其一，浦头大庙相传始建于"宋孝宗淳熙十四年岁次丁未"。
至于这个时间从何而来，不可考，根据上述"大庙码头碑"而确切
知道的是至迟明万历十年，浦头大庙已经存在，并有一定规模。
"崇福宫历史沿革碑"还提到"解州全志有敕文"，不甚可靠，这提

法应该是浦头大庙信众于 1995 年乙亥端月曾组团去解州关帝祖庙进香并请祖庙管委会颁发"解州分镇"牌匾之事有关。下有"解州朝圣碑"可以佐证：

解州朝圣碑

吾乡浦头大庙额号崇福宫，奉祀尊神乃忠义神武关圣大帝也。帝本河东解人，即今山西运城市解州镇有帝之庙堂，曰崇宁殿，规模宏伟，为全国之最。耆老相传，昔日乡信士曾往朝圣焉，后因时局变化，以无问津者。今逢开放改革大好良机，里人皈响景仰不已，遂有此番进香之议。甲戌校阳虔诚祝祷，蒙帝君恩准，以后岁次乙亥应往。乙亥端月理事会礼聘田丰、上厝、笃厚社派代表先期赴解接洽事宜，随后进香。众人竭诚斋戒三日，桐月十五晨皆沐浴，更新服辞宫登程。十八分批搭机，皆在三门峡会齐。由浦头大庙理事会领队至解州，关圣文物管理所所长张洁严礼接香旗，入庙稽首朝圣，并介绍这庙始建于隋代开皇九年，至宋代大中祥符七年扩建初具规模，后经历朝增修，遂令其他庙宇望尘莫及。钟鼓楼皆城楼式。钟清初吾乡人所献，惜巨鼓已废。乃与协商，愿重添置一鼓补其全。端门上匾额左题"精忠贯日"，右书"大义参天"，与本宫匾额吻合。依依惜别，再临常平村祖庙参拜，返途经洛阳重谒关林。另派四人往禹帝古刹取香。此番信士七十二人，万里旅程历时两周，依神灵威除氛祲，童耆无恙，皆帝君有灵，佑吾里巷万事吉祥。今实录，勒石以志。

颜知森　撰
浦头关帝庙理事会
公元一九九五年　岁次　乙亥桐月谷旦立

其二，明清之际浦头大庙与浦头港的关系；明清时期浦头港码头经济繁荣状况；自明清以来历经数次修缮的时间节点与主持人，等等。这些信息与笔者在梳理明清以来浦头港的兴起与繁荣，以及浦头大庙的兴衰历史的文献碑刻是可以相互印证的，为梳理明清以来浦头港与浦头大庙的历史沿革提供了纵向的线索。

2009年浦头大庙被列为福建省第七批文物保护单位，2010年6月特别在大庙的左侧门前方大埕树了一块石碑，题名为："福建省第七批文物保护单位浦头大庙"，其石碑背面题有浦头大庙的简单历史沿革：

> （浦头大庙）又称浦头崇福宫。庙宇坐北朝南，主祀关帝，宋淳熙十四年（1187）始建，清康熙三十四年（1695）由著名平台将领蓝理主持扩建，清乾隆五年（1740）重修。悬山顶燕尾脊式二进建筑，占地规模宏大；石木构件雕刻精细，梁架风格雍丽大方；文物保护工程实施规范，建筑高度保留原有价值。庙内保存的明清时期碑刻，是浦头港的辉煌历史见证，对于研究漳州对外贸易经济史有珍贵的参考价值。
>
> 保护范围：建筑四周向外延伸 20 米。

碑文显示，碑文撰写者浦头大庙管委会已经意识到清代这一时期浦头港与蓝理等历史要素对于浦头大庙历史重构的重要性，以及浦头大庙保存下来的数块碑刻的珍贵。现存在浦头大庙内的还有清代康乾年间五块碑匾。其中与里人平台名将蓝理有关的就有三块，一是"蓝公理扩建大庙碑"：康熙乙亥（1695）募缘重建，清出本庙周围巷地，阔三尺乙寸尺寸，庙后无设门窗，立石志之；二是里人蓝理在康熙丁亥正月谷旦立（康熙四十六年，1707）的"江汉以濯"匾额（原物已失，现存里人张如南重书匾额）；三是"浦头崇福宫主持立蓝公理神位牌"（1740）：

大清乾隆庚申　二月谷旦立

檀　越　蓝公讳理　神位

浦头崇福宫　主持供奉

　　由此可见，"平台名将"蓝理一生与浦头大庙有着不解之缘。第一块碑刻显示，蓝理大概在清康熙乙亥（1695），也就是康熙三十四年任定海总兵时，重修了浦头大庙。第二块碑刻显示，蓝理于康熙丁亥（1707），即康熙四十六年擢福建陆路提督后，到浦头大庙敬献"江汉以濯"匾额（图3.3）。而早在康熙四十二年以及康熙四十六年，蓝理先后两度获得康熙皇帝御书榜，相关的牌坊建造在其姑妈所在的漳州府城岳口街，就在浦头港北侧不远处，至今仍存。可以说，这段时间，蓝理在漳州府城的威望如日中天，对于浦头人来说，更是如雷贯耳。此次扩建浦头大庙，以及敬献"江汉以濯"牌匾的行为，显示了蓝理对浦头大庙的深厚情感，无形中大大提升了浦头大庙在浦头港民间信仰宫庙群中的地位。因此，在乾隆

图3.3　浦头大庙正堂及其上悬挂的"江汉以濯"牌匾

庚申（即乾隆五年，1740）重修浦头大庙时，距离蓝理过世已经20年，以浦头大庙主持僧为代表的浦头人依然对蓝理重建浦头大庙感恩戴德，于是为蓝理立神位牌（也就是前述第三块碑刻）以供浦头人奉祀（图3.4）。关于浦头大庙蓝理所敬献的"江汉以濯"牌匾，浦头港至今还流传着一则"蓝理学书法"的传说，收录在《中国民间故事集成·福建卷·漳州市分卷》（三），是浦头人原厦门大学叶国庆教授于1990年元月讲述的：

图3.4　浦头大庙供奉的蓝理神位碑及神像

蓝理一生最敬仰山西夫子关云长，敬仰他为人"义薄云天"，襟怀"忠义"。蓝理青年时期，曾经躲在漳州东关浦头大庙里，过着"五人三条裤"的紧日子。当时，他跟几个穷哥儿结拜兄弟，谁出门干活，得轮流穿裤子，剩下两个只好躲藏在关帝的供桌下，免得露丑。

等到蓝理征战归来，贵为福建提督时，旧时的兄弟早已星散云消，不知去向了。他只有出巨资重修关帝大庙，并想亲书写一块"江汉以濯"匾额，悬诸大殿上，以表明心迹。可自己是个大老粗，使刀弄枪还算内行，舞文弄墨可用不上力，请人代笔，又显得不虔诚，思来想去，最后下定决心：自己苦练。

于是他闭门谢客，诸事不理，吃过饭就练字。一天，二天，三天，写得很吃力，鸦涂满纸，自己看都脸红；十天，半个月以后，字体稍微有些骨架子了。俗话说："字无百日功"，练久了自会进步的，何况他只写四个大字："江汉以濯"。

终于，他写得满地斗方大字，收集起来一大叠，足足有三尺厚，叫人送到师爷处，请他从中挑选四个字，再制成匾额，高悬在浦头大庙的殿上。说不上是什么体的字，然而，铁骨铮铮，遒劲有力，像个武夫的架势。

讲述人：叶国庆，男，90 岁，厦大教授

采录人：啸　华，男，65 岁，离休教师

采录时间：1990 年元月

流传地点：漳州浦头一带①

作为土生土长于浦头社的叶国庆教授来说，其生平经历了清末、民国到现今，这则民间故事是其从小耳濡目染蓝理与浦头大庙的相关历史传说而总结出来的，关于蓝理这样一位浦头历史人物的一些民间事迹总不会偏差太大。蓝理为何为浦头大庙题"江汉以濯"匾额？《孟子·滕文公章句上》有此匾额文字出处：

---

① 漳州市民间文学集成编委会编：《中国民间故事集成·福建卷·漳州市分卷（三）》，(87) 闽出管准印证第 13—1800 号，1987 年版，第 148 页。

他日，子夏、子张、子游以有若似圣人，欲以所事孔子事之，强曾子。曾子曰："不可。江汉以濯之，秋阳以暴之，皜皜乎不可尚已。"

这里的"江汉以濯"形容孔子的高洁博广，而蓝理借此典故题写匾额，何尝不是在浦头大庙大殿上关帝神像前剖明自身已经改邪归正的心迹，为自己年轻时候的浪荡买单。这也深深契合浦头港老一辈人对所谓青年"浪子回头金不换"的人生价值观的肯定。

当然，蓝理对于浦头港的影响不止扩建了浦头大庙，康熙《龙溪县志》记载：

其川之大者为溪。自西来者，溯天宝墨场，北源出于永丰禾溪，南源出于管溪，至南靖合流，绕郡城为南河（旧名西溪。中三台洲，南桥亘焉。下至方壶洲，水势微折而南，又束以新桥。其云方壶洲者，以西望员峤得名），过诗浦（从此曲而抱城，东过浦头。其上流分一水为田里港，初流绝细，自戊申（1668）以后，洪水时至，港岸崩陷，西溪之水从此港直下，汇出陈洲之上，入于大溪。而诗浦港沙壅，绕城之水甚微，诸绅士以有关形势，募众填塞，寻圮。康熙四十六年（1707），陆路提督郡人蓝理，慨然引为己任，捐金筑之。从此数年，西溪之水复绕抱城。知府魏荔彤以港中水利拨充仰文书院，为诸生水夫之费。五十六年五月，洪水大作，港岸复崩），出镇门与北溪会。①

康熙四十六年，蓝理贵为福建提督，衣锦还乡，在浦头一带做了

①（清）江国栋修，陈元麟、庄亨阳纂：《龙溪县志》（清康熙五十六年刻本），漳州市图书馆整理，2005年版，第17页。

许多善事。其中，最大的两件，一是修筑田里港，疏浚浦头溪；二是扩建重修浦头大庙。1988 年浦头大庙被列为漳州市级文物保护单位，其 1988 年六月十日树立在庙前的"漳州市级文物保护单位　浦头大庙"石碑背面还附有以下文字：

> 浦头大庙崇祀关圣，清康熙间提督蓝理扩建浦头街，并重修此庙，理善大书，题"江汉以濯"匾，惜原物已失，现存为里人张如南重书，原匾与"南海佛国"普陀山四大字，均为蓝氏遗迹。

可见，蓝理还扩建了浦头街，即现存在浦头大庙右侧的新行街。距离浦头大庙南侧 300 米处的霞东书院留存有清道光元年（1821）碑刻（图 3.5）：

重建霞东书院碑记

郡东文昌宫，故金浦蓝总戎馆地。太傅蔡文勤公塑帝像祀焉，即邑志所载霞东书院也。年久倾废，居民占筑房屋。岁壬申黄君步蟾过其地，顾见颓垣断瓦，不蔽雨阳，独像犹新。询知为帝示梦重塑。未久，归谋诸同志，佥议移祀或别营。先后答请不许，则稍稍修葺，谨奉明禋以俟时。丁丑复月，乡士夫复谋重建，适施君〔拱〕照愿以所居室数楹为帝殿基。众异之，相与往观。其居去祠可百步，亦书院馆舍地，施君价购而有者。面山负市，溪流绕其前，峰峦朝拱，林木映带，洵胜区也。因卜之，帝一玦得吉。即日募金营建，浃旬之间，踊跃输诚者已累千万。乃价赎民居，拓地培田，用宏厥制。时余适尹兹土，闻而题之，捐奉为劝。落成之日，诣庙展礼，六工既良，八材斯伐，制作备矣。士夫等复嘱余为记，余曰：记者纪实也。爰书其废兴本末，勒兹贞珉，以告后之尚义者。其捐金姓氏另碑镌列，永垂久远。

道光元年腊月谷旦前知龙溪县事桐城　姚莹　撰

　总理绅士　黄步蟾　郑启祥　欧阳山　黄千龄　林蘅　黄存志

　分理绅士　黄世俊　林翰　陈宗任　陈谟　黄拱辰　郑宗濂　黄珪璋　黄彦　施颖源　黄存心

　督工绅士　欧阳琦　谢恩　翁懋昌　蔡国梁

　劝捐绅士　林广显　梆廷爵　苏廷耀　林如兰　陈淬锋　翁自超　黄鸿绪　王先登　钱经炯　黄国英　唐际虞　郑开阳　陈连如　陈璧　黄存谦　徐国伟　刘维桢　黄瀛　黄存宜　等仝勒石

图3.5　道光元年的"重建霞东书院碑记"

这块碑刻内容显示，金浦蓝即指漳浦人蓝理，霞东书院是蓝理的总戎馆地，也就说蓝理把他的总兵府建在漳州府城浦头港一带。在更早的康熙四十年，蓝理还重建了虎渡桥：

> 虎渡桥一名江东桥，在柳营江，为郡之寅方，因名虎渡，俗传昔有虎渡江。……国朝康熙十七年海寇刘国轩焚毁殆尽，十八年总督姚启圣修以木梁，三十四年提督施琅以石，四十年郡人蓝理重建，五十二年知府魏荔彤修，雍正九年里人郭元龙重修（郡人蔡世远为记），乾隆二十一年桥石中断，巡道杨景素知县陶敦和倡捐重建，里人王维杰董其事（王材为记）。①

综上所述可见，蓝理衣锦还乡后，十分热心家乡公益事业，对于早年流浪栖身之处的浦头大庙进行重修扩建也就一点也不让人意外了。难得的是，蓝理上述所做的几件公益事业还都与家乡社会经济有关。修筑田里港、疏浚浦头溪、扩建新行街，乃至重建虎渡桥，其实都与浦头港的经济民生息息相关，当然，这也是传统浦头人身上常常体现出来的一种地方人文性格表现。

蓝理利用自身的号召力，或亲力亲为，或号召家乡士绅，疏浚浦头溪，扩建了浦头大庙，这对于浦头大庙历史地位的塑造影响相当大。其一，蓝理是平台名将，官至福建提督，这种显赫的身份对于一所位于城郊的民间宫庙的影响是不言而喻的，这在闽南许多民间宫庙的历史发展中都得到了验证，比如颜氏家族之于青礁与白礁保生大帝庙的意义，李光地对安溪石门保生大帝庙的褒扬②。其二，蓝理是漳州本地人，虽然是出生在"金漳浦"，但是在浦头流浪，出人头地后

---

① （清）江国栋修，陈元麟、庄亨阳纂：《龙溪县志》（清康熙五十六年刻本），漳州市图书馆整理，2005 年版，第 81 页。

② 林国平、王志宇：《闽台神灵与社会》，厦门大学出版社 2010 年版，第 229 页。

在浦头港建置其总兵府，并在浦头大庙西北端不远处的岳口街还立有"勇壮简易　所向无前坊"①。再加上有关蓝理这种典型的闽南式"鲈鳗"投机式的富贵，契合浦头港青年崇奉"富贵险中求"的生活理念。因此，有关蓝理的诸多民间故事，深受浦头港大众的喜爱，一直流传至今，充分说明了蓝理在浦头港得到了历史认可，保持了不间断的社会影响，这对于浦头大庙而言，蓝理就是浦头大庙庙史上的一大标杆，因此，也才有了浦头大庙东厅壁的"浦头崇福宫主持立蓝公理神牌"的长期保存，更促使浦头耆老颜知森撰写、原厦门大学教授叶国庆先生监阅"蓝公赞"，杨阿聪书，并镌刻在浦头大庙大殿右侧墙壁石碑上（如下），由此可知蓝理对现代浦头大庙及浦头民众影响犹在，这也是浦头港宫庙群其他宫庙无法企及之处。

　　　　蓝公赞

　　　蓝公讳理字义甫，入宦又号义山名。

　　　祖籍漳浦赤岭乡，石椅山庄种玉堂。

　　　公生首裔具异相，躯干魁梧兼纬武。

　　　处事光明又磊落，英风飒爽有奇志。

　　　膂力超群人景仰，真是本宗千里驹。

　　　乘船破浪更称雄，八般武艺比精纯。

　　　少时家境清贫寒，天生桀骜性不驯。

　　　空有气概难肆武，飘身浪迹漳州城。

　　　浦头大庙暂寄身，又宿金城好汉街。

　　　呼朋引类成怪杰，正业不务乖正道。

　　　竖子未达风云会，岁月蹉跎年暂长。

　　　返里操持漂染业，偶遇族叔宣世道。

---

　　① （清）吴宜燮修，黄惠、李畴纂：《龙溪县志》（清乾隆二十七年修，光绪五年补刊本影印），台北：台湾成文出版社 1967 年版，第 46 页。

英雄无种丈夫志，欲造时势此其时。

应为国家立功名，矍然而悟振臂起。

且效班超定远志，人生几得奋发日。

莫负当朝好男儿，破缸亮节誓改道。

号聚村壮五十人，决为地方除恶害。

海上征寇立初志，血洒格斗岱嵩岛。

盗魁卢质竟伏诛，战胜无功反遭诬。

郡官无良黑心肝，是非不明乱裁判。

十载春秋死狱囚，厄运未劫放光明。

适值叛藩耿精忠，募用死囚效其劳。

公为脱身不附逆，弃暗投明大义伸。

凛然度出仙霞关，时势荡荡正邪分。

认明前途为国忠，走投亲王统军前。

旗帜分明讨逆从，王嘉其志令随征。

呼啸龙骧执先锋，功造初立游志街。

紫绶灌口靖海军，明末遗恨台湾岛。

施琅奉旨帅远征，窃闻蓝公英勇名。

执印先锋带甲兵，破浪扬帆趁季风。

正是英雄叱咤时，澎湖初战陷敌阵。

奋不顾身冒死战，一弹竟然进腹腔。

泌入危难尚指挥，三军若定破重围。

惊退敌军似神助，公伤破肚肠未断。

力挽狂澜庆生还，泥丸未能封函台。

明社气数终垒卵，平台战功公屈指。

天恩爵赐紫绶衣，不期家报婶母丧。

致阻入京拜表时，三年守制孝在兹。

满服入京拟觐见，途出长城古北口。

适逢圣驾出狩猎，金吾喧吓避不及。

被执始得参帝前，帝知蓝理解衣验。

累累伤痕眼底生，破肚将军圣口占。

无意获得光荣号，谢恩之外并马行。

慰宠特赐御园游，炎夏气候身上蒸。

寻凉解暑自经营，园中景物静中求。

好在石板会生凉，赤身一睡万事休。

华胥入梦无人觉，谁知圣驾亦来临。

步履声传朦胧眼，惊起莫赎犯失仪。

接近帝身才俯伏，头撞圣上随身剑。

不知所措但惊遑，赳赳武夫动帝怜。

帝躬俯身细耳语，警告赤身失朝仪。

为感爱国慰干城，撞剑赐剑表宠爱。

竖子成名立根本，满朝文武皆侧目。

人生几得日中天，廷议授官几命笔。

宣化府门荣归第，铨叙总兵是正衔。

镇守朔方越三载，为国经营造海田。

官兵经济多自给，时逢浙江起寇氛。

海匪出没扰潮信，旨饬蓝公立绥靖。

十载剿伐勤守备，移师匡政绩福建。

立功官拜提督名，频亲父老桑梓情。

衣锦还乡一代臣，回首当年殊途日。

聊作南柯一梦游，勤政纬武兼经文。

贪官污吏一刷新，解除豪强压平民。

惩罚缴得不义财，集资扩建崇福宫。

浦头大庙香烟盛，次第再建文昌宫。

文人荟萃国学兴，漳州海航何处是。

商贾云集浦头溪，为答桑梓留手旨。

"江汉以濯"亲题匾，物华天宝应护持。

浦头大庙崇福宫，更有东霞文昌阁。

防旱排涝诗浦闸，挖填桥埔九肚尾。

再整通潦田里港，拓宽商城新行街。

欣欣事物良不朽，皆赖蓝公桑梓情。

功德无量非止此，公以武职勤民政。

廉节忠孝皆可嘉，康熙特赐二手书。

"所向无前"初旌表，"勇壮简易"荣光第。

朝廷赐立壹华表，桑梓念其仁义情。

诚心以篆立神牌，深情一牌记千秋。

垂泽后世一瓣香，蓝公青史彪万年。

颜知森　撰于芗江

荣杰

本社港后弟子高天仁率子　镇荣　敬奉

镇铠

厦大叶国庆教授监阅　杨阿聪书

公元一九九七年　岁次　丁丑腊月

二　清代中后期浦头大庙的社会地位及其功能

浦头大庙作为浦头港宫庙群的核心并非偶然，尤其是经历了康熙年间蓝理的扩建重修。通过浦头大庙现存其他两块乾隆年间的碑刻，可以管窥乾隆年间浦头大庙开始发挥出怎么样的功能。

其一，"沐恩本县主章勘丈缘洲碑记"，该碑文字因年久渐次漫灭，无法轻易辨识，现根据浦头文保小组与浦头理事会汇编的《福建浦头关帝庙》相关整理资料，抄录整理如下：

沐恩本县主章勘丈缘洲碑记①

皇上尊念，关夫子至忠至圣。幸神光赫灵，庙前新浮沙埔，兹蔡云忠等为愿恩□赐垦，以隆祀典事。

据二十七都浦头保耆民蔡云忠、苏国鼎、欧阳实、苏开盛、杨国栋、□文焕、林永芳、徐廷□、许元鲁、吴登第、陈士祯等连名具呈，词称："烟火长篆，光映南极，祀典崇隆。蒙恩忠等浦头保社中，前士民就地溪傍建筑庙宇一座，崇祀关夫子神像。凡官长来往迎送，必在其所。朔望宣讲，亦集於斯。□庙宇宽广，而烟火未垂永久。兹神光赫灵，庙前溪南新浮埔一片，堪垦洲园。忠等乐输工本填筑，充入庙产，配享祀典，以供国课，一举两得。合情相率叩呈，恳乞俯采下情，恩准赐垦，升科纳课，庶几祀典日隆，烟火永垂，神人共沐，千万载不朽矣。"等情到县。据此经着里保蔡文登、乡保蔡日升覆曰："登等查看，蔡云忠等呈垦新浮沙埔，果系实情。旧洲界外，丈有十三亩六分七厘三毫，水涨时盖压多于一半，未能成洲，众乡耆愿出工本填筑成洲。系是官溪新浮，并无争占，是否准其垦筑。"等情。并据蔡云忠等认垦请示前来，续据陈瑞以藉神占认等事具呈，复着里保即加确覆去后。兹据里保蔡文登等覆称："同查蔡云忠等呈垦之地，系大庙前官溪边新涨，未能成洲，所缴图□并填明。陈瑞本朱夫子洲隔越，沟港界址昭然，确系新浮之洲，与他并无干涉。"等情。

余核卷批示："既系新浮，饬令分界垦管，毋许混争。"并票饬认垦外，合就出示："为此示仰该地乡保人等知悉：嗣后大庙前溪南新浮沙埔，饬令耆民蔡云忠等分界垦管，充入庙产，照例升科纳课。并严禁不许人民掘挖泥土、混争及放牛羊践踏，致误

①　该碑文参见［中］郑振满、［美］丁荷生编纂：《福建宗教碑铭汇编》（一），海峡出版社发行集团/福建人民出版社2018年版，第205—206页。

垦筑。如敢故违不遵，该乡保同乡耆蔡云忠等指名具禀本县，以凭拿究不贷，毋忽！特示。"

众耆民乐输工本填筑，轮流祭祀。姓名开列：

高天辉、陈弘忍、王维义、陈延仕、谢联华、许仲元、李正文、蔡元声、房国宝、高火煌、吴天伯、蔡廷□、谢恩赐、蔡朝钥、谢光国、曾廷文、苏永瑞、陈群老、林世荣、林世爵、林朝钰、陈登甲、李玉枢、苏珂□、陈居禄、胡澄海、蔡名扬、陈士峰、李长盛、苏长荣、郑国忠、林锡禧、王国佐、李宗岳、苏长源、张朝贵、陈君智、黄弘仁、苏君怀、苏邦彦、徐国璋、李元英、徐国瑞、郭兆明、潘天球、徐国□、柯□□。

乾隆十一年五月 日立

该碑文主旨是清乾隆十一年蔡云忠等浦头保耆民向龙溪县衙乞垦浦头大庙前浦头溪南边新浮起的一片沙埔，面积达十三亩六分七厘三毫，乞垦的理由是"分界垦管，充入庙产，照例升科纳课"。按照新浮沙埔的地理方位，近在咫尺的南侧文英楼周仓爷庙也有机会享受新纳此庙产的福利，然而，浦头大庙的地位决定了其独享此庙产。乾隆十一年（1746），适逢清朝崇奉关圣高峰期，"山西夫子"即为乾隆帝所称，全国掀起了崇祀关帝的热浪，浦头大庙无疑也从中受益。

大庙前新浮沙埔是浦头溪新冲积出来的土地，浦头溪水涨时该浮洲还会被淹盖掉一半面积，因此还得纠集一定的财力进行围垦，这就需要地方政府的支持或依靠地方社会群力群策凑齐工本费用进行填筑围垦。俗语说"无利不起早"，地方社会的民众都是非常务实的。但是，正因为有了浦头大庙的存在，使得这次围垦前的填筑工本得到了保证，且是耆民乐输！其中原因肯定不是单纯为了围垦成功后能输纳国课这种大公无私的理念，而是为了浦头大庙的隆神祀典乃至香火永续，这才符合素有"尚巫信鬼"传统的浦头人的正确反应。该碑下列了40多位浦头大庙的耆民乐输新浮沙埔填筑的工本费，实际上也就是这批信众为浦头大庙添置庙产的重大举措，这与现代信众重修庙宇或添增香火钱的动机与举措是一致的，并且，这一举措是在龙溪县官方权力体系的监督与支持下完成的，从此，浦头大庙也就有了官方保障的恒定的庙产，这对于一座民间宫庙来说，无疑有了恒久存在的保证，其香火才有可能永续，神光也才能更加赫灵。

更重要的是，乾隆时期的浦头关帝庙已经成为"（龙溪县）官长来往迎送，必在其所。朔望宣讲，亦集于斯。"浦头大庙一方面继续扮演其在明代就开始的"浦头渡"的停靠处，只不过规格有了巨大提升，由渡船的停靠处，一跃成了龙溪县地方官方长官迎来送往的接待处，可见浦头渡在清代确实发展为了繁盛的浦头港，漳州府城最重要的内河大码头的架势彰显无疑；另一方面，浦头大庙还成为地方官方"朔望宣讲"的所在地。这里的"朔望宣讲"指的是清代地方对清廷所推行《圣谕广训》的宣讲。"清代在制度方面多因循明代，在社会教化上，完全师法明代的乡约与宣讲制度。清世祖福临于顺治九年（1652）颁行《六谕卧碑文》，于十六年（1659）正式设立乡约制度，每月朔望两次讲解六谕。清康熙九年（1670），……就颁布《圣谕十六条》以取代《圣谕六训》。"[1] "质言之，《圣谕广训》是康熙手创十六条目，经雍正广解义蕴，两代用心发展而成。其宗旨在图谋清室统治之长治久安，使全国民众永远驯服效命之设计。"[2] 清雍正二年，

---

① 张祎琛：《清代圣谕宣讲类善书的刊刻与传播》，《复旦学报》（社会科学版）2011年第3期。

② 王尔敏：《清廷〈圣谕广训之颁行〉及民间之宣讲拾遗》，载氏著《近代文化生态及其社会变迁》，百花洲文艺出版社2002年版，第4页。

清世祖将其"颁发直省督抚学臣，转行该地方文武各官暨教职衙门，晓谕军民生童人等，通行讲读。"雍正七年（1729）谕令直省各州县大乡大村于人居稠密处设立讲约所，每月朔望，齐集乡之耆老、里长及读书之人，宣讲《圣谕广训》，"详示开导，务使乡曲愚民，共知向善"①。"乾隆元年（1736）覆准，直省督抚应严饬各地方官于各乡里中，择其素行醇谨通晓文义者，举为约正，不拘名数，另各就所近邨镇，恭将《圣谕广训》勤为宣讲，诚心开导，并摘所犯律条，刊布晓喻。……乾隆二年（1937），传谕直省督抚率有司将圣谕实心宣讲，多方劝道，务使原乡僻壤之民共知遵守。"②王尔敏先生断言："《圣谕广训》在清代经历朝帝王利禄之制约引诱，官绅世庶之推广，实深入各地，下及于乡村闾里，无处不到。……概览清廷于《圣谕广训》之推广，起初自康熙九年以至清末，经17—19世纪及20世纪初，中经两百余年，……应确信其经久不衰。"③浦头大庙能够作为漳州府城东厢官方迎来送往之所，并成为宣讲《圣谕广训》以及诸种律令等场所，很显然，浦头大庙其时不但是浦头港的信仰中心，也是浦头港的社会生活中心。

再看存留在浦头大庙前的另一块乾隆十年的"奉宪严禁碑"（图3.6），可以佐证上述清代乾隆年间浦头大庙已作为浦头港官方朔望宣讲《圣谕广训》以及颁布其他禁令律条地点的这一事实。

奉宪严禁

漳州府龙溪县为渡船贪载等事，蒙本府信票，奉本道批府严禁：溪邑各处渡口船载客，计梁头一尺载渡三人，每水程十里按客

① 《钦定大清会典事例》卷398《礼部·风教·讲约二》。
② 《钦定大清会典事例》卷398《礼部·风教·讲约二》。
③ 王尔敏：《清廷〈圣谕广训之颁行〉及民间之宣讲拾遗》，载氏著《近代文化生态及其社会变迁》，百花洲文艺出版社2002年版，第15—16页。

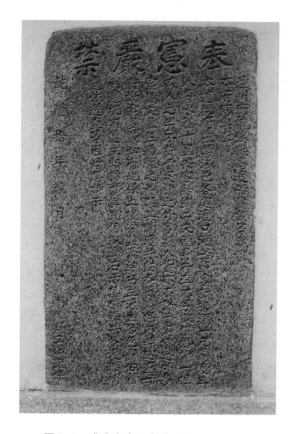

图 3.6　浦头大庙现存的"奉宪严禁碑"

给钱二文，随身行李不另取值，搭货一担减人之半，不许于定额之
外多载人货，亦不许于定价之外多索钱文，风狂雨骤之时，禁其开
渡。并饬各员澳保不时巡查，毋许勒索多载，如有地保土棍劣监豪
绅，巧立渡主名色，霸权图利，违抗不遵，立即访实详究。仍取勒
石示禁拓摹，并各渡船梢遵依送查等因。毋忽！特示。

乾隆　十年　六月　日立　浦头保

　　时至乾隆年间（1736—1796），浦头港已经蔚为大观，浦头大庙傲
视浦头港诸宫庙，浦头渡作为漳州府城水陆交通的始发地，也是离漳州

府城最近最大的内河码头，浦头港码头经济发达的同时，地方社会也难免鱼龙混杂，对于浦头港的码头经济资源，尤其是庞大的航运经济资源进行无序抢夺。因此，才需要官方树立"奉宪严禁碑"，以确保浦头港至石码、厦门的各澳口各渡船搭载客货的规范与安全。

到了道光年间（1821—1850），浦头港一如任何一个地方社会的大码头与街市，官方权威的下降，导致了官方对地方社会繁华地秩序的失控，这从浦头大庙留存下来的清道光年间两块碑刻可以得到验证。其中，"龙溪县正堂陈示禁"，反映的是道光年间官方配合地方民众整治浦头保地方治安问题，比如示禁私宰耕牛开牛灶、滋事扰民、踏辱孱弱与商旅、匪棍结党等。

龙溪县正堂陈示禁

署漳州府龙溪县正堂三级纪录五次　陈为抗示藐禁佥恳勒石永禁事

道光十一年二月初八日，据浦头保武生谢恩、陈标，街长苏克成、卢献、陈光沛、颜九、杨汉瑞、高孟兴、陈节、苏汉成、杨天喜、柯惠、张国明、王渊、苏景、陈信仁、苏应甲、颜天筹、陈开盛、苏尚、陈福凝、谢上达、李溪、林顺德、苏光厚、郑红光等呈称："切浦头保什姓鸠居，商民铺户守分安业。缘有案棍黄店在保内聚集窝穴，名开牛灶，而实鸠匪类，结党成群，逞凶滋扰，街邻孱弱畏威，任其踏辱，商旅不安。幸蒙仁台暨府宪、都阃府各出示严禁，并饬封牛灶、匪巢，札谕设立更图条规禁约。查巡数日，保内稍安。讵料棍伙仍在浦头保内肆行搭厂，再开牛灶，窝集匪类。诚恐再酿祸端，叩乞示禁立碑，以垂久远，以靖地方。"等情到县。据此，除勒差查拿外，合行出示晓谕："为此示仰该处军民人等知悉：尔等务各自安生业，切勿贪图微利，开设牛灶，私宰耕牛，以及窝集匪类，扰害乡民，滋生事端。倘敢故违，许该社长等协全地保指稟赴县，以凭按名拿办，决不宽贷。该社长、地保，如敢徇私容隐，察出一并惩治。各宜凛遵毋违，特示。

道光十一年三月十三日给发浦头保勒石

该碑文中，呈报示禁内容的人物已经从"沐恩本县主章勘丈缘洲碑记"中的耆民、乡保、里保转变成了武生、街长、社长、地保，尤其是耆民与武生的对照，以及街长的出现，寓意着浦头保经济政治文化的进一步提升，可以窥见浦头港码头经济高度繁荣，街市成排成了常态。浦头保低等级的士绅逐渐涌现，并介入浦头保的地方事务管理中来，而浦头保地方保甲治安事务获得龙溪县正堂的直接重视。地方治安不靖，首当其冲的受害者就是地方商业经济，因此浦头保士民不得不集体呈请龙溪县令以获得勒石禁示，长治久安。

另有一块道光年间的"厦关税行公启"碑（图3.7），碑文如下：

厦关税行公启

尝谓利不避害，私不蔽公，古今定理也。惟我税铺创置各港渡船，募雇出海舵手驾驶，往来运载客货。自道光二年间，原有成约，立定章程，各船出海舵手以及帮铺俱遵约束，不敢犯禁。迩来人心不古，法久弊生。所有行郊货客寄搭银货批单，倘遇不虞，辄尔将船指交澳甲，纠缠图赖。甚有奸猾之徒，私与驾船人等交通营利，而长短欠项亦欲就船跟讨，殊属无理。独不思船系税铺之船，揽载各货赴关征税，上供国课，下通民商，关系匪轻。驾船人等不过日给工资，于本船毫无干涉，所有寄搭交关，并非本船自行经手保认，奈何以各营利起见，而利则欲私收，稍有短欠以及不虞，则欲使该船坐受其害乎？且行郊铺户既与出海人等交关，必素信其人之忠诚可托，方敢交付，更不应累及局外之饷渡。兹我同人议革弊，重申旧约。自今以往，凡行郊货客铺户寄搭银项以及交关，必

图 3.7 浦头大庙"厦门税行公启碑"

须慎自审择，人品端正，方可托付，不可任意乱交，临时恃强，拖累本船。倘有故犯，我同人鸠众闻官究治。抑或各船舵手私自交关，亦因相信之人，方肯赊欠。倘有拖欠不明，亦不得与本船出海取讨。一并遵守勿替，谨此告白。

道光十二年　十二月　日　厦关税行公启

该碑刻引人注目的是，它是由厦门关税行而非龙溪县令来颁布的。这是闽海关厦门关税行深入到漳州府城设置的稽查口岸即浦头税口，所树立的一块禁示碑。《厦门志》记载："厦关正口所辖青单口岸三，曰厦门港、古浪屿、排头门，钱粮口岸二，曰刘五店、石码，稽查口岸四，曰浦头、玉洲、澳头、石浔。……隔水之玉洲、浦头、澳头、石浔皆设哨船游巡，稽查偷漏而不征税。"①《石码史事》对于后来的浦头税口有更进一步的记载："闽海关于康熙二十四年设立，并在石码铸鼎巷路头设'石码钱粮口岸'（征税口），查验水陆货物，不进正口者，由该口征。……石码口岸下置浦头（漳州）、玉洲（后移至石美）两处稽查口岸，专司缉拿偷漏税之权。……民国二年，改为石码常税总局，下辖浦头、玉洲、刘五店等分局。……民国三十八年撤销，历260年。"②引文中涉及的石码、浦头、玉洲等三处征税口，实际上全面掌控了漳州九龙江流域出海口的航道交通。

九龙江是福建的第二大河，主要支流有西溪和北溪，两溪在江东福河处汇合，又因江中三角洲而分为三条航道入海。三条航道分别为南港、中港与北港，航运条件最好为南港与北港。石码口岸与玉洲口岸分别处在九龙江出海口的南港与北港，牢牢钳制住九龙江出海口的航道。清代，石码口岸是九龙江流域的总税口，掌控着九龙江流域航运条件最好的南港的日常税收稽查，不入厦门关正口的大宗航道税收与稽查都在这里进行，兼顾九龙江支流西溪、北溪的航道日常税收稽查；而玉洲口岸即今龙海市角美镇玉江村（后为石美口岸，即今龙海市角美镇石美村）则控制着北港，主要应对的是九龙江北溪航道的日常稽查；浦头口岸则是负责深入九龙江西溪中

---

① （清）周凯修：《厦门志》卷七《关赋》（道光十二年刊本），台湾成文出版社1967年版。

② 政协龙海市文史资料委员会编：《石码史事辑要》，内部资料，1993年版，第26—27页。

下游交接处的漳州府城一带的航道的日常稽查，显示出浦头口岸与众不同的经济地理位置，也反映出其时浦头港繁荣的码头航道经济。刘五店即今厦门翔安区刘五店自然村，在厦门岛的东北面航道，清代厦门港兴起后，主要作为掌控泉州到厦门一带的海运税收的钱粮口岸而存在的。浦头港的税铺一直到民国三十八年（1949）才撤销，而今的漳州海关缉私分局大楼（图3.8）依然建置在浦头港边，不得不说是一种传统延续。

图3.8　浦头港下渡即"过溪"渡口边的漳州海关缉私分局

自海氛澄静后，清政府开东南海禁，于康熙二十三年（1684）先后设立闽海关、粤海关、江海关与浙海关等四海关，厦门湾南北岸港口经济全面发展，实际上全面带动了闽南沿海城市的经济发展，漳州府城也不例外，浦头港即是其中的代表。该碑文还显示，浦头港被纳入厦门税行的国课纳交专项管理范畴，其商船远近可达，出海成为常态；更有专门的行郊、铺户等大小商贸群体，以及铺递等更专业的商业物流组织，架构了货客流通两便的更高层次的商业贸易体系。这则"厦关税行公启碑"的设置，预示着浦头港经济发展到某一个高峰期，水涨船高，以浦头大庙为代表的浦头民间宫庙群受益匪浅。

三　浦头"文庙"：由总戎馆地向社学转化的清代霞东书院

在浦头人的心目中，这么多的民间宫庙属于整个浦头社共有的只有两座，其他的都是角头庙。其一毫无疑问就是前述的浦头大庙，其二就是霞东书院文昌宫，浦头人把这两座庙合称为浦头社的文、武庙。不同于浦头其他民间宫庙所标榜的拥有悠久的建庙史，霞东书院文昌宫始建于清前期，而且还是"平台名将"蓝理的总戎馆地的部分建筑物。其如何迅速成为浦头港的"文庙"？这必须考察其存在的历史脉络才能有更清楚的认识（图3.9）。

图3.9　霞东书院正面

霞东书院的历史渊源，可以先从其竖立在庙前的"1988年（漳州）市级文物保护碑"背后的碑文开始解读：

> 霞东书院，原为清提督蓝理旧馆地。蔡世远塑文昌像以祀，又称文昌宫。道光元年（1821）重建。现存古建筑及姚莹撰碑、章銮书碑，均有较高文化艺术价值。

江焕明先生在《丹霞萃金——漳州古城史迹考》一书中，认为"霞东书院始建于明代，清康熙年间（1662—1772），霞东书院一度作为提督蓝理的官邸"①，不知何据？查阅正德《漳州府志》，并无任何霞东书院的记录，康熙《漳州府志》亦无霞东书院的任何字迹。乾隆二七年（1762）《龙溪县志》始有其正式记载："社学……，浦头（旧为霞东书院）、李阳云洞山麓、蔡耀，俱二十七都。"② 乾隆《龙溪县志》在光绪五年（1879）补刊时还收录了《新增龙溪县志目录》，关于霞东书院的记载再次出现："义学书院，……霞东书院在郡东浦头，嘉庆二十二年，知县姚莹重建。"③ 这是清代关于霞东书院仅见的两处文献记载。可见，至迟在乾隆二十七年（1762）纂修《龙溪县志》时，霞东书院已是龙溪县二十七都浦头保的社学。值得庆幸的是，现霞东书院仍保存有两块道光元年（1821）所立的珍贵碑刻，即《重修霞东书院碑记》与《霞东书院捐金姓氏碑》，其立碑的时期正好处在上述两次文献记载时间的中间，三者可以互相印证，拓文如下（图3.10）：

---

① 江焕明：《丹霞萃金——漳州古城史迹考》，厦门大学出版社2014年版，第19页。
② （清）吴宜燮修，黄惠、李畴纂：《龙溪县志》（清乾隆二十七年修，光绪五年补刊本影印），台北：台湾成文出版社1967年版，第43页。
③ （清）吴宜燮修，黄惠、李畴纂：《龙溪县志》（清乾隆二十七年修，光绪五年补刊本影印），台北：台湾成文出版社1967年版，第401页。

重修霞东书院碑记

郡东文昌宫，故金浦蓝总戎馆地。太傅蔡文勤公塑帝像祀焉，郡邑志所载霞东书院也。年久倾颓，居民占筑房屋。岁壬申，黄君步蟾过其地，顾见颓垣断瓦，不蔽雨阳，独像犹新。询问为帝示梦重塑。未久，归谋诸同志，佥议移祀或别营。先后笪请不许，则稍稍修葺，谨奉神明，禋以俟时。丁丑复月，乡士大夫复谋重建，适施君［拱］照愿以所居数槛为帝殿，众异之，相与往观，其居去祠可百步，亦书院馆舍地，施君价购而有者。面山负市，溪流绕其前，峰峦朝拱，林木映带，洵胜区也。因卜之，帝一玟得吉，即日募金营建，浃旬之间，踊跃输诚者已累千万，乃价赎民居，拓地

图 3.10　道光元年"霞东书院捐金姓氏碑"

培田，用宏厥制。时余适尹兹土，闻而韪之，捐奉为劝。落成之日，诣庙展礼，六工既良，八材斯饬，制作备矣。士大夫等复嘱余为记，余曰：记者纪实也。爰书其废兴本末，勒之贞珉，以告后之尚义者。其捐金姓氏另碑镌列，永垂久远。

道光元年腊月谷旦　前知龙溪县事　桐城　姚莹　撰。

总理绅士　黄步蟾　郑启祥　欧阳山　黄千龄　林藌　黄存忠

分理绅士　黄士俊　林翰　陈宗任　陈谟　黄拱辰　郑宗谦　黄珪璋　黄彦　施颖源　黄存心

督工绅士　欧阳琦　谢恩　翁懋昌　蔡国梁

劝捐绅士　林广显　柳延爵　苏延耀　林如兰　陈淬锋　翁自超　黄鸿绪　王先登　钱经炯　黄国英　唐际虞　郑开阳　陈连茹　陈壁　黄存谦　徐国伟　刘维桢　黄瀛　黄存宜等仝立石。

霞东书院捐金姓氏①

福建水师提督世袭子爵王得禄壹佰元（台湾嘉义人），福建汀漳龙兵备道方传燧壹佰元（安徽桐城人），福建漳州府龙溪县知县姚莹壹佰元（安徽桐城人），福建水师中军参府杨继勋叁拾元，山西辽州直隶州知州黄步蟾叁佰元（长泰人，拔贡），兵部职方司员外郎郑启祥（漳浦人），庠生黄拱辰各壹佰贰拾元（龙溪人），信士陈合成号壹佰元，庠生黄□□、黄鼎金，信士同仁秩名陆拾元，中宪大夫蔡元洪、建安学训道蔡承禧（龙溪人）、贡士陈申士、职员陈祖纯、监生黄朝荣、信士周明云各肆拾元，庠生陈廷玑叁拾贰元，举人吴光瑞、庠生颜□宾、黄国英各叁拾元，庠生黄左□贰拾陆元，赐进士吏部稽勋司员外郎郑开禧（龙溪人）、举人黄存志（长泰人）、欧阳琦、苏廷耀（龙溪人）、通政司经历黄彦（龙溪人）……各贰拾柒元，廪生黄琮瑚贰拾贰元、原任广西柳州府知府林平侯（台湾板桥人）、恩荫通判孙云鸿（龙溪人）……各贰拾元，……进士欧阳山（南靖人，举孝廉方正）、举人林偕泽、职员郑开勋……蔡振魁、监生叶世模、叶开秀、曹建琛、王□恕、陈学宽、郑廷祐、郑开阳……各拾贰元，举人施赈（龙溪人，同安教谕）、上八旗官学教习蔡□……同安学讯导陈天爵、安溪学训导陈

---

① 该碑文的姓氏籍贯来源参考林盛发：《漳州霞东书院〈捐金姓氏〉碑——海峡两岸文化交流见证物》，载中国人民政治协商会议福建省漳州市芗城区委员会学习文史委员会编《芗城文史资料第二十三辑》，（漳）新出（2012）内书第120号，2012年版，第47—48页。另据笔者统计：霞东书院捐金姓氏碑中，共计有捐资人368人，商户47家，其中有功名的士绅不下200人，注明为信士者121人。

向荣（龙溪人）、庠生陈礼耕（龙溪人，府学岁贡）……各捌元，举人陈际森、柳延熙、泉州府教授黄□□、福清学讯导郑鹤翔、晋江学训导施在田（龙溪人，举人，内阁中书）……各陆元，钦赐国子监学正蔡飞鹏（龙溪人）、举人蔡雨（海澄人）、蔡国洽（海澄人）、郑崇礼（龙溪人，永春训导）……陈谟（海澄人，定海镇游击）……洪亮（漳浦人，游击）……林翰（龙溪人，兴化城守参将）……永发号、源美号、永成号、德侯号、荣德号、永顺号、永□号、泰成号各壹元

续增童生蔡耀鲲陆元、举人郭羡官贰元、庠生王裕春贰元、童生蔡启畴拾贰元

道光元年十二月二十日董事等仝勒石

早在清嘉庆六年（1801），清廷重新修建了位于北京地安门外的文昌帝君庙，"……告成，仁宗躬谒九拜，诏称'帝君主持文运，崇圣辟邪，海内尊奉，与关圣同，允宜列入祀典。'……礼部遂定议。岁春祭以二月初三诞日；秋祭仲秋诹吉将事，遣大臣往。……祭典如关帝。咸丰六年（1856），跻中祀，……。直省文昌庙有司以时飨祀，无祠庙者，设位公所祭之。"[1] 在清廷官方大肆宣扬文昌帝君信仰的背景下，从上述碑文可知，身为署山西辽州直隶州知州漳州府长泰人黄步蟾于清嘉庆壬申年（1812）路过废旧的浦头社学与文昌宫的综合体——霞东书院，见其颓废，不禁触景伤情，又有感于文昌帝君的"梦启"导致"殿破像新"的奇异景象，因此，有心鸠众易地重修，却是通过"问答请神"这种典型的民间信仰"掷筊杯"的方式来决定重修事宜，显示出了颓败期间霞东书院民间信仰内容的上升。其后丁丑年（1817），乡士绅复议此事，又恰巧有

---

[1] （民国）赵尔巽等撰：《清史稿》卷八十九，中华书局1998年版。

浦头保居民施［拱］照积极出献吉地，众人再次"请神问筶"，获得吉兆，水到渠成之下，时任龙溪知县桐城姚莹闻之积极响应，广徕同好，主持倡修霞东书院，并于道光元年落成，为纪念此事立了上述两块石碑，详载其事。

第一块碑文很清楚地记录了霞东书院原属于漳浦人蓝理（1648—1719）的总戎馆地，即"平台名将"蓝理提任总兵后在漳州府城东厢浦头保建置的官邸。其后蓝理的漳浦老乡蔡世远（1681—1733）在霞东书院塑文昌帝君像以祀，至于他如何获得霞东书院，史料无载，从《重修霞东书院碑记》碑文来看，或为购买所得。因为该碑文提到"适施君［拱］照愿以所居数槛为帝殿，众异之，相与往观，其居去祠可百步，亦书院馆舍地，施君价购而有者。"这在蓝理的侄孙辈蓝鼎元所撰《鹿洲初集》有"叔祖福建提督义山公家传"一文中可见端倪：

> 公讳理，字义甫，号义山，福建漳浦人，……康熙四十五年，迁福建陆路提督。……理至，见故乡父老，欷歔太息；道及微时颠沛事，慨然有广庇寒士之志。……堪舆家言漳郡人文郁塞，乃后山仙殿压学官地脉、东南田里港未筑水门直写所致。理毁仙殿，大兴工役，填筑田里港。又以江东桥被贼断后，民苦冒险渡狂澜，倡修江东大石桥。……又狭小市廛制度，筑漳州浦头、石码、泉州新桥、安海、沙溪、涂岭行铺千百间，大开街衢，便民贸易。……理左右亲昵，多阴交泉郡土宄，侦访素封，诡称理令恐吓之，获利无算。……而恶名尽理受之。泉郡势豪憾理者刻匿名帖，绘一虎以比理，多列条款，传播京师，声名大坏。辛卯秋（康熙五十年），以漳平陈五显盗案解任。壬辰（康熙五十一年）入都，值觉罗满保出抚闽，据虎帖参劾。……拟极刑，追赃八万，家产皆籍入官。上念理功，免死，编入旗籍。
>
> 俄以西藏用兵，命军前效力。……上嘉之，因赦免所追赃，

而闽中家产俱经有司变鬻一空矣。越数载，以老得赐还京。五十九年卒，年七十二。……好书大字，濡毫伸纸，有求无不应者。……康熙六十一年壬寅秋，赐公家属出旗，乃还闽省为民籍，护其丧以归葬。①

　　蓝鼎元作为蓝理的孙侄辈，对其叔公的官宦生涯记录大概不差，《清圣祖实录》对于蓝理晚年官宦生涯的落罪有详细的记录：

　　康熙五十年秋九月初六日（壬辰），兵部覆议："福建陆路提督蓝理系封疆大臣，纵容盗贼滋蔓，抢夺扰民，不能招抚，又迟延日久，不行奏闻，反巧行粉饰诳奏。应将总督蓝理革职，交刑部治罪。总督范时崇、巡抚黄秉中、漳州总兵官许凤、汀州总兵官陈有功照溺职例，俱革职。"

　　得旨：蓝理前曾奏称"福建水师提督有吴英、陆路提督有臣料理，地方可保宁谧。倘犹有盗贼之事，臣无面目再觐天颜"等语。今盗贼窃发，不能即行剿抚，纵容迄今，尚未尽获。且蓝理居官不端，殊为溺职。著革职，从宽免交刑部。范时崇、黄秉中、许凤、陈有功俱从宽免革职，着各降五级戴罪图功，盗贼务令尽行拏获。如不能尽行拿获，再加议罪。②

　　康熙五十一年冬十一月初六日（乙酉），先是福建巡抚觉罗满保，会同浙闽总督范时崇，列款纠参革职原任福建提督蓝理，贪婪酷虐，流毒士民。见在京师，应请拿究。上命兵部左侍郎觉和托等将蓝理带往福建会审，至是觉和托察审蓝理霸市抽税，婪赃累万，被害不止一家，流毒已极，应拟斩立决。

　　得旨：蓝理应依议处斩。但在台湾澎湖对敌之时，奋勇向

---

① （清）蓝鼎元：《鹿洲初集》，台北：文海出版社1966年版，第457—463页。
② 《大清圣祖仁皇帝实录》卷二百四十七。

前，著有劳绩，着从宽免死，调取来京入旗。①

　　蓝理（图3.11）晚年因处置安溪陈五显盗案不力，被革职；其后又被福建巡抚觉罗满保与浙闽总督上折纠参其霸市抽税，从而落重罪，几乎被处斩，幸康熙皇帝念旧，免死入旗。康熙五十四年（1715）虽官复总兵职，然"闽中家产俱经有司变鬻一空矣"。可见，霞东书院所属的蓝理总兵府在康熙五十一年蓝理入都伏罪时即被没收入官，且因追赃还款而被拆分变卖一空，施〔拱〕照也才有机会购买到其书院馆舍地的一部分。《蔡世远年表》一文显示，从蓝理在康熙五十年因陈五显失察事解任，到康熙五十一年因霸市抽税入都参罪，再到康熙五十四年官复总兵，这四年里，蔡世远主要是在老家漳浦守

图3.11　霞东书院右廊厅供奉的"破肚将军"蓝理公神位与神像

---

①　《大清圣祖仁皇帝实录》卷二百五十二。

制，以及受时漳州知府魏荔彤邀请，编修康熙《漳州府志》。① 在此期间，蔡世远极有可能或受赐于漳州官府或购买其老乡蓝理的部分馆舍地以作修书讲学之用，在其中设祀文昌帝君像之举，本身即有祭祀先贤，振兴文教之意，这与其后霞东书院——浦头保社学的出现的宗旨是一致的。无论如何，这一举动确立了蓝理旧馆舍地向霞东书院（社学）转化的可能性。

雍正元年（1723），清政府下诏，要求各地："照顺治九年例，州、县于大乡巨堡各置社学，择生员学优行端者，补充社师，免其差役，量给廪饩。"② 今人陈剩勇先生根据地方志的记载，认为从雍正以后，社学开始在地方普遍兴建起来。③ 蔡世远于雍正十一年（1733）过世，在此前后，霞东书院极有可能已被开辟为社学。然而，基于清代社学没有恒定官方经济来源，多靠地方士绅筹凑的特点，导致了霞东书院时刻面临着生存与否的历史困境，"我们认为，清代社学（义学）是清政府为加强对人民的统治，安定社会秩序，而积极倡导的一种教育发展模式，它力图通过政府的倡导与各方面的集资来达到目的，……但因社学、义学的设置，经费、管理并没有制度化，……许多社学、义学屡兴屡废，……应该说在社学、义学的发展过程中，包含了官府与民间两方面的努力，有时民间力量反而更大。"④ 很显然，蔡世远逝后，霞东书院缺少强有力的地方士绅的维持，年久便倾废，甚至被居民侵占。长泰官绅黄步蟾路过其地时，离蔡文勤公辞世也才过去七八十年。黄步蟾由此兴发感慨，又"因帝示梦重塑"灵感事迹，于是有了倡修的念头，这何尝不是官方宣扬文昌帝君信仰而"上行下效"以及儒者对于物伤其类的一种"哀伤式"

---

① 阮莉：《蔡世远年表》，《闽台文化交流》2010 年第 2 期。
② 《清会典事例》卷三百九十六，中华书局 1991 年版。
③ 陈剩勇：《清代社学与中国古代官办初等教育体制》，《历史研究》1995 年第 6 期。
④ 王日根：《"社学即官办初等教育"说质疑》，《历史研究》1996 年第 6 期。

应激反应。再加上当时漳州府龙溪知县姚莹的响应与主持，一时间，姚莹的同好，以及漳州府远近官宦、乡士绅、耆民、信士及附近商户纷纷慷慨解囊，其人数高达 368 人，外加商户 47 家，其中有秀才功名以上的士绅不下 200 人，信士 121 人，捐金数量之大，规格之高，在地方社学重建历史中是较为罕见的①。首先，这得益于雍正皇帝以来大力倡导地方社学倡建，以及嘉庆皇帝宣扬文昌帝君信仰的政治大背景；其次，直隶州知州黄步蟾与龙溪县知县姚莹的倡议与主持，其背后所代表的政治资源巨大，且无论是对士绅、耆民、商铺，还是信士，都有天然的吸引力；再次，书院建设本身对于漳州府士绅、商户、耆民与普通民众塑造自身的声望，培养地方人才，以及扩展政治人脉圈，有其特定的作用；最后，该碑文直接出现号称为"信士"与"商铺"的捐款人，可见当时对霞东书院文昌帝君的民间祭祀与信仰，在霞东书院所在地即漳州府城东厢浦头保的平民、商户与耆民中间，已有一定的市场。

道光元年（1821）霞东书院的新修落成，所得到的外地官宦的帮助是很可观的，而本地士绅、耆民更是中坚力量，这为其后的霞东书院的承传奠定了基石。到了道光二十二年（1842），漳州府的士绅与耆民又对霞东书院进行了增修，也留有相关碑刻，可供比较：

重建霞东书院并充祀业碑记②

正殿告成，有隙地，诸同人议构数椽于侧，以为习仪散福所，格于资，未遂也。岁辛卯，颜君位宾谋成之，捐金为倡，诸同人从而倾焉。鸠工庀材，经营浃月，厅、室、庖、湢、焕焉具备。地虽不广，然拓辟位置，其间莳花莳竹，于以息游致足，适

---

① 详见"图 3.10 道光元年'霞东书院捐金姓氏碑'"。
② 该碑风化严重，其碑文参见江焕明：《丹霞萃金——漳州古城史迹考》，厦门大学出版社 2014 年版，第 39 页。

也。工竣，因纪厥繇并捐金施业之姓氏，俱勒于左。

中书科中书颜位宾捐银贰佰元，兵部职方司员外郎郑启祥捐银拾贰元，庠生黄拱辰捐银拾贰元，太学生林志尹捐银陆元，庠生苏陈常捐银贰元，职员郑开阳捐银捌元，太学生施长照捐银陆元，廪生徐荣光捐银肆元。

山西沁州直隶州知州黄亮国充祀田，种贰斗，今实一斗八升，址吴圳港洋。太学生林志尹充祀田，种叁斗，址本官前。庠生黄拱辰充祀田，种贰斗，址诗浦洋。贡生蔡振魁充祀业洲田，种贰斗又壹斗贰升，贰斗种，址镇北宫前；壹斗贰升种，址洲里圣公庙前。中书科中书颜位宾充祀田贰丘，种壹斗五升，址诗浦洋。兵部职方司员外郎郑启祥充祀田贰丘，种壹斗五升，址在诗浦社后寨洋。

以上道光十八年粮户俱入文，运与户内，共壹两柒钱捌分捌厘叁毫完。串壹两茶钱，捌分玖毫折实库，它银重贰两伍钱陆分伍厘。

大学生施长照充祀业厝壹间贰进，址文英楼。信士杨定宇厝后进壹进截充，拆为正殿基址。

道光二十二年壬寅五月谷旦霞东书院绅士仝勒石

嘉禾荸生章銮敬书

道光二十二年，霞东书院重新扩大规模，完备建筑，以及添置祀田祀业，其捐资人基本是漳州府本地士绅，尤其是龙溪籍居多，且基本都是道光元年参与重修霞东书院时候的重要捐资人，比如颜位宾、郑启祥、黄拱辰、郑开阳、蔡振魁等5人在霞东书院这两次修建中都出现，占此次重修9位捐资人总数的一半以上，其中除了信士杨定宇没有功名外（《霞东书院捐金姓氏》碑文显示职员郑开阳，原是监生），其他人都有功名在身。可以说，这批捐资人经历了霞东书院道光元年那一次重修，深受其影响，或者说受益于霞东书院前一次重修事件，而逐渐成长起来的漳州地方士绅，也显示出了此时的霞东书院社学色彩格外鲜明。此次增修霞东书院的原因，碑文写得很清楚。

其一是"正殿告成，有隙地，诸同人议构数椽于侧，以为习仪散福所"。"正殿告成"，当指对道光元年姚莹主持重修霞东书院的主体结构的维修，不然，这批捐资人有限的捐款数目，不足以重新建造新正殿。因为还剩有地皮，故拟扩建侧殿，以便有更宽裕的空间进行"习仪散福"。"习仪"即学习、演练与实践儒家礼仪，清代吴荣光《吾学录初编·乡饮酒礼》记载："前一日执事者于儒学之讲堂，依图陈设坐次，司正率执事诸生习仪。"① "散福"意指旧时祭祀礼仪结束后，把祭品分众人给吃，此称为散福或吃福，此风漳州犹存，显然是儒家乡饮仪礼的一部分。这显示此时的霞东书院已成了漳州府城东厢社学的中心，因此才有资格在此举行"习仪散福"的儒学教导与乡饮酒礼。

其二是"于以息游致足"。不时前来霞东书院"息游致足"之人当然是以这些捐资者为代表的地方士绅，对于漳州本地的士绅来说，《重修霞东书院碑记》碑文描述的霞东书院"面山负市，溪流绕其前，峰峦朝拱，林木映带，洵胜区也。"非常适合闲暇聚会或归隐休憩。且此次增修，使得霞东书院"麻雀虽小，五脏俱全"，其"鸠工庀材，经营浃月，厅、室、庖、湢、焕焉具备。地虽不广，然拓辟位置，其间莳花莳竹，于以息游致足，适也。"可见，增修后的霞东书院齐备正规书院的功能，又是一处极适合也极其方便的漳州地方士绅聚会的风雅之地。

其三是霞东书院"充祀田祀业"。只有拥有恒定的田产或房租等收入来源，霞东书院才能恒久传承，这一点，这批捐资人从霞东书院

---

① （清）吴荣光：《吾学录初编》卷24，清同治庚午江苏书局重刊本。

历经坎坷的历史存留过程中看得很清楚，因此为霞东书院添置"祀田祀业"成了一种必要的手段与制度。霞东书院"祀田祀业"的功用实际上至少包含了往后霞东书院日常的维护、霞东书院作为社学所需的束修、霞东书院文昌帝君日常祭祀的费用等，因此也引发信士杨定宇积极"截充后厝一进"作为霞东书院的祀业。霞东书院既是漳州府城东厢的书院社学，又充当文昌帝君民间信仰宫庙的综合体，由此显现。因此，相对于同时期的漳州府城的其他书院社学（如丹霞书院、芝山书院、霞文书院、霞北书院、养正书院）① 而言，霞东书院反而成了保存至今最完整的，且仍具有文昌帝君祭祀功能的民间信仰宫庙，其中原因不得不说得益于上述因素。

综上所述，在霞东书院的历史发展过程中，潜藏着浦头地方士绅与普通民众对于文昌帝君祭祀的不同态度，这也就导致了霞东书院从社学到民间信仰宫庙转化的必然性。无论是霞东书院的初创者"平台名将"蓝理，还是后续的清代蔡世远、知州黄步蟾、知县姚莹、中书科中书颜位宾，霞东书院首先是官方视野下的社学，祭祀文昌帝君是为官方认可并倡扬的契合社学正规格局的正祀，并非民间意义上的信仰神灵对象。然而，对于霞东书院所在的漳州府城东厢浦头社的普通民众而言，文昌帝君的民间信仰神明角色是其认可的第一需求，地方士绅的官方提倡，无疑提升了这一民间信仰神灵的地位。不过，清代霞东书院一直都没脱离地方精英人士的视野，相对而言，地方普通民众参与程度则相对较低。这也就导致了后来霞东书院曲折的发展轨迹。总之，清代是霞东书院创建期，也是其发展的高峰期，官方儒学教育的需要以及地方士绅的高度重视起到了决定性的作用。

---

① （清）吴宜燮修，黄惠、李畴纂：《龙溪县志》（清乾隆二十七年修，光绪五年补刊本影印），台北：台湾成文出版社1967年版，第401页。

第三节　清代浦头港角头庙的集体繁荣

一　清代浦头港文英楼码头及其周仓爷庙信仰的勃兴

根据前文对文英楼周仓爷庙历史渊源的考证，至少在明末，文英楼周仓爷庙就已经存在，并且与港脚社的"八闽解元"陆希韶有了密切的关系。文英楼现有建筑实物最早纪年为清雍正七年（1729），现存一楼大门两石柱槛联："义勇擒庞功蚤著，英灵镇浦泽长流"，梁上石柱刻有"石码镇太学生林梦崧喜舍楼前石梁三支，石柱四柱，雍正七年孟春谷旦立"。崇祯六年（1633）乡试癸酉科高中解元的陆希韶重修文英楼周仓爷庙，距离雍正七年（1729）太学生石码林梦崧捐献文英楼周仓爷庙楼前石梁与石柱的时间，还不到一百年，陆希韶的生平显然横跨了明末清初，想必距离林梦崧的出生时期并不遥远。我们相信只有"秀才"功名的太学生石码林梦崧向文英楼捐献石梁石柱是有其深刻寓意的，先不说"喜舍石梁石柱"对于一名太学生来说简直就是在表述自己那种想早日成为"国家栋梁"的隐喻，更重要的是，陆希韶"八闽第一"的解元头衔更是太学生林梦崧梦寐以求的功名，因为太学生虽然在清朝雍正年间贵为其最高学府国子监的生员，但是想更进一步，一样必须参加科举考试，才能真正拥有出仕的机会，其中最重要的一关就是参加乡试，然后才有机会参加会试。显然，陆希韶无疑是太学生林梦崧的偶像，他从石码跑到浦头港来祭拜负有盛名的曾帮助陆希韶"一夜渡南台"的文英楼周仓爷庙，并捐献石梁石柱，要表达的不外是祈求神明保佑其金榜题名。由此从另一侧面反映了文英楼周仓爷庙凭借陆希韶的声名，对于浦头港附近参加科举考试的士子的吸引力。反之，明末清初的文英楼周仓爷庙也由于这些地方士绅的推崇，在世俗上获得了更大的影响力，因此极有可能在雍正七年再度得到重修，因此，石码太学生林梦崧才有机会捐献石梁与石柱。

文英楼周仓爷庙与浦头大庙一样，其楼背后就是浦头港四小古码头之一的"定潮楼古码头"的起泊所在，同样保留了许多清代的碑刻。"定潮楼古码头"是清代浦头港全面发展后在浦头保形成的四小码头之一，因此，文英楼又雅称定潮楼，其一楼正面还架设着一道古石梁，其上赫然镌刻着一排文字："观潮　定潮楼　问渡"。该石梁的材质与古旧程度，以及该文字的雅驯，极有可能是石码太学生林梦崧所捐赠的三道石梁之一。当然，因为该石梁并无直接的题写人的名字与年代，也不排除本来就是"八闽第一"的陆希韶解元所题写，抑或前来祭拜的其他文人雅士所捐助镌刻。

文英楼周仓爷庙，因为处在浦头港清代四小码头"定潮楼"之上，而定潮楼又是清代中后期浦头港很重要的人货合一的停靠码头，其直通盐鱼市、新行街，是浦头港内最繁华的码头之一，大有替代浦头大庙码头的趋势，因此，龙溪县曾把大量的示禁碑竖立在这里，以彰显其示禁效果。

清代康熙之前是文英楼周爷庙所保留碑刻的一个空白期，但在清乾隆元年（1736）就出现了一块碑文冗长的由当时龙溪县、漳州府、闽浙总督等逐级办理签发的示禁碑（图3.12）：

奉宪示禁浦头泥泊自三间桥至喜心港

止海道船只往来停泊不许索取牙钱碑①

漳州府龙溪县为访查事。乾隆元年五月四，蒙署漳州府□事海防分府加六级刘信票，乾隆元年五月初二日，蒙署暨福建等处承宣布政司□都转盐运使司盐法道加二级纪录一次王　宪牌，乾

---

① 该碑文参见江焕明：《丹霞萃金——漳州古城史迹考》，厦门大学出版社2014年版，第182页。

图 3.12 文英楼现存清代乾隆元年"奉宪示禁浦头泥泊自三间桥至喜心港止海道船只往来停泊不许索取牙钱碑"残片

隆元年四月十三日，奉闽浙总督□专管福建等处地方军务兼理粮饷兵部尚书兼都察院右副御史拜他桂布勒哈番加八级纪录四十二次功加一等郝，岂容势豪认输公须钱，狼踞为己业，横抽扰累。兹据漳州府申详：龙溪县浦头地方船只往来，该地澳甲李领多人手执铁戳，每船抽钱。该府拘拏，檄发龙溪县究讯。据供系海澄公家每年十二月初一时起至年底，前赴抽收。凡船只到地，大船每只取钱六十文；小船二三十文不等。按日具数，报明伊主。供认确凿，请饬该县查明。自三间桥至喜心港止海道若干里，勒石声明，永远禁革。毋许势豪仍前索取，倘敢故违，即严拿通详鸠治。至从前收过税银，姑念无人告发，又在恩赦以前，免其深求。原认钱粮五钱□□分零，饬县□除，将新□粮额拨补。澳甲林艾参藉口船只朽坏打破，不禀销号，枉自匀派，各船互相效尤，擅用戳记，明属违例，应予枷责革逐。红黑戳销毁，赃钱四百二十七文收贮，候拨公用等由。前来查乡宦恃势纵仆横抽，大干功□，本应严究，但事在赦前，可否□如县府可请从宽，禁革将效尤之。澳甲追赃发落，伏候宪台察夺批示，以便转节遵照并取摹另送等缘由。奉批均如详，行仰即转饬遵照并取勒禁碑摹送查，仍候抚都院批示缴奉，本月初十日，先奉巡抚福建等处地方提督军务都察院右副都御史加一级纪录六次卢　批详前由，奉批姑如详，从宽援免，转饬遵照取碑摹。并再犯倍处，甘结送查。仍候督部院批示缴奉，此合行饬遵备牌，行府立即转饬遵照。将澳甲林艾参照檄发落，追得赃银入官。其浦头泥泊自三间桥起至喜心港止海道若干里，勒石声明禁革。听民驾舟停泊，毋许势宦纵仆仍前索［取］。倘敢故违，即严拿通详倍究。取具碑摹全，不敢再犯。甘结送查，以凭转送。赃钱收贮，候拨公用，毋违等。因蒙此□备□□，仰县官吏照依事理，立即遵照将澳甲林艾参照檄发落，追所得赃钱入官。其浦头泥泊自三间桥起至喜心港止海道若干里，勒石声明禁革。听民驾舟停泊，毋许势宦纵仆仍前索［取］。倘敢故违，即严拿通详倍究。取具碑摹全，不敢再犯。甘结送查，以凭转送。赃钱收贮，候拨公用，毋违等。因蒙此□将原认泥泊钱粮五钱七分零豁免，归入新陆粮额拨补。并澳甲林艾参责革追赃及取具王石等，不敢再犯。甘结外，合就勒石严禁。为此示仰商民人等知悉，嗣后浦头泥泊地方，三间桥起至喜心港止海道三里，听从诸色大小船只驾驭、停泊、贸易，毋许势宦纵仆及澳保地棍仍前每腊月索取船家牙钱。倘敢故违，立即严拿通详究处，断不轻贷。毋忽。特此。

乾隆元年六月

曾经竖立在定潮楼古码头上的这块碑刻，其内容主要记录漳州府官方为保障三间桥至喜心港，到浦头港，出浦头溪，沿着西溪下游，一直到九龙江出海口石码等处的这一段航道的畅通与秩序，不惜开罪清中前期在漳南如日中天的世袭海澄公爵位的黄梧的后代子孙，历经请秉龙溪县、漳州府、闽浙总督等的逐级批示办理，最后成功处置了犯法的海澄公的豪仆与其他平时浑水摸鱼的低劣澳保地棍，并借此勒石示禁。

江焕明先生认为："喜心港位于古漳州郡城东门外，处在凤霞街（今文化街）与新行街之间，港道中段，凤霞宫横跨两岸，铺筑大面积的石桥梁，形成桥埋，甚为壮观，喜心港因此也叫凤霞港，俗称后港。喜心港西引东湖（今九龙公园）水，向东注入浦头溪，全长约三华里。港道上架有七座石梁桥，由西至东依次为教子桥、三间桥、灰窑巷桥、凤霞宫桥、崩桥、闸仔头桥、增福桥，这七座石桥横跨南北岸，几百年来为两岸交通和物流作出无可估量的贡献。"① 前文曾描述过，喜心港与浦头溪呈"丁"字形，在探花码土地公庙附近汇入浦头溪，该示禁碑保护的航道实际上深入了东湖，而东湖就在漳州郡城文昌门不远处，东边则一直到出海口石码等处，并且实行的是若干里便勒石示禁的原则。可以说，这是乾隆年间浦头港的黄金航道，出现多方利益抢占也就毫不意外，甚至连清代前中期称霸漳南的世袭黄梧海澄公爵位的后裔子孙也不禁染指其中。

再有清嘉庆十三年（1808）《重修文英楼碑记》石碑记载（图3.13）：

重修文英楼碑记

郡城东廿七都有文英楼者，漳之澳区。鹭岛贾船咸萃于斯，四方百货之所从出也。楼奉义勇将军，俯瞰溪流，吞吐潮汐，巍然屹峙，为一方巨镇。以地在阛阓之间，人烟错出，戊辰春适遭回禄，栋宇半就圮毁，诸同志谋葺之，因鸠金以相役。既藏事，

---

① 参见江焕明：《丹霞萃金——漳州古城史迹考》，厦门大学出版社2014年版，第174页。

图 3.13　清代嘉庆十三年"重修文英楼碑记"

远近欢欣。以为斯楼聿新，地灵毓秀。惟兹桑梓文物丕显其光，则夫舳舻停泊，企仰崇闳，又孰不荷垂俯而阜通货殖也哉！因援笔为之记。捐银各铺户姓名开列于左：

金丰源捐银四十大元

大学生方向茂　柯树观　黄志士观　黄和兴各捐银二十四大圆

恩授迪功郎施云彩　金协益　柯惠观各捐银一十二大圆

顺源号捐银一十大圆

何起凤观　黄承庆观　黄双凤　方双兴　陈绵昌　黄侯兴　李益千　方文振　协荣号　孙方川　游瑞兰各捐银陆大元

谢茂辰观　杨太和　梁茂珍　庄仪兴　庄瑞春　振盛号　何春源　吴堆观　黄双鹰观　永兴号　合吉号　源茂号　合美号

大安号　庆芳号　胜丰号　咸丰号　洪长号　信详号　德利号各捐银肆大圆

许奕谋观　吴川观　陈　坤观各捐银叁大圆

陈凤山观　高焕章观　黄肖陶观　梁友观　黄五和观　林应元观　方文山　英围号　恒升号　锦盛号　利源号　陈节观　陈义成　金兴荣　景美号　协兴号　恒胜号　联源号　合成号　万丰号　振和号　协盛号　万丰号　胜茂号　永顺号　振顺号　水源号各捐银贰大圆

顺美号　开兴号　协茂号　长兴号　源茂号　瀛隆号　顺兴号　均和号　源兴号　双茂号　泰盛号　茂源号　丰源号　荣利号　逢源号　恒兴号　德丰号　岱源号　东泰号　松茂号　向茂号　锦源号　丰盛号　合利号　丰盛号　瑞林号　开泰号　源盈号　金盛号　奇兴号　藏兴号　信源号　源茂号　泰成号　集成号　仁盛号　益兴号　吉茂号　恒胜号　馨茂号　恒丰号　成兴号　裕德号　升记号　宝树号　长盛号　合源号　茂盛号　联成号　仁泰号　鸿兴号　东昌号　恒利号　会源号　松林号　金瑞号　茂盛号　成美号　启源号　茂林号　德昌号　合成号　振茂号　永盛号　升泰号　春林号　芳源号　兴茂号　恒盛号　灿成号　春发号　陈发春　金协兴　陈协发　金协泰　金逢泰　金开泰　金益发　得进春　金进德　金德发　陈　寿　陈　爵　陈印观　李阳观　柯功观　陈波观　陈二观　陈三观　黄粤观　林轩观　鲁慷慨观　言杖观　黄拱星观　黄光照号　李昆山观　陈江涌观　吴长亨观　方腰路观　林登科观　严海观　黄景兴观　黄光敬观　陈祖简观　赖茂盛观　廖津梁各捐银肆圆

隆盛号　裕源号　隆茂号　茂利号　长瑞号　春茂号　泰美号　利泽号各捐银壹中圆

开兴号捐银壹拾贰大圆　德隆号捐银肆大圆

董事方文漳　柯树观　黄志土仝立石

嘉庆十三年岁次戊辰葭月吉置

　　根据现存文英楼前殿妈祖神龛上方悬挂刻有"时乾隆戊子年菊月　金浦弟子陈衍皋敬题"字样的"渚裒慈航"匾，以及正殿义勇将军神龛上方刻有"时乾隆戊子年阳月吉旦置　霞东弟子张茂松敬题"字样的"琼花冠世"匾，文英楼早在乾隆戊子年（1768）就得到了比较大规模的重修，信众才会联袂敬献匾额。其中有一块匾额是由金浦即今漳浦县的信众陈衍皋敬献给文英楼妈祖，陈衍皋极有可能是文英楼码头一带经商而受惠于文英楼妈祖的庇佑，由此可见其时文英楼码头已经相当繁华。《重修文英楼碑记》则显示，至迟到了嘉庆十三年（1808），浦头港的繁华已经到了另一个高峰，尤其是与时处繁荣高峰期的鹭岛厦门港的稳定航运与商贸，使得浦头港，尤其是定潮楼码头为"四方百货之所处"，文英楼这一带因此成为"阛阓之地""人烟错出""为一方巨镇"。然而，文英楼周仓爷庙只是清代浦头港西岸四小码头之一的"定潮楼码头"的主庙，并非整个浦头港的主庙（浦头港的主庙是浦头大庙与霞东书院），地方士绅对其繁荣的盛誉，可以想见其他三个码头的繁荣程度。此次文英楼因遭遇火灾而重修，捐助其重修的人员身份遍及浦头港的士绅、耆民与商铺。其捐款人数总共为 187 人次（含商户），其中商铺多达 124 户，所占的比例高达 66%，是此次捐赠人中比例最大的。这种情况也只有在清代嘉庆年间浦头港商业经济高度繁盛的基础上，才有可能实现。

　　文英楼周仓爷庙还保存了道光五年（1826）与光绪四年（1878）的两块清代龙溪县令示禁石碑，为笔者探讨清中后期的浦头港的发展态势提供了实物证据（图 3.14）。

署漳州府龙溪县正堂加十级记录十次蔡 为出示禁事①

道光五年四月十九日，据东厢棉花铺户瑞丰号等呈称："瑞等鸠集东厢迎恩保，开张棉花铺，往厦采买花包，佣船运载抵漳。向系由客择船，未尝听船包载，历例已久。道光元年，突有无赖船户，不思货须由主，乃敢就船分货，擅设条规，按额分载。经瑞等以逆例难依听从，劝处每包加贴载工钱六文，众舵约解，依旧相守。越今五载，地棍包揽溪门，平地起波，复生故态。胆敢议会：凡漳铺所有往厦采买棉花，归伊各船配搭，不许货客私倩，如有不从，名为私载，通船议罚。伏思溪为官溪，货为客货，采买自客，岂容私设分配，强横混载。此例不除，不特漳厦各货线归毒手，且内外溪港定被截塞。情迫相率匍跪，叩乞恩准出示严禁。"等情到县。据此，除批示外，合行示禁：为此示仰该处船户人等知悉：嗣后遇有货客采买棉花，听其自行雇船运载，毋许恃强包揽，分船配搭，藉端阻挠。倘敢不遵，许该商客、澳保指名具禀赴县，以凭拘究。该商客人等应给船钱，亦须查照前价给发，不得稍有短少，致兹事端。各宜凛遵毋违，特示。

道光五年四月 日给众棉铺遵示勒石

钦加同知御调署漳州府龙溪县正堂加十级纪录十次八 为出示严禁事②

本年四月十四日，奉本府宪沈札，蒙布政司周批，据本府禀"龙溪县新充牙户籍名分开重抽勒取，禀恳分别究革、缓办"缘

---

① 该碑文参见［中］郑振满、［美］丁荷生编纂：《福建宗教碑铭汇编》（二），海峡出版社发行集团/福建人民出版社 2018 年版，第 395—396 页。

② 该碑文参见江焕明：《丹霞萃金——漳州古城史迹考》，厦门大学出版社 2014 版，第 185 页；［中］郑振满、［美］丁荷生编纂：《福建宗教碑铭汇编》（二），海峡出版社发行集团/福建人民出版社 2018 年版，第 542—543 页。

由，蒙批：查例载：龙溪县谨止额征牛税、猪牙税，又石码盐鱼牙税、华封埠牙税四项，已据详请充设。此外并无黄麻口袋、柴炭、烟叶、竹笋等牙税，乃该县分详请设。黄麻各牙本与定章不符，业经批驳在案。兹据该府以"龙溪县详充猪、鱼、烟叶、柴炭、麻袋各牙，先由各乡市镇开设多处，勒抽致弊，众情不服。先由该府饬县示禁，请将烟叶、柴炭、麻袋各项由商自运交易，无须设牙，猪、鱼二牙俟民困稍苏再为充补"等由。复查，烟叶等牙本已驳饬不准开设，其猪、鱼牙行既多扰累，自应一并禁止。将贴扣发，以安商民。仰即遵照办理，饬县立即出示晓谕，一并禁止"等因。奉此，查此案，前据民人何朝宗等分别禀请新充猪鱼、烟叶、柴炭、麻袋、竹笋等牙抽仲纳税，经前县分文转详。嗣因查明实情，与民未便，又经禀请将牙贴一概暂缓札发，并蒙本道府以察看漳属情形，民困未苏，禀请将牙行分别免办、缓办在案。兹奉前因，合行出示晓谕：为此示仰合邑军民商贩人等知悉：要知前次所请新充猪、鱼、烟叶、柴炭、麻袋、竹笋等各牙行，现奉藩宪批示，一并禁止。将贴扣发，不得再行开张，以免扰累。如敢私自开设，抽取仲用，致累商贩，定即拘案，计赃从重究办。其各商贩亦均照常自运交易。其各凛遵毋违，特失。

光绪四年四月 日给晓谕

这两块示禁碑分别记录了道光五年（1826）浦头港到厦门港的棉花铺户贩运棉花遭到地棍包揽运费的事实，以及光绪四年（1878）浦头港到石码的日常航运贸易被滥收牙钱的情况。龙溪县衙据实进行惩戒与禁示，目的还是维护该航道商业贸易的正常运行。但是从中也可以看到，清代自乾隆以后，政治经济文化大环境渐次走下坡路，尤其是鸦片战争前后，清朝政府对外软弱，对内专制且吏治败坏，这种态

图 3.14 文英楼清光绪四年"钦加同知御调署漳州府
龙溪县正堂加十级纪录十次八为出示严禁事"告示碑

势对于民间最大的影响就是社会秩序的逐渐失控与紊乱，民间商业经济受到多方势力的侵袭。因此，繁华的浦头港的航运商业经济必然受到侵害，除了天灾影响，人害尤其是地痞流氓与蠹吏的趁势盘剥在所难免，由此产生了这两块示禁碑，以确保恢复浦头港正常的航运与商贸。

二 增福祠土地公庙

浦头港增福祠土地公庙与增福桥密不可分。增福桥呈南北走向，横跨在喜心港上，与浦头溪相平行。桥南是浦头港南盐鱼市，桥北是米市。该桥是浦头港西岸连接南北商业街区的第一道桥梁，"也是漳州东乡人流、货物出入漳州城的必经之地。"[①] 增福祠就建在桥北不远处，担负着守护喜心港入浦头溪的港道风水，防止喜心港风水外泄的节点，同时还有守护增福桥与喜心港所处社里的职责。也就是说，加上前述探花码土地公庙，实际上沿着喜心港与浦头溪交接处不到500米的地方，出现了两座土地公庙。增福祠更靠内里一些，探花码则靠外一些，几近浦头溪。很明显，增福祠、增福桥，外加探花码土地公庙，形成了把守事关整个浦头社风水的喜心港水口关键所在。据现今留存在增福祠有两块清代碑刻，分别是《新兴增福桥石碑记》与《重修增福祠碑记》，可管窥增福祠的历史沿革。

新兴增福桥石碑记

　　浦有枋桥，由来久矣。上通霞城，下接石镇，民无病涉，盖前任提台蓝德泽所敷也。于今，枋板腐折，商旅往来，有颠踬之苦。还欲费力填补，黎老量度，叹修葺之艰。僧宏义，主持大庙，出入经阅，未尝不肃然感极，窃欲造石桥，永垂不朽，未敢轻举。甫闻凤林社周文美，素称风范，铺造不休，乃向募为缘首；同得内市中李候观、陈祐观、卢定观、黄意观、林合观、蔡孟恭、陈天生、陈荫亨、陈注观、许仲元、曾九观、陈理玉、张天助、陈喜老为董事，鸠众募缘，幸一唱百和。爰是破土兴工，在本年花月廿七日寅时破土，连工接续，越麦月望日未时，石梁升架，无有阻无有窒，至荔月十八日竣工谢土。首主、董事、凡助缘匠工人等，福有攸皈。兹告厥成，谨将姓名勒石，以志功德云尔。

　　凤林社周文美助银叁拾贰大员

---

① 江焕明：《丹霞萃金——漳州古城史迹考》，厦门大学出版社2014年版，第175页。

候补府参军郭喆勋助银拾大员

南澳米船共助银拾式大员

路头信士共助银拾大员

岁进士陈永缵助银拾式大员

敕授儒林郎黄大利助银肆大员

苏邦德　苏援观　章闻观　许仲元等各助银肆大员

过溪社太学生邱万山助银肆大员

乡大宾陈联芳　太学生王言宗　太学生黎兆联　高天辉　陈世锦等各助银三大员

郑龙丹　李添寿　吴忠观各助银一两

信官林兴□　太学生谢初陞　太学生徐应□　太学生谢光国□相公讳登榜各助银贰大员

陈荣观　马外观　王探观等共助银贰大员

邑庠生李厚观　太学生□天问　太学生王畅观　祠生员柯用美　乡大宾杨诚明　太学生潘昱观　太学生潘就观　太学生郑作丰　太学生林克家　王殳观　罗色晓各助银一大员

广成行　柔远行　隆盛行　裕丰行　广顺行　徐补观各助银贰大员

（以下姓氏捐金略）

增福祠现保存的《新兴增福桥石碑记》，碑文已经年久模糊难辨，幸江焕明先生《丹霞萃金——漳州古城史迹考》一书收录有漳州市图书馆古籍部拓印整理的此碑文①，2016年年底增福祠管委会林主任在庙门墙上亦贴出了此拓文的彩色印刷版（图3.15）。可惜的是，此碑文并无具体的纪年。不过，笔者对照了清乾隆年间留存在浦头大庙的

___

① 江焕明：《丹霞萃金——漳州古城史迹考》，厦门大学出版社2014年版，第177—178页。

《沐恩本县主章勘丈缘洲碑记》，发现，里中有高天辉、许仲元、太学生谢光国等三人的人名在这两块碑刻中同时出现，这就意味着，《新兴增福桥石碑记》出现的时间应该与《沐恩本县主章勘丈缘洲碑记》相差无几，大概在清乾隆至嘉庆年间（1736—1820）。碑文还提到，清康熙年间（1661—1722）福建提督蓝理（1648—1719）敷设了木质增福桥，可见增福桥建造时间至少可以推前到康熙年间。可惜该碑文无只字提及增福祠。再看清道光四年（1824）的《重修增福祠碑记》：

重修增福祠碑记①

霞浦择建增福祠，市廛境止而祈福庇者也。始自建造，中又修葺，各勒石以志。兹值倾颓，妥谋修善。各诚心向捐，兴工扩成，协力告竣，奂然一新。备举唱募捐资，介尔景福，勒石久垂，以志永远尔。

信士陈成兴号捐银贰拾陆大员

太学生黄兆凤捐银拾肆大员

广隆号捐银拾贰大员

荣陶号捐银壹拾大员

陈文次观　双兴号　陈德丰号　陈四正号各捐银捌员

严文观　源丰号　李发育号各捐银肆员

严顺景　双茂号　李锦源号各捐银肆员

太学生陈承恩　蔡心正观　王三江观　林殿绮　卢尚志　荣美号　荣兴号　莘丰号　源茂号各捐银参员

陈柏林观　盛德号　吉茂号　恒隆号　谢上达　蔡元美　陈日新　钱径英　苏邦定　陈知观　和利号　明德号　恒蛮号　李

---

① 该碑文参见江焕明：《丹霞萃金——漳州古城史迹考》，厦门大学出版社 2014 年版，第 178—179 页。

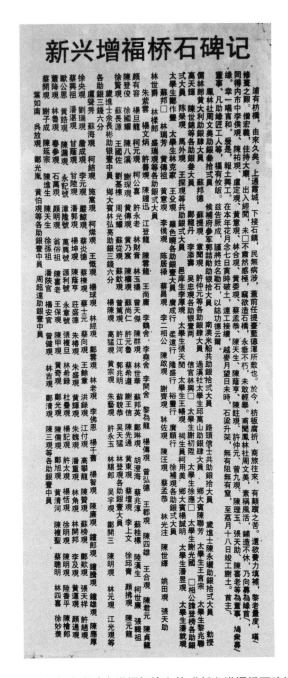

图 3.15　2016 年年底张贴在增福祠墙上的"新兴增福桥石碑记"拓文

养观　孙庆新观各捐银贰员

苏广兴号捐银叁员玖角

严江宁观捐银叁员伍角

许檀观捐银贰员捌角

欧有观捐银壹员捌角

陈三滔观捐银壹员陆角

张诒添观捐银壹员贰角

严碧郎观　翁四海观　严九观　王协观　苏在俦　杨琏观

长发号　游藜焕　庄和老各捐银壹员

馀捐中银登记录签

董事陈大泽　吴名时　曾事节　陈大器　陈日新　郑然　黄

俊水　苏邦定仝立石

时道光四年岁次甲申蒲月　日

这是增福祠历经重修留下来的最早的碑刻，时为道光四年。此碑文也没点出增福祠最早兴修的时间，但是提到了"中又修葺"，相信到道光四年，增福祠已经不止一次重修了，可惜以往各次勒石碑刻都没有留存下来。从此次捐资人的人数与捐银数目来看，增福祠规模不大，实际上，时至今日，增福祠也不大，就是漳州地区常规的独殿式的土地公庙。2000 年后，因旧城改造，增福祠进行了移建与扩建，2008 年落成后竖有《增福祠沿革》碑，碑文中倒是提出了增福祠始建于宋代的说法，具体如下：

增福祠沿革

石桥头土地神庙增福祠，地处漳郡东郊浦头喜心港增福桥北端，庙坐东朝西，始建于宋。

清道光四年重修。因旧城改造，主庙向南移六米时，升地平零点八米，扩建左右厢房及后面双层楼，增建庙前增福亭及南无阿弥陀佛、南无观世音菩萨神牌两座，占地面积约五百平方米，主建筑面积一百三十多平方米。一九九八年评定为市级文物保护点。

增福祠主祀福德正神一公一婆，成双成对，白头偕老。手抱才子添丁进财，益寿延年。明清两朝浦头溪为漳州城南港口，石桥头米市仔港后，家家户户店铺经营五谷行、干果行、饮食店，应有尽有，人来人往，车水马龙，故增福祠香火旺盛，神尊灵感。民国时期，乡里福户轮流主持敬奉神明。改革开放，增福祠文物保护小组成员及有关人士积极参与保护古文化遗址，捐资重塑神祇，扩建庙宇，绿化环境。祠里供奉玄天上帝，为乡里兄弟会神尊，解放土改期间进入庙祠。另供奉神农谷王为闸仔头庙神尊，该庙在"文化大革命"期间被废。今增福祠庙前保留一棵一百多年古榕树，枝繁叶茂。

增福桥原名长福桥，建于宋朝，为木桥，历代多次修造。清乾隆年间改建石桥。石碑立在桥南西侧，历史悠久。惜桥面石柱、石栏杆及石碑遗失，待日后修整补其完美，特立石碑以志。

漳州市增福桥及增福祠文物保护小组

公元二〇〇八岁次　丁亥年腊月吉立

漳州市增福桥及增福祠文物保护小组在碑文中提出增福祠始建于宋代，其依据在于增福祠中现还保存有一对宋代的石鼓，出于文物保护的目的，此碑文没有提及该石鼓。笔者在田野调查过程中见到了该历史实物，但是否为宋代形制，有待进一步考证。然而，碑文提到"增福桥原名长福桥，建于宋代朝，为木桥"，把乾隆年间的《新兴增福桥石碑记》所能断代的增福桥的始建时间往前提前了一大截，这也需要进一步考证。增福桥与增福祠都始建于宋代的提法，引起了笔者的注意，因为整个浦头港的民间诸宫庙在 2000 年左右竖立的"沿革碑"几乎都有始建时间在宋代的说法，这一现象值得进一步探讨。

增福祠主祀土地神，是浦头港宫庙群中神职最低的一位，是清代浦头保中无数个社里小角落的土地神之一。笔者不认为在明代还如"荒浦"一般的浦头，能够建造起庙门拥有宋代石鼓装饰的土地公庙。笔者倒更倾向于以下这种判断：随着清代浦头港的全面兴起，增福祠可能经历了一个从浦头溪西岸一乡村角落社稷坛向繁华商业区的土地公庙的转变过程。清代增福祠作为独立民间宫庙屡次获得兴修与存在，而非像浦头港其他村社小角落的土地神庙，或被遗忘，或被兼并到其他民间宫庙中去的处境，显然得益于浦头港的兴起，以及增福祠所处的水陆交通节点与商贸位置，使得增福祠能够在浦头港无数土地神小庙或香火处中脱颖而出，以独立的香火延续至今。清代道光四年重修时，喜心港周边的耆民与商户起到了主导的作用，这就是增福祠存在历史的一大特点，也是增福祠与其他清代浦头港众多民间诸宫庙重修史上共同存在的一个特点。只不过，增福祠的耆民与商户主导的人数比例与商业色彩更加浓厚，因其影响的范围更小，其影响力也必然更加集中且实际上也比较有限。因此，捐资人于道光四年重修增福祠目的还在"市廛境止而祈福庇者也"，增福祠就是土地神庙的本质在此话中体现得淋漓尽致，对于一社一土地庙的地方社会而言，增福祠履行的功能还是浦头港社里保护神的角色，即喜心港石桥头角落与米市仔街社民商户的特定保护神。增福祠与增福桥是浦头港兴起与繁华的见证之一，反过来，浦头港的兴起与繁华又促进了地方民间信仰宫庙的兴盛与地方交通建设。

三 祈保亭观音佛祖庙

祈保亭观音佛祖庙，闽南语谐音"猪母亭"，祈保亭位在浦头社西端的最外侧，现址为漳州浦头工人亭 25 号。民国时期弘一法师曾卓锡于此相当长时间，以"祈保"与"七宝"普通话谐音，改祈保亭为七宝寺，并题匾额于寺门上①。1988 年 6 月祈保亭被漳州市人民政府授予"弘一法师卓锡处"，也是漳州市第一批文物保护单位。

祈保亭始建于明代，或至少明代就已经存在。康熙《龙溪县志》记载有其些许痕迹："郡城南河，昔年水从东西闸直通城内，小舟载鱼盐抵上街，为渔头处，今有渔头庙现存，盖昔年鱼盐市也。及后，河沟壅塞，而市遂移东南浦头矣。其路旁有祈保亭，中《碑记》云：'昔年此地荆榛，午后绝人迹，傍晚磷火青熠。'则知浦头原属荒浦也。"② 文中提到的这块碑刻已经不存在了，也没有其他文献可以让笔者勾勒祈保亭在明代的存在状况。但是从上述字面上看，祈保亭早在清代浦头港繁荣之前就已经存在了，因此，《漳州文史资料·漳州庙宇·宫观专辑》认为其始建于明代，并不离谱。现今祈保亭留存有多块清代碑刻，多集中在嘉庆与道光年间，可供笔者探索祈保亭在清代中后期的存在态势（图 3.16）。兹按照碑刻的时间顺序拓录如下：

"重修祈保亭碑记"③

缘首太学生周文源捐银拾叁大员

合茂号　李天池　欧佑观各捐银陆大员

乡大宾李长宁　陈向智各捐银伍大员

儒林郎黄启正　贡生黄鼎吉　庠生黄步蟾　陈怀观　马茂盛高殿香　高振盛各捐银肆大员

乡大宾王必高　王必强　谢赫成　林开宾各捐银叁大员

---

① 中国人民政治协商会议福建省漳州市委员会学习文史资料委员会编：《漳州市文史资料》第 27 辑《漳州庙宇·宫观专辑》，（漳）新出（2002）内书（刊）第 119 号，2002 年版，第 37 页。

② （清）江国栋修，陈元麟、庄亨阳纂：《龙溪县志》（清康熙五十六年刻本），漳州市图书馆整理，2005 年版，第 319 页。

③ 该碑文参见江焕明：《丹霞萃金——漳州古城史迹考》，厦门大学出版社 2014 年版，第 180—181 页。

廪生黄春霆　太学生陈建忠　集昌号　吴开珍　杨文韵　李明声　王集茂　颜闰观　王传观　王进发　石间众弟子　宝场众弟子　捷兴号　职员黄光彩　蔡育观各捐银式大员

庠生黄士锡　太学生蔡文燿　太学生黄秀卿　洪宝兴　永顺号　李益金　吴拔观　柯树观　郑湖观　王加观　王位观　吴海观　陈寿观　陈郭威　许长安　蔡文珍　吴中庆　郑溪山　陈金兴　陈江亮　洪有应　徐汉轻　陈永安　吴德全　鲁宗元　高长湖　詹天和　陈心田各捐银壹大员

太学生游辉海　乡大宾陈万观　萧登恺　陈炳山　陈益泰　陈振发　陈逢春　陈淋观　陈□观　陈凤观　曾禹观　洪世观　林典观　曾勇观　戴密观　欧和观　洪助观　杨陇观　魏坪观　杨朋观　纪文贵　徐状观　胜源号　恒瑞号　合瑞号　合盛号　恒兴号　元成号　协荣号　金陶源　协兴号　协利号　合成号　瑞珍号　漳盛号　陈欢观　沈利元　卢明贤　黄廷佐　颜居敏　林满郎　蔡敏强　林文正　郑满朝　高振绵　林日隆　潘妈合　许宗璞　曾红光　曾牛老　王光国　许永全　庄异香　林南海　吴榜观　谢朝祥　谢龙溪　欧松观　严义芳　陈市观　郑四喜　张咸观　纪天贵　王九观　黄日升　陈玉振　游太福　黄红光　刘梓成　林海观　陈採山　高沛泉　林炳观　许恩观　王倚观　曾士畅　王山观　黄友生　杨锦上　王厢观　谢景观　杨协山　吴妙海　游门蔡氏　照窗尼　竺岩尼各捐银壹中员

余叁钱式钱并壹钱姓氏俱载樑签吉庆

董事郡庠生谢恩　陈禄山　欧松龄　高三才　洪保全　李江高　林戴观　谢赫成　马茂盛　王传观　高有正　李天池　林开宾　洪汉杰　主持僧瑞添　碧汉仝勒石

时嘉庆四年己未阳月谷旦立

"祈保亭缘店牌记"①

溪邑东厢附凤保自建祈保亭奉祀，观音大士，灵应虽多，未有祀业。今本籍人黄君选瑛，世居凤浦，虔诚奉祀，喜以本亭在边店屋壹座贰进，全年税铜捌千贰百文，舍为本亭祀业，即将契卷缴官存案明白，其有瓦木损坏。诸善信：王传观　柯树观　林戴观　黄仕贤观　王加观　林开斌观　王位观　方有观　洪保金　吴榜观　钱元水　谢赫成　徐汉乡　王进发　吴东坡　曾川观　高有正　庠生谢恩　陈禄山　王九老复捐佛面银叁拾大员，修理完竣。兹阖社公议主持僧碧溪为人笃实，将店交他收税，每逢二月、六月大士寿诞各设斋二席，延请助缘善信拈香，余充庙中香油之资。倘碧溪别住，还听阖社公同别议得当，僧住收办理供奉，庶无废弛吞踞之弊。合敬谨立石以志不朽。

嘉庆庚申年仲春之月　日勒石

"祈保亭三界楼缘店碑记"（该碑无碑名，笔者据碑文暂拟）

《书》云："祭神主于敬。"此语不诚然乎哉！我本社祈保亭内有三界楼奉祀三官大帝声灵赫濯，凡四方诚心叩祷者，无不感应昭彰，降之百祥。是以我等爱邀同志之人，鸠集一堂，按名均开，用佛银四十七大员，公买过林姓店屋一间二进，永配在三官大帝炉前，缘店逐年征租以供祭祀，使之春秋不朽。我诸同人轮流执掌，一年一换当事，周而复始，以表愚诚，俾浔世世共沾神庥也。兹将店屋住址并诸同人花名开列于后，勒石以志之。

计开：

一　店屋一间二进，址在东厢附凤保，土名浦头巷下河仔尾第五间，坐北向南，东至蔡家地，西至蔡家厝，南至街路，北至

___

① 该碑文参见江焕明：《丹霞萃金——漳州古城史迹考》，厦门大学出版社2014年版，第180页。

图 3.16　嘉庆十七年"祈保亭三界楼缘店碑"

水沟，四至明白为界。

一　租店务宜妥当之人立认租字一纸，凭当事主裁通知诸同人，共敦和气。

一　每年当事收税银以供祭费内抽出铜钱一千二百文，交主持僧为朝夕香资。

附诸同人姓名：

林书契　杨永盛　林秉安　黄树山　魏坪观　黄清湖　吴一良　吴东波　黄红光　王讲和　高长湖　高有祥　桂博达　王德茂

嘉庆十七年岁次壬申菊月吉日立石

"祈保亭碑记"①

盖闻补牢起于亡羊，成裘何妨于集腋？本街铺户无多，瘠贫过半，每当兰池盛会，值其事者亏孔艰盦。谋置业支输以纾其患而费出无羁，其谋遂□。适逢主持僧碧溪于道光四年腊月擅卖寺中龙眼树枞，阖社议革，僧愿坐罚佛银陆拾元，并所卖树银叁元，共陆拾叁元交当事建置店屋壹间，以为逐年中元赔补之费用。但此店颓毁，实甚难以出租，除契卖费用外，伸银二十三元尚未敷修理之数。爰就阖社公议，逐户捐银乙中员，共二十七元，鸠工修葺以垂久远。庶有以纾值年之困而警主持之贪，遂勒石以纪其事云：一买过高□店屋壹间贰进，在本庙前，值银四十元，其契当神前化火；一修理店屋计费银佛银五十大员，此店每年该纳府税贰百文，从前积欠一洗而清，嗣后逐年毋许拖累；一本街铺户伍拾有捌捐金系店主，不干租店之事，间有不愿捐者，轮值当年不论店主店租均不得分此税银；一店租每岁作两次交纳，值年不得挨延少欠，如违盦全革出。一所有捐金铺户开列于左：

庠生谢恩　佛祖会公店　陈炳山　黄渊泉　黄源观　王进发　谢天阁　吴浴沂　柯南观　庠生陈耀南　陈成兴五间　王堃观　王但观　姚利兴　洪文革　洪知光　信义堂　庄金全　庠生施汀　陈有观三间　严轩昂　胡全福　陈乾坤　马正吉　詹红光　谢添观　王德茂　孙卫千　林文耀贰间　□碧□　李妙禹　林佛锡　林文郁　吴潭谷　郭云从　林文泰贰间　本街公店　李允敬贰间　王佛求　高沛泉　高厅钦　陈秋庭　严永定　苏利奇　王天河

———————————

①　该碑文参见江焕明：《丹霞萃金——漳州古城史迹考》，厦门大学出版社 2014 年版，第 179—180 页。

道光六年腊月　日　董事职员谢振谟　黄金榜　黄猛观　胡涌川等立石

另没有确切历史纪年的楹联三对：

祈福祈寿祈男有祈必应，保民保家保国容保无疆。
辛卯年季冬　信士侯孙岳　欧天喜全敬助
西方妙道应祈保，南海慈云锡庆祥。
信士黄志诚喜助　信士戴文成喜助
有祈必安座上慈云绕，所保皆吉亭中法界新。
乡大宾陈绍唐敬助　乡大宾胡世钦敬助

　　除第一副楹联外，上述的碑刻和其他两副楹联都在清代刊刻无误。有意思的是，祈保亭留存下来的这四块碑刻，集中在嘉庆四年（1799）、嘉庆庚申年（1800）、嘉庆十七年（1812）与道光六年（1826）。而三副楹联中，第三副有"乡大宾"字样，"乡大宾"即"乡饮大宾"，是清朝乡饮酒礼中的主要角色。乡饮酒礼的历史非常久远，到了清代，"乡饮酒礼顺治初元，沿明旧制"①，清朝一开始就很重视这项"尊老敬贤以序长幼"的制度，"初，乡饮诸费取给公家，自道光末叶，移充军饷，始改归地方指办。余准故事行。然行之亦仅矣。"② 也就是说，清廷公费支持这项制度的运行，一直到道光末叶才将其挪用做军费，乡饮酒礼自此式微。可见这副楹联当在清代道光末叶之前就存在了。而镌刻后两副楹联的石柱，其上楹联字体、石柱形制与材质都是一样的，因此应该是同一时间捐献给祈保亭的。
　　上述四块碑刻内容，展示了嘉庆四年（1799）到道光六年

---

① （民国）赵尔巽等撰：《清史稿·志六十四·礼八》，中华书局1998年版。
② （民国）赵尔巽等撰：《清史稿·志六十四·礼八》，中华书局1998年版。

（1826）这短短 27 年中浦头祈保亭重修、添置祀业等事宜，为笔者观察这一时间段祈保亭佛祖庙的存在状态提供了比较清晰的材料。最早的"重修祈保亭碑记"，实际上是嘉庆四年本地信众重修祈保亭的捐金姓氏碑，碑文显示，祈保亭佛祖庙的信众比较多元，主要有官宦士绅、地方耆老、商铺、僧尼与普通信士五类信众，其中还出现了女性商业信众"游门蔡氏"的名录，符合浦头港发展到嘉庆年间具备了相当程度的商业经济水平的实际情况。祈保亭佛祖庙虽然离浦头港四小码头远了一点，却是浦头市两大商业街之一今名文化街的很重要的一段街道，称作新亭街或叫祈保亭街，与凤霞街毗邻，再与漳州府城文昌门外东门街东端的东街市交接，其周边街坊的商业气氛还是比较浓的，各种阶层的人也就会会集于此，而妇女参与商业经营早就成了常态，因此能够积极为祈保亭捐金。

清嘉庆四年重修祈保亭的第二年，即嘉庆庚申年所立的"祈保亭缘店牌记"记载：附凤保信士凤浦黄选瑛，敬献祈保亭边上店屋一座二进，以作祈保亭祀业，因店屋残破，诸善信又捐金修缮该店屋以便出租，交由主持僧碧溪收租并管理祈保亭祭祀事宜。附凤保处在现在的新行街上街与柑仔市一带，明代属于龙溪二十七都浦头社，清前期属于二十七都浦头保。清乾隆《龙溪县志》记载"东厢（宋城东厢），统图一辖保十，曰文昌曰元奎曰迎恩曰东郭曰附凤曰官园曰葱园曰护满曰田霞。"[①] 附凤保首先出现在龙溪县东厢 10 保的名目中，可见，因为清代前期漳州府城东门到浦头港这一带社会经济的迅速发展，祈保亭所在地由"都保"发展为东厢的"保"，在乾隆年间划归到与之南端地界毗邻的新成立的东厢附凤保，因此才有"溪邑东厢附凤保自建祈保亭奉祀观音大士"之说。而之前祈保亭应该属于二十七都浦头保，佐证就是前述第三块碑刻提到的"店屋一间二进，址在东

---

① （清）吴宜燮修，黄惠、李畴纂：《龙溪县志》（清乾隆二十七年修，光绪五年补刊本影印），台湾成文出版社 1967 年版，第 19 页。

厢附凤保，土名浦头巷下河仔尾第五间"这句碑文，该店铺虽是在东厢附凤保，但土名依旧是浦头巷下河仔尾，"巷下"就"凤霞"的闽南语谐音，河仔尾地名现在依然还存在，其在祈保亭的西侧，恰好就是浦头与凤霞街分界处南北走向的一条巷道，可见乾隆年间祈保亭到河仔尾这一小片地方曾经划归到了附凤保。而民国三十六年，祈保亭复归霞浦保①（即浦头），因而现今祈保亭犹称"浦头祈保亭"，在笔者调研过程中，未尝听说过"附凤保祈保亭"之说。因为置有祀业，祈保亭就有了相对稳定的香油资费来源，而信众能够在重修祈保亭后的第二年即自发捐献祀业，可见前一年信众重修祈保亭佛祖庙信仰的行为有着强烈的信仰引导作用。

又过了 12 年，即嘉庆十七年所立的"祈保亭三界楼缘店碑记"，记载的是本社里部分信众为祈保亭内的三界楼供奉的三官大帝添置祀业事宜。这一举措估计是受到嘉庆庚申年祈保亭添置祀业行为的影响，因为固定的祀业收入，对于维持三界楼的三官大帝香火同样重要，估摸着嘉庆庚申年信众为祈保亭捐献的祀业收入是专项用来祭祀观音大士，三官大帝日常的祭祀费用就相形见绌，引发部分信奉三官大帝的信众置办祀业的心思，由此，祈保亭三界楼三官大帝也有了固定的祀业。这也充分证明了，其时祈保亭佛祖庙不但供奉着观音大士，还祭祀着三官大帝。而今，祈保亭的三官大帝早已消失在本角落人的记忆中，现有祈保亭附祀的是关帝、玄天上帝、注生娘娘与伽蓝大王等神明。

第四块碑刻"祈保亭碑记"的碑文内容很有意思。其一，碑文开门见山就喊穷，证明其时浦头港一带社会经济环境不是很稳定，导致了祈保亭附近铺户商业经营情况不是很好。其二，祈保亭管理者主持僧碧溪擅卖寺中龙眼树枞被罚佛银六十元，这距离主持僧碧溪管理祈

---

① 福建省漳州市芗城区地方志编撰委员会编：《芗城区志》卷一《建置》，方志出版社1999 年版。

保亭已经过去26年！而此前嘉庆庚申年凤浦信士黄选瑛捐献的祀业一屋二进已经不知所踪，因此，祈保亭用主持僧碧溪的罚金与卖龙眼树枞所得的银钱来新购置店屋一间，其时祈保亭附近街市58间铺户又共同出钱修缮这间店屋以便出租收取租金，用以祈保亭佛祖诞辰等的祭祀费用。这次的捐金皆系祈保亭附近街市的铺户，碑文中还对不愿捐金的铺户作出了警示，可见，确实有不愿为祈保亭捐金的铺户存在。这种情况证明了其时祈保亭街周边的商业经济有可能出现滑坡，一方面导致了铺户捐金积极性不高；另一方面也使得铺户的流动性变得相对比较大，新铺户有其自己的信仰对象也未必可知，因此不愿意为祈保亭捐金。

四 合美宫王爷庙

合美宫王爷庙，所祭祀的主神俗称王爷公，至于是闽台地区流行的一百多位瘟神王爷的哪一位，已经无从说起，笔者据庙里所存的清代康熙六十一年的石柱对联内容，推断此王爷应为白氏王爷。其始建年代不明，所在街市在文化街中段，原称浦头围仔内，中华人民共和国成立后改名为土改街，东与枕头街接壤，西与祈保亭所在的新亭街接壤，南则有小巷道通往米市仔与石桥头，东南方向还有名潭仔尾的巷道也在王爷庙前汇合。因此，浦头人说王爷庙处在三岔路口，是很形象的地理说法。浦头人常说"王爷庙、乞丐营"，似乎王爷信仰对于乞丐特别包容，因此乞丐才会把合美宫王爷庙当作自己的大本营。当然也因为合美宫王爷庙庙前即是街道三岔口，特别宽敞，又很热闹，所以乞丐很喜欢在这里逗留，既可遮风避雨晒太阳，又不耽误乞讨，由此相延成营。

合美宫王爷庙现已拆迁到浦头大庙右侧，与浦头大庙一道之隔。迁建后的合美宫王爷庙呈现全新面貌，据王爷庙现今主要管理人员侯先生说：庙貌一如当初，是参照王爷庙在1960年西溪发大水冲垮之前的形制建设的。① 虽然庙里遗留下来的历史信息所剩无几，但是依然留存康熙六十一年楹联两副，雍正十一年碑刻一通。

其一，康熙六十一年（1722）楹联两副。王爷庙拜亭最靠外的一对石柱楹联情况如下：

石柱（1）面一：金宇镇周岗千年峙东方保障　康熙六十一年壬寅蒲月

石柱（1）面二：太学生黄珍喜舍银一两

石柱（1）面三：庠生周彬喜舍石柱一枝

石柱（2）面一：王仁敷合美万姓瞻白氏英灵　岁贡生陈泰敬题

石柱（2）面二：信女林氏喜舍石柱一枝

王爷庙拜亭内里的那对石柱与楹联情况具体如下：

石柱（3）面一：王道无偏只是祸淫福善

石柱（3）面二：弟子王廷佐喜舍石柱一枝

石柱（4）面一：人心不昧方来顶礼添香

石柱（4）面二：太学生游居栋喜舍石柱一枝

这两对石柱楹联，涉及康熙六十一年王爷庙重修或重建时的六位热心信众，分别是捐银的太学生黄珍、题联的岁贡生陈泰、捐石柱的庠生周彬，以及捐石柱的男信士王廷佐与信女林氏。显示了其时合美宫王爷庙在本地影响不小，也可佐证康熙六十一年之前，王爷庙即已经存在了，而且香火旺盛，因此才获得了重修的人力与物力资源。

---

① 据笔者参加 2015 年农历五月十三浦头大庙关帝诞辰庆典时，刚好遇见边上王爷庙主要管理人侯先生，所做的访谈记录。

另有雍正十一年（1733）无名碑刻（图3.17）一块，具体如下：

图3.17 合美宫现存的"雍正十一年无名碑刻"

本宫□□□（后缺字一行半，此处凿痕较深，应是人为的凿掉痕迹，笔者注）付庙祝居住理纳，崇祀香火。又，庙前舟公置五架店屋一间，年带米银二分官，逐年当事理纳此二处，不得私相授受，立石示记。

雍正十一年八月　日立石

上述碑文虽然被凿掉了一行半的文字，但前后文字联系起来看，碑文之意似乎是另有店屋让庙祝居住，因此庙祝有责任理纳并崇祀王爷庙的香火；合美宫王爷庙还有某船老大添置的五架店屋祀业一处，一并交给庙祝管理，不得私相授受。这碑刻所立的时间与前述王爷庙重修的时间才差11年，王爷庙有了祀业，这证明王爷庙的发展势头不错。而这块碑刻被人有意凿掉一部分内容，可能涉及的另一处房产，信众们在碑文里所担心的不得私相授受王爷庙的祀业，恰恰在后来发生了。也就是说，雍正十一年之后的某个时间段里，王爷庙的某处祀业被人彻底侵占。为了掩盖该祀业产权问题，侵占人才凿掉了碑刻上此处祀业的描述文字。

第四章

近现代以来浦头港及其民间
信仰的历史变迁

第一节 命运多舛的浦头港

鸦片战争爆发是中国近现代史的开端，就闽南地区而言，对漳州浦头港最大的影响是厦门港被迫向西方列强开放，近在咫尺的浦头港从此也被动纳入近代化的过程，其影响一直延续到民国中后期。鸦片战争前，浦头港与厦门港处在高度繁荣期。遗存的诸多碑刻显示，嘉庆与道光年间是浦头港民间诸宫庙重修的高峰期，这与浦头港经济处在繁荣期是密不可分的。鸦片战争后，浦头港经济与社会秩序都不可避免受到波动与破坏，但是有一点可以肯定的是：一直到民国中后期，浦头港与厦门港的对渡航线依然是漳州府城与厦门之间的商品、人力运输与流通、商业资本互动的极其重要的大动脉。

可惜的是，在浦头港诸民间宫庙中，自鸦片战争之后存留下来的历史文献与碑刻寥寥无几。从 1840 年第一次鸦片战争爆发伊始，历经 1853 年闽南小刀会起义、太平天国"长毛反"（同治三年，1864）肆虐漳州、清末民初改朝换代的动荡（1911 年左右）、民国福建军阀混战（1920 年左右）、十年内战（1927—1937）、抗日战争（1931—1945）、解放战争（1945—1949）以及中华人民共和国成立后的"土改""破四旧""文化大革命"等，一直到改革开放这么长的时间段里，浦头港民间诸宫庙经受了一次又一次的冲击，能够全身而退的寥寥无几，而笔者能获得的相关历史信息显得异常得支离破碎，很多时候只能依靠浦头港耆老们的回忆与漳州本地文史工作者的记述来复原。

清末，相对于小刀会起义来说，对于漳州府城社会经济文化有着致命性打击的是太平天国占领漳州，其与清军在漳州府城一带展开拉锯战一年多，对于漳州府城社会经济影响甚大。浦头港就在府城东门不远处，又是水陆交冲点，城门失火难免殃及池鱼，受损程度可想而知。《光绪漳州府志》用近两个页码的版面来记载此事："同治三年九月，粤逆伪侍王李世贤由汀州永定一路窜入漳境……。十四日陷郡城，大肆焚杀，城乡男妇老幼不屈死者数十万人。……四年五月初一日我师夜复诏安，越二日会粤军生擒侍逆伏诛，余匪多薙发投诚。"① 在此记载之前的便是咸丰三年四月发生，十月就结束的"小刀会起义"，区区七竖行的记述，简直就是小刀会起义首领黄德美的个人传记，而且记述中只有清廷地方官员的伤亡记载，而全然没有男女老幼死伤的描述，与太平天国入漳的惨状不可同日而语。漳州人乃至浦头人至今仍然能够形象把这段历史叫作"长毛反"，谈之色变。漳州民国时期有名的文史专家翁国樑先生曾在民国二十四年出版《漳州史迹》一书，对有关"长毛军"在漳州府城一带造成的战乱死伤有所记述："是役也，漳州被害者不计其数，房屋、官廨、庙宇尽付一炬。光绪三年乃敕建忠义祠于城东北隅霞井街，祀同治甲子粤逆陷城殉难绅民妇女，立石坊于祠前，晋江陈棨仁为碑记。其文云：同治三年秋九月粤寇陷漳州，属邑多不守。惟时淮阴左公以全胜之师，建瓴南下，三道进军，合长围以蹙之，贼势穷溃而遁。明年夏四月漳州平，盖于是贼之蹂躏者，八阅其月矣。

---

① （清）沈定均续修，吴联薰增纂：《光绪漳州府志》卷四十七《灾祥（附寇乱）》，载《中国地方志集成·福建府县志辑29》，上海书店2000年版，第1143—1144页。

贼平，有司檄延郡士开局采访，甄综澄叙，前后汇报，计绅衿自简
逢泰而下二百三十二人，士民自戴天泽而下一千七百十三人，又自
林焕朝而下二百三十二人，妇女自杨郭氏而下一百三十八人，其湮
没而不彰者，又不知凡几焉。……兹将是役漳城殉难义冢胪列于下：
一在北厢南坑社，巡道朱明亮饬收投井遗骸六千余，□合一大冢。
一在北门外南坑社后，郡绅林广迈捐资收骸有额颅者三千余具，合
诸骨同埋之。一在南门外，亦林广迈捐建。一在西门外西湖社。厦
绅蔡文澜捐资收骸有额颅者计万余具，合埋之。总督恪靖伯左宗棠
题联于石柱云：'无求生以害仁，死且不朽；为厉鬼而杀贼，魂兮归
来。'又题额：'凛冽万古'。一在门外塔山，郡绅魏有璋捐资收骸
以万计，合葬之，建亭其上，题石柱楹联云：'草草一抔，万家烟火
共；年年九月，满城风雨衰。'"① 单从这些字面上的数量计算，漳
州府城周围即有无主遗骸三万多具，可见长毛军对于漳州府城的巨
大破坏。今人汤毓贤先生《南国残阳——太平军南方余部烽烟纪实》
一书，对于太平天国侍王李世贤率部横扫整个漳州府的历史细节有
着很好的描述与总结，他认为："此时的太平军在面临清军暴力围剿
与缺乏粮饷的重大压力下，无法继续执行《定营规条》和《行营规
矩》，已然军纪涣散，秩序凌乱。"②　"太平天国入漳是一场大灾难，
地方志及私人著作中常见'长毛'杀人如麻的记载绝非空穴来
风。"③　"'长毛反'使得漳州经济遭受重创，百业尽废。……"④

　　另外，《近代厦门经济社会概况》一书收录了一系列厦门海关档

---

① （民国）翁国樑：《漳州史迹》（民国三十五年单行本），漳州图书馆整理，（漳）新
出（2002）内书第67号，2002年版，第55—56页。

② 汤毓贤：《南国残阳——太平军南方余部烽烟纪实》，福建教育出版社2009年版，第
265页。

③ 汤毓贤：《南国残阳——太平军南方余部烽烟纪实》，福建教育出版社2009年版，第
268页。

④ 汤毓贤：《南国残阳——太平军南方余部烽烟纪实》，福建教育出版社2009年版，第
269页。

案资料，通过这些由海外人士担任的厦门海关税务司所记述的文字，可从另一个侧面观察此次太平军入漳所带来的巨大破坏。

以厦门作为其出海港口的漳州府城，正在缓慢地从起义军占领带来的灾难中恢复过来。周围的乡村实际上正在重建，田野一定程度上重新耕作。但城市本身仍然呈现一幅荒凉、破损的悲惨景象。通向四个大门的入口处皆起了木棚。从前这里耸立着壮观的兴隆的商店。城墙内的街道上，依然是一片寂静与荒芜。这座曾经是中国这一地区的骄傲和巨大的贸易中心，我以为它已经没有希望恢复失去的地位了，破坏实在太严重了。迷信使富人们不敢重建楼房，穷人又无力建屋盖房。而在大多数情况下，许多家庭已全家灭绝，以致找不到任何人可以有效地对土地提出所有权，以便占据它们，用以建造楼房。1863 年，漳州城市和郊区人口估计达 200 万人，而如今，城内仅有 2 万人，所有郊区人口也超不过 4 万人。使人不禁想起在长毛兴盛及其随后的可怕日子里，长江下游地区到处可以见到同样的情景。如今人们目击的是静寂荒凉的无顶房屋，杂树丛生的田野，浑浊不清的溪流和残存的断桥。访问者可以想象，他是见到了大运河发大水后，无数乡村被冲走，沿途留下一片繁荣城市的废墟的惨状。①

漳州府城离厦门约 25 哩，1965 年底我访问漳州时，那里一片混乱，到处是废墟，这个月，当我再次前往时，漳州在外观上已发生了巨大变化，呈现出复兴生活的迹象。当然，要恢复它昔日的壮观与繁荣，还得经过许多许多年。②

---

① 厦门市志编纂委员会、《厦门海关志》编委会编：《近代厦门社会经济概况》，鹭江出版社 1990 年版，第 23 页。

② 厦门市志编纂委员会、《厦门海关志》编委会编：《近代厦门社会经济概况》，鹭江出版社 1990 年版，第 12 页。

当漳州城被起义军占领时，有 60 万—70 万人被杀害和被疾病夺取生命。价值 20000000 元的金银被劫走，其中大约 1/3 在帝国收复该城时尚留存当地。在遭损坏和毁坏的财产和房屋中，约有 2/3 留存下来。当地居民总共约损失 40000000 元。如今何以能企望有一个兴旺的商务呢？所有富有阶层的人如今都陷入穷困境地。①

综上所述，太平军横扫整个漳州府，府城东门外的交通要地浦头港不可能幸免于难。而在实际的田野调查过程中，浦头港民间信仰宫庙群的碑刻全然没有同治三年以后的遗留物。可以说，浦头港的社会经济由此走向衰微，浦头港民间信仰宫庙的建设亦走向低潮期。

辛亥革命前后，与浦头港浦头街毗邻的新行街上街施姓家族显赫一时，并有著名革命志士施荫棠先生投身辛亥革命漳州光复的洪流之中。从其家族后辈的回忆中，可以看到浦头港当时的一些情况。"11月11日（农历九月二十一日），施荫棠所组织的农民武装四百多人，各带刀枪、木棍、长毛、藤盾、鸟枪、单响毛瑟枪，浩浩荡荡乘篷船从浦头登岸入城。另一批从陆路进入漳州城内。当晚进驻新行街附近的浦头大庙、周爷庙、文昌大帝庙、蔡妈庙、凤霞庙及附近民宅空房。……11月12日凌晨，施荫棠身穿合领黄斜纹短装，足穿高筒长靴，腰佩宝剑，头戴盆帽，手举五色旗，骑一匹高大的白色骏马，气势昂扬，在新行街驰上奔下，组织浩浩荡荡的农民武装上街游行。农民军手臂缠白布条，手执武器，昂首阔步，威风凛凛，从东门起游遍漳州城。施荫棠骑马走在队伍前面，宣告：'漳州光复了，安民！安民！各行各业，照常营业！'街道两侧人头攒动，男女老少笑逐颜开，

---

① 厦门市志编纂委员会、《厦门海关志》编委会编：《近代厦门社会经济概况》，鹭江出版社 1990 年版，第 74 页。

欢庆漳州光复。"① 从上述文字可见，浦头港的码头功能依然健全，在漳州辛亥革命光复行动中扮演着很重要的角色。另外，文中还提到了几处为辛亥革命农民军提供住处的浦头港民间宫庙，比如浦头大庙、文英楼周爷庙，以及文昌大帝庙即霞东书院文昌宫（蔡妈庙与凤霞庙则属于与浦头港毗邻的柑仔市与凤霞街这边的民间宫庙），其时浦头港这几间很重要的民间宫庙的香火都应该得到了延续，而且庙宇建筑应该都足够宽敞与牢固。

据漳州文史工作者郭上人先生在《漳州古城区的变迁》一文中记载，辛亥革命后的漳州有短暂的复兴，但很快又陷入发展低潮。

辛亥革命推翻清政府，漳州于 1911 年 11 月光复，……1918年漳州人民响应革命先驱孙中山先生护法的号召，成立工务局，开展市政建设。先后着手拆除城墙，扩宽街道，砌筑江堤，开造公路，铺设桥梁，兴办学校，创建公园，辟造机场等，可谓百废俱兴。拆除城墙是项巨大工程，城墙石块主要用来平铺路面与砌筑江堤。

时漳州的交通落后，没有公路与汽车。货物运输靠肩挑、马驮、船运。九龙江是漳州接通临县的主要运输航道。拆城时利用城石在沿城区的江岸砌筑 3 华里长石堤，10 个船只停靠码头，方便货物上下船。一时九龙江舟楫相随，水运一片繁忙。满载山区的粮、木、竹、纸、果等货物的船只，纷纷会集漳州，再由漳州转运外地。与此同时，漳州开始辟建公路运输。先是始兴公司于1918 年募股辟筑漳码公路，因铺桥造路是善举，海外侨胞及漳码绅商都乐意投资，共捐募 5 万银圆。漳州至石码公路于 1920 年春节建成通车。这是福建省第一条公路。因汽车运输业务兴旺，

---

① 施正渊、施斌：《施氏轶事荟萃》，内部资料，1994 年版，第 48 页。

1920 年发展为汀漳龙始兴汽车公司，募款 30 万银元，公路从石
码延伸到海澄、浮宫，并添置二艘轮船，开展漳厦客货联运。后
又辟建漳州至靖城、浦南、江东桥、九龙岭的公路，1921 年辟建
漳州至程溪人力轻便车铁路。水陆交通的建设，有利于漳州与其
他地区的货物交流。还在东门附近设文明集市，加快城乡物资交
流。在市内创办"迎宾大旅馆"，招待来自龙岩、长汀、厦门、
泉州及赣南宁都、瑞金和广东潮汕等地的商客，一时商旅往来频
繁，市场倍加繁荣，经济加快发展。

　　……但好景不长，1920 年以后，军阀混战，国民党腐败政治
日趋严重，鸦片烟毒、赌博、娼妓遍布城区，加上日军封锁，日
机轰炸，漳州民不聊生，外逃、求乞者甚众。①

　　韩真先生在《民国福建军事史》一书前言总结："福建在民国时
期战乱频仍，……辛亥革命以后活跃在闽南与闽北的民军、李厚基、
孙传芳、周荫人等北洋系统的驻闽部队，许崇智、蒋介石等的'援闽
粤军'，闽系海军，何应钦的北伐东路军，张贞、卢兴邦、陈国辉等
地方军阀，中央红军和各地方游击队，十九路军，国民党中央军，解
放军第十兵团等，先后在八闽大地留下了足迹。"② 民国时期漳州因
为比较厚实的农业基础，并与厦门之间保持着良好的商业往来，同时
拥有众多的海外华侨人脉资源，使得其在整个福建的经济地位显得相
当重要，且城市建设在辛亥革命后即开现代化风气之先。即使如此，
其间受战乱荼毒也在所难免。浦头东岗宫关帝小庙的管委会成员依然
记得，20 世纪 20 年代末"闽南王"张贞手下旅长杨逢年率部在浦头
溪西岸一带开辟道路，直接把小庙的后殿给拆了，只剩前殿，让东岗

---

① 中国人民政治协商会议福建省漳州市委员会芗城区委员会文史资料委员会编：《漳州
芗城文史资料·合订本第四卷》（上册），内部印刷，2009 年版，第 2272—2273 页。
② 韩真：《民国福建军事史·前言》，中国言实出版社 2000 年版。

宫一带的社民至今愤愤不平。①

另有地道的浦头人苏宗谢先生晚年在《浦头话沧桑》（1988）一文中的记述，大概能窥见浦头港19世纪二三十年代以来的存在态势，其文撷取如下：

我家住在浦头已经一百多年了，我今年事已高，也亲身目睹浦头六十多年的兴衰变迁，兹将所见所闻介绍于下：

浦头，自宋朝以来属于漳州府治的东厢，东厢管辖十个保，就是文昌、元魁、迎恩、东廊、附凤、岳口、官园、葱园、护满、田霞。（有些地名一直沿用于今）浦头那时算做一个市（市集也），也叫"浦头市"。其范围包括：东至田丰，北至塔后、上厝各乡村，南至后田，西至新行街，其中有盐鱼市、米市、粉街、枕头街、柑仔市等大小街道。……

要说浦头会成为漳州府治的一个商业区，这多亏有个浦头港，也有人称之为浦头渡。从前陆路交通运输很不发达，商业上的货物运输主要靠水路。因此，浦头市才应运而生，成为漳州及远近乡县的商货集散中心，从浦头港可以通往石码、海澄、厦门，再转口广东、台湾、上海、以及东南亚各国。年近八十的林蔡奢老人曾对笔者说过：民国初年，他首次去新加坡，就是从浦头港乘古代的三帆船往石码，转乘大通小火轮去厦门，在大同路华春栈集中，再乘丰平轮前往新加坡的。由此可见漳州商旅往返的途径了。另一位年逾九旬的施老太太说，她做闺女时，从福州远嫁到漳州来，是从南台下船直抵周爷楼，脚没踏过地上，便到婆家了。这样看来，浦头港给漳州的商旅往来提供多大的方便啊。所以说浦头港曾经是漳州商业上货物吞吐的运输孔道，是一

---

① 据2013年8月16日与东岗祖宫管委会苏阿伯的访谈记录。

条商业运输的大动脉，而浦头市则成了漳州水路运输的枢纽，货物的集散码头了。

然而浦头港却是人工开凿而成的，从浦头市的文英楼（俗称"周爷楼"，因为楼上供奉周仓将军，老百姓讹传为"珠仔楼"）起，开挖一条港，通到碧湖村（该村今属于龙海县步文乡），再纳入九龙江的西溪，全长约六华里，那时溪港水深，大小船只都可通航，尤其是涨潮时，南靖、平和的商船和长泰、华安的商船，都可以沿西溪或北溪，经碧湖直驶文英楼的码头，甚至有些小船，还可以从浦头市的石桥头通往教子桥、七星墩、后桥港，抵东湖。……

浦头港货物集散曾有四个码头：周爷楼（即文英楼）码头、米坞码头、大庙前码头和广兴码头。这四个码头上，每天都有上百只商船在这里装卸、进出。有满载外埠的百货、日用品，从厦门、石码来此卸货，有北溪的木材、西溪的米谷、柴碳，东山、漳浦的海产，安海的米粉、番薯等货物，都在这里码头上下。……

从浦头港道新行街，这一带，当年商铺货栈林立，其中以水产、粮食、木材、锡箔、烟草、盐等行业为主。现在仅就我记得的各商号，分述于下，不免有挂一漏万之嫌。

水产行业的商栈多数开设于盐鱼市。有丰昌、长成、东记、吉成、捷成、吉发、协兴、瑞发、坤成、同永源、源成、裕盛、茂昌、正茂等一二十家店号。……

粮食行业大多数开设在粉街、米市一带。经营米谷的商号有春发、合兴、顺发、春元栈、源成、漳记、建成、成记等十多家。……浦头的面线历来遐迩闻名，外销厦门、台湾、香港等埠。1947年，我在台湾任教时，曾经邂逅几位浦头乡亲，都是在那边做面线行业的。

木材行业则开设于浦头岸边一带，有捷发、合发、捷合、兴记、森太、财记、合兴、隆记等家。……随着木材行栈的开设，购买木材的方便，浦头街上制桶、制木屐、制水车的工匠也特多。因此，五十年代手工业社会主义改造时，漳州市的水车、木桶、农具等合作社都设在浦头一带。

盐业的经营者，俗称"盐馆"，是有势力的商号向官府承包来搞专卖的，馆设于朝天宫，漳州城郊居民的食用盐均仰给于此。

此外，浦头街至新行街一带还开设锡箔、烟丝、打绳等行业的商店十多家。锡箔、烟丝、麻绳等货物，大都外销的。石桥头一带还有一处农贸市场，其中有食杂店、干果店、鱼肉摊、饮食摊、蔬菜摊等，每天吸引东门一带以及城里的居民，络绎不绝，前来光顾。

随着外地商贩往来众多，在盐鱼市还开设有两家客栈——高升客栈和攀记客栈，方便过往旅客宿用。

浦头港商业的衰落，是从上世纪三十年代开始的。记得约在抗日战争爆发前几年，浦头港与九龙江汇合处的碧湖村，当地豪霸策动一般农民强行将港口用流沙堵塞了，使过往商船、木排，都必须在碧湖卸下，改由该村船只载运，迫使船主增加运费负担。但是孰料从此造成潮断港浅，航道淤塞，货船、木排只好改道，泊靠在新桥头、洋老洲一带装卸了。于是，鱼行、米市、木材行相继迁移了，漳州的商业区自东向南移，浦头市商业一落千丈，碧湖人弄巧成拙，自作自受。不久抗战军兴，金、厦沦陷，海口封锁，商运中断，市场萧条，商行、货栈只好关闭，昔日繁荣的商业区终于变成萧条、冷落的居民住宅区了。40年代初，日寇进犯广东潮、汕时，大批难民逃难来漳州，浦头空屋特别多，许多难民就在这里赁屋栖身，直到现在浦头一带仍住有不少潮州籍的居民，已落户于此了。七十年代以后，浦头新村的多层住宅楼在此兴建起，便是利用当年浦头市集的废墟为基地的。①

苏宗谢先生以为浦头溪是人工河，这当然不符合漳州地方史志的记载，但是其他的记述则是比较客观真实的。宏观地看，浦头港淤塞的外部因素是社会秩序失控，"船匪河霸"这样的浦头溪两岸村社地头蛇抢占航道经济的"吃路头"行为。而厦门港的萧条、陆路交通的开辟、军阀混战、抗日战争民生凋零、漳州的商业经济在社会动荡中失血太多等内在因素进一步破坏了浦头港航运交通与商业贸易的存在根基。

鉴于浦头港的核心经济命脉为水运经济，不同于常规的陆地商贸节点，笔者从与其航运经济直接挂钩的同期厦门海关报告中，找到了些许相关的佐证。1921年12月31日，厦门海关税务司麻振在《海关报告十年之四（1912—1931）》记述道："由于陈炯明的积极参与，漳州老城被拆除，城墙被毁拆，中国人自行设计、兴建了一座现代化的城市。新城安置了公共澡堂、现代卫生设施、电话、电灯、公园和宽敞的道路，这是令人鼓舞的开端。……社会习俗方面，出现了许多好的变化。……神灵崇拜不像以前那样盛行了。由于无人光顾，许多庙宇倾毁失修。"② 1931年12月31日厦门海关税务司侯札威的《海关报告十年之五（1922—1931）》写道："铁路缺乏，水路不畅以及乡村山陵起伏，土地相对贫瘠，凡此种种都阻碍了厦门与内地的贸易往来。……过去10年来内地的动荡环境，大大增加了商人的困难。"③

---

① 中国人民政治协商会议福建省漳州市委员会芗城区委员会文史资料委员会编：《漳州文史资料第十辑》，内部印刷，1988年版，第130—134页。

② 厦门市志编纂委员会、《厦门海关志》编委会会编：《近代厦门社会经济概况》，鹭江出版社1990年版，第376页。

③ 厦门市志编纂委员会、《厦门海关志》编委会会编：《近代厦门社会经济概况》，鹭江出版社1990年版，第386页。

1941 年 12 月 31 日厦门海关税务司卓尔敦的《海关报告十年之六（1932—1941）》记录："1938 年 5 月，厦门被日本军队占领，实际上，几乎所有的居民都已逃离，大部分逃到古浪屿。贸易完全停顿或转到那些尚可较自由进入内地的地方，如泉州。1938 年后期及 1939 年，人们的信心稍有恢复，与石码和漳州间的有限而不稳定的帆船运输尚得以维持。……到 1939 年后期，战争在欧洲爆发，使已遭受如此灾难的贸易更加恶化了。在这 10 年的最后两年里，情况几乎没有什么改善。"[①] 从这些报告文字中，可以发现，随着辛亥革命的发生，漳州府城还是不可避免开始了近现代化的进程，民国时期新的社会文化生活对传统的民间信仰活动确实有一定的削减作用。但是更重要的是，漳州已经不再是厦门海关税务司眼中连接厦门最重要的内地贸易城市了，甚至用土地贫瘠来形容厦门周边的漳州与泉州，可见漳州的社会经济在 20 世纪二三十年代的情况不容乐观。1937 年抗日战争爆发后，尤其是 1938 年日本占领厦门，漳州与厦门的经济联系几乎断绝，更勿论九龙江与厦门港的航运贸易。而根据浦头港耆老的回忆，浦头港在抗日战争前就衰落不是空穴来风。苏宗谢先生在《浦头话沧桑》一文所述："四十年代初，日寇进犯广东潮、汕时，大批难民逃难来漳州，浦头空屋特别多，许多难民就在这里赁屋栖身，直到现在浦头一带仍住有不少潮州籍的居民，已落户于此了。"显示着到了 20 世纪 40 年代初，整个浦头港因日寇的荼毒，几乎是人去楼空！

中华人民共和国建立初期至改革开放前，国家政策对于港口贸易经济等商品经济内容的长时间段压制，对浦头溪航运贸易的打击同样致命。西溪的"洋老洲"作为浦头港的替代码头，直接坐落在现西溪岸边，并不存在河港淤塞的问题，但在 1949 年中华人民共和国成立后随即迅速消亡，便是明证；与之并行的有"土改""破四旧""文化大革

---

① 厦门市志编纂委员会、《厦门海关志》编委会编：《近代厦门社会经济概况》，鹭江出版社 1990 年版，第 404 页。

命"等政治运动，对于民间信仰整体存在的摧残是全国性的，也是根本性的。浦头港民间诸宫庙在此双重打击下奄奄一息：民间宫庙被挪为他用，神像被烧毁、祀产被没收，信众思想上更被"封建迷信"的官方观念所压抑，日常的祭祀制度因之被废除等，都在浦头港民间诸宫庙中一一上演。

第二节　动荡中的浦头港民间信仰

如前所叙，从鸦片战争到改革开放之前这一长段时间里，浦头港民间信仰宫庙群的存在态势是十分模糊的，在非正常的社会政治经济文化环境下，浦头港的民众为求生存而努力，日常的信仰生活受到了很大的影响，精神需求只能退居其次。哪怕通过深入调研，以及对这一段历史时期所涉及浦头港的有限历史资料进行仔细爬梳，也只能还原浦头港民间宫庙群些许踪影，浦头港民间诸宫庙更多的是悄无声息地湮没在历史长河中。

一　顽强存在的浦头大庙

有清一代，得益于清廷对于关帝信仰的大力宣扬，更因为浦头大庙是浦头港不可动摇的核心宫庙，因此，其存在与发展是可以预见的。从辛亥革命时期新行街施荫棠率农民军光复漳州时曾驻扎浦头大庙来看，浦头大庙应该是在同治三年太平军入漳的浩劫中幸存了下来。但是辛亥革命以后浦头大庙的存在状况并不十分明朗，1995 年浦头信众翻修浦头大庙后，曾立了一块"崇福宫沿革碑"，里中提到了民国时期曾有浦头信众两次翻修了浦头大庙。

……崇福宫俗称浦头大庙，处漳郡东郊浦头交通中心。……迨至民国初颜木治再翻修庙堂，旁室改霞浦小学，辟后花园为操场。抗战期间，苏有能复作维修。解放后，庙作他用。……

民国初期翻修浦头大庙庙堂的颜木治，以及抗日时期苏有能维修浦头大庙这两件事，仅仅留存在浦头人的有限记忆里，具体如何已经被人淡忘。从前，浦头颜氏大多聚居在枕头街杨桃仔埕这一带，根据笔者的调研，颜木治出生在1900年之前，是一位颇有能力的人士，因为在社会环境不太好的情况下，还能带头组织浦头人翻修浦头大庙，不是一般人能做得到的。大庙碑刻所提到的民国初年翻修日期是一个概数，大约在1920年，而非辛亥革命之后的一两年内。颜木治是现今在浦头民间宫庙一系列建设中，比较活跃的颜锡棠的叔叔。与颜木治一起翻修浦头大庙的还有绰号"韭菜神"的蔡姓浦头人，是浦头另一位热心民间宫庙建设活动的蔡源根的叔叔。苏有能是田中央苏氏宗族的成员，一直到1977年过世，其养女阿香今年77岁。苏有能亦是浦头能人之一，中华人民共和国成立前开米店，做过木屐皮生意，当选过民国政府龙溪地方的国民代表，也正因为这个原因，中华人民共和国成立后苏有能被押送到新疆劳改二十九年，最后因病被家人接回来，不久后即过世。其儿子苏阿章，现年70多岁，是现今浦头又一位民间宫庙建设的热心人。①

据漳州地方文史工作者苏宗谢先生于1988年所撰《浦头话沧桑》一文所述，浦头大庙在民国二十年代初曾作为龙溪县第33小学的校址：

……文昌宫，建在后田新村入口处，内祀魁星神像，清代漳州有名的"霞东书院"即设于此。科举废除后，在这里设小学，浦头、新行街一带的学龄儿童均在此就学。至二十年代初期，因学生人数激增，学校才迁址于浦头关帝庙，改为龙溪县第33小学，不久又改名霞东小学，后又改为霞浦初小、霞浦国民学校，

---

① 据2016年11月5日在林亚国家中，与其夫妇的访谈记录。

一直到解放后才改办成完全小学，迁址于文化街，改称霞浦小学。霞浦小学自建校后，几十年来培养造就了不少英才。如厦门大学历史系名教授叶国庆，现任青岛海洋大学校长施正铿及已故知名音乐家施正镐等皆出身于该校。①

民国二十年（1931）发行的《龙溪教育月刊》第 10 期有"龙溪县第一区县立霞浦初级小学校"的记载，说的"霞浦初小"，里中就涉及浦头大庙在当时的存在情景：

龙溪县第一区县立霞浦初级小学校

（1）校址环境及校舍

1 校址及环境：该校设于东浦头庙内。接近郊野，前山水，左侧田园相接，空气尤佳，虽谓城市学校诚为半城半乡之学校。

2 校舍：校舍系假用浦头大庙。单室楼屋一座，面积约七千二百方尺，楼上设教室办公室各一，屋宇腐朽，光线欠佳，楼下教室三间、迎接室（巡察团办公处等附设该屋内）一间。教室三间，除前校长修建者光线充足，稍堪应用外，其他楼梯下一教室，地方狭小，光线黑暗。此外大庙内下廊尚有教室一所，光线不合，且间有闲人杂聚，殊多不便，校之旁边为运动场，地方亦太狭小，惟各部布置尚称适宜。

……

（8）学生方面：

1 学生数：男一百七十六，女十七，合计一百九十三人。

……

（9）批评：

---

① 苏宗谢：《浦头话沧桑》，载中国人民政治协商会议福建省漳州市委员会芗城区委员会文史资料委员会编《漳州文史资料第十辑》，内部印刷，1988 年版，第 125 页。

......

2 体级教室——庙内教室——设在庙内下廊，上课时闲人杂聚围观，且有上庙诵经拜佛，此种情形，难免使上课儿童左顾右视，注意力因而分散，对于教学遗害殊多，应设法迁移。

......

6 办公室在楼上，低年组儿童上楼殊多危险，最好将该室迁设至庙内左廊（须用木板另隔一间）。①

从上述文字来看，浦头大庙的建筑形制还是比较宏大的，毕竟是"平台名将"蓝理主持翻修过，再加上清廷对于关帝信仰的推崇，关帝庙的建筑形制比普通小庙规格要来得高，因此，浦头大庙的建筑面积比较大，附属建筑物也多。民国二十年（1931），霞浦初级小学在不占据浦头大庙主殿的情况下，利用浦头大庙的其他建筑，已经在浦头大庙开展教学活动多年，且一直持续到中华人民共和国成立后，才把霞浦小学迁到与浦头毗邻的凤霞街凤霞玄天上帝庙。据1951年曾在霞浦小学就读过的浦头人蔡源根描述，霞浦小学利用的是浦头大庙左侧的建筑物与庙后的花园空地，一进校园大门就可以看到孙中山像，塑像两边有对联：礼义廉耻，奉公守法。学生一进校，首先就要冲着孙中山像三鞠躬。②

上述文字还显示，1931年浦头大庙的民间信仰活动依然在进行，时有人在庙里诵经拜佛与闲聚，以至于影响到霞浦小学正常的课堂秩序。其时浦头大庙的主建筑物完好，其他附设的建筑物则有些已经腐朽，显示了浦头大庙的管理已经让位于霞浦小学的教学活动，其相应

---

① 徐瑛：《龙溪县第一区县立霞浦初级小学校》，《龙溪教育月刊》1931年第10期，第40—43页。

② 据2015年农历五月十三在探花码土地公庙休息室内，与蔡源根、林亚国的访谈记录。

的民间信仰活动受到一定压制，且这种情况伴随着霞浦小学的教学活动持续了许多年。

在 1932 年 19 路军入闽到 1934 年"福建事变"失败期间，19 路军曾有部队驻扎在浦头大庙一带，现年 80 岁的苏水泉老伯回忆说：

> 社里老人家告诉他，19 路军将士驻扎大庙时，在庙里发现了五虎将之一蓝理的神位碑，有将士恨其投清做汉奸，于是砸断了该碑，并将之扔到浦头溪。等到大庙驻军走后，社里人再也找不到蓝理的神位碑。到了 1959 年，因为天旱，群勇大队社员用抽水机在浦头溪抽水种菜，偶然发现此碑，于是重新将之复原。苏阿伯还记得，1953 年因龙溪专区要建陆军医院（即现在的 175 医院），需要大量木作，浦头大庙一度被十三厂，也就是锯木厂占据，浦头溪满溪面都是用作木作原料的杉木。到了 1966 年全市"破四旧"时，浦头大庙留存下来的三百多年的关帝爷辇轿，因脱漆老旧，被人当柴劈烧了。①

另据林亚国师傅讲述：

> 1966 年"破四旧"时，浦头大庙那尊最大的帝君像以及周仓、关平像被社里人用板车连夜拉走，藏到地属龙海的田中央。一轮到龙海那边搞运动，社里人就把这几尊神像从田中央再请回大庙躲避。几经周折，换了好几个收藏地，最后藏放在田中央某猪栏，因不慎着火，周仓、关平两尊小一点的神像被烧，大尊的帝君像则幸免于难，这还是得到田中央民兵营长苏矮根暗中保护的情况下。1976 年漳州市全市又搞破迷信，浦头大庙留存至今的

---

① 据 2016 年 3 月 27 日在苏水泉老伯家的访谈记录。

最大的帝君像，四个壮汉都抬不动，林师傅因为其小舅子在南坑火车站做搬运工之故，专门邀请南坑火车站四位强壮搬运工把帝君像搬到林师傅其时在圆潭仔尾的住处保护起来。其时林师傅住处狭小，只好在屋子中间用布帘隔开，外间居住，内间供奉关帝公，如此足足藏了十个月。后来很多社里人知道要来拜拜，林师傅觉得不保险，怕帝君像被政府知道毁坏，自己成罪人，因此又请十几个朋友将神像抬到其岳母家二楼藏起来。小尊的周仓与关平像则被其姐夫，即蔡源根藏在其石桥头17号二楼中脊小阁楼上，也是十个月左右。水仙尊王（大禹）则被陆雪云藏在新行街下街。一直到1977年浦头大庙帝君诞辰，也就是农历五月十三，社里才把帝君等神像请回来。林师傅要求社里请锣鼓队把关帝像迎请回来，毕竟避难是权宜之计，迎回来则需要礼仪才显得隆重。其时岳口小学蔡校长（女），虽是后来搬来的浦头住户，但通过帝君前掷筊杯，当选为大庙理事长。[①]

至此，浦头大庙的民间信仰活动才回归比较正常的状态，最大的帝君像也就不用再东躲西藏。

二　命运坎坷的霞东书院文昌宫

清末民初，霞东书院的命运与全国其他社学并无二致。

吕达先生认为："社学这一组织形式到了清代后期，已渐渐变成艺人课艺，绅耆讲睦的场所，……"[②] 霞东书院的历史存在暗合这一发展轨迹。已故漳州曲艺家协会陈松民先生曾撰文描述过辛亥革命前后时期与霞东书院相关的南词活动：

---

① 据2015年农历五月十三在探花码土地公庙边休息室内，与蔡源根、林亚国的访谈记录。
② 吕达：《元、明、清的社学考略》，《上海师范大学学报》1986年第3期。

第四代是儒士、医生、商人加入，其代表人物有杨瑞庵（清末秀才）、高歪（手工艺人）、杨明智（绅士）、郑祝三等，于清光绪二十四年（1898）在市区东门浦头社组建了南词演奏的霞东钧社，杨瑞庵为第一代掌门人。……时于民国年间，是时霞东钧社掌门人颜荣谐先生，组织大家把说唱南词加化妆和表演登台演出，……①

原漳州市文管办文博研究员杨丽华是新时期霞东书院重修工作的重要主持者之一，亦撰文称：

民国初年，秀才杨瑞庵（南词古乐漳州第四代传人）在霞东书院成立霞东钧社南词馆，招收学员，传授南词古乐；抗日战争后起至建国初，书院荒废无人管理。②

郑刚先生总结说："1901 年清政府推行新政改革，光绪帝的一纸诏书，将全国书院改制为新式学堂，全面实施学校教育，使具有一千两百多年的书院制度彻底解体，一瞬间退出了历史舞台。"③ 据漳州地方文史工作者苏宗谢先生于 1988 年撰文所述，霞东书院在清末民初时期的历史存在面貌非常切合前述论断：

……文昌宫，建在后田新村入口处，内祀魁星神像，清代漳州有名的"霞东书院"即设于此。科举废除后，在这里设小学，浦头、新行街一带的学龄儿童均在此就学。至二十年代初期，因

---

① 陈松民：《漳州南词》，《闽台文化交流》2008 年第 2 期。
② 杨丽华：《漳州霞东书院》，《闽南日报》2008 年 9 月 17 日第 B03 版。
③ 郑刚：《民国时期书院研究述评》，《大学教育科学》2011 年第 2 期。

学生人数激增，学校才迁址于浦头关帝庙，改为龙溪县第 33 小学，不久又改名霞东小学，后又改为霞浦初小。……①

　　另外，从民间信仰管理角度看，霞东书院的命运一样不容乐观。从 1913 年 6 月北洋政府颁布《寺院管理暂行规则》，到 1915 年 10 月 26 日颁布《管理寺庙条例》，再到 1928 年 9 月 2 日南京国民政府颁布《寺庙登记条例》，官方加大了对于有主，尤其是无主寺庙宫观的控制，特别是南京国民政府 1928 年 10 月制定的《神祠存废标准》，明确规定"具体而言，伏羲、神农、黄帝、太上老君、元始天尊、三官、风雨雷神、土地神、灶神、岳飞、关帝、吕祖等予以保留；日、月、火、五岳、四渎、龙王、城隍、文昌、财神、送子娘娘、瘟神、赵玄坛、狐仙等神予以废除。"② 该条例把文昌帝君直接列入废除范围之内，对霞东书院的民间信仰这一方面的特质即文昌帝君信仰，打击甚大。

　　霞东书院存在的两大价值即社学与文昌帝君信仰，在清末及民国时期遭受到了双重打击，致使霞东书院陷入无法挽回的颓败境地，外加上抗日战争的摧残，霞东书院在中华人民共和国成立前甚至模糊了原先的信仰对象，据报道人浦头大庙管委会林师傅回忆：

　　　　新中国成立前，霞东书院已因年久失去了书院的本色，成为纯粹的民间宫庙，且完全失去了文昌帝君祭祀的本来面目。因为供奉的神像身着绿装锦袍，十分像漳州府治西南边的圆山琵琶坂康仙祖庙的康仙祖，因此当地信众误认为霞东书院的主祀神为康

　　① 苏宗谢：《浦头话沧桑》，载中国人民政治协商会议福建省漳州市委员会芗城区委员会文史资料委员会编《漳州文史资料第十辑》，内部印刷，1988 年版，第 125 页。
　　② 中国第二历史档案馆：《神祠存废标准》，载《中华民国史档案资料汇编·第 5 辑第 1 编》，江苏古籍出版社 1994 年版。

仙祖,故霞东书院一度被讹称"仙祖庙"。虽然残存的石碑明确记录此是供奉文昌帝君的书院。①

随着清末科举制的废除,自 20 世纪 20 年代初霞浦小学前身从霞东书院迁走至中华人民共和国成立前后,霞东书院虽然没有完全倾颓,但是也已面目全非,社学的功能完全丧失,其正殿祭祀对象也由原来的文昌帝君讹传为漳州西郊圆山岱仙岩康仙祖,其存在的主要价值与信众基础几乎消失殆尽。

由此可见,自清末科举制废除直至 1987 年被漳州市文管办收回这一段时间里,霞东书院与周边其他民间宫庙的命运不太相同,先是祭祀对象神职功能的严重弱化,乃至祭祀对象的讹化,"破四旧"过程中,神像被毁,庙宇被占。改革开放以来,霞东书院也毫不意外的没有得到及时重修,根源就在于当地信众的缺失,也就是说由于历史上地方士绅对于霞东书院的完全掌控,导致了霞东书院在当地的普通信众基础相对薄弱很多。改朝换代过程中或者在社会环境动荡的情况下,霞东书院功能性的缺失,也是霞东书院与其他民间信仰宫庙命运不同的根源所在。

---

① 根据 2013 年 5 月 4 日笔者在浦头社与其时浦头大庙的管理员林来福师傅(浦头社本地人,男,67 岁)的访谈记录,并随后到霞东书院与其管委会人员进行了交流印证,证实确有此事存在。

第五章

改革开放以来浦头港民间
宫庙群的复兴

　　改革开放是浦头人逐渐恢复正常社会生活的另一个起点。原本的公社与大队又改回村镇或街道办事处，居民生活回到正常轨道，思想逐渐解放，经济逐渐复苏，民间信仰活动也开始逐步恢复。从具体的调研可知，在 1995 年之前，局限于浦头地方经济的发展程度，尚无足够的财力来翻建他们的民间宫庙。但是，这一期间，他们为了讨回他们的民间信仰宫庙，做了大量的工作，并对讨回的宫庙进行了一定程度的维修。从 1995 年浦头大庙得到翻新伊始，浦头各个民间信仰宫庙都得到了一定程度的翻新或重建，尤其是 1998 年以来，浦头港同样被纳入具体的城市建设，并掀起了"农转非"的拆迁高潮，浦头港民间宫庙群甚至有过十年内两度重建的经历。浦头港的核心地带也相应设立了浦头社区、悦港社区、桂溪社区、田丰社区，部分村社还并入巷下社区、东门社区、龙文区等，浦头港老居民开始由"有地"农民或市民转变成了"无地"的市民，分散聚居不羁，生活方式也由原来的传统农业、打工和做小本生意纷纷转化成为靠房租、店租，打工以及摆摊做生意为主的市民经济，总体来说，浦头港经济得到了巨大的提升，完成了新转型，不再是以前那种码头港口经济模式，而是进入现代城市的经济生存方式。浦头港民间宫庙群因为此次"城市化"进程，再次重修或被迫拆迁修建，笔者视为改革开放以来浦头港民间宫庙群第二波修建高潮，并出现了一定程度的变迁。

改革开放迄今已经四十余年，浦头港虽然彻底淤积堵塞，但是其原居民始终没有忘记传统社区"浦头港"的历史，他们以各种方式保存着最基本的认知：一是以其残存的四大码头的地理范围——周爷楼（即文英楼）码头、米坞码头、（浦头）大庙前码头、广兴码头，来铭记属于自己社区传统生活的历史与模样；二是以风水地理确定各个民间信仰宫庙位置来还原自己传统社区的方位："虎形风水"——浦头大庙为虎头，周仓爷庙（文英楼）与东岗祖宫（主体为米坞码头上的"关帝小庙"）为双虎爪，面朝浦头溪，构成了浦头港的核心位置；三是以"扒龙舟"、浦头大庙关帝诞辰祭祀、霞东书院文昌帝君诞辰、东岗祖宫关帝诞辰、周仓爷诞辰祭祀等信俗活动来标识浦头港传统社区的外延和内核："扒龙舟"等信俗活动是以现今的浦头港4社区全民参与的6宫庙6龙舟的传统端午节"扒龙舟"比赛，与浦头大庙关帝诞辰祭祀活动一起，有效地标识了浦头港的地理外延与内部认同；东岗祖宫关帝诞辰、周仓爷诞辰祭祀等信俗活动则增强了浦头港各社区内部的认同，从而重构浦头社传统的生命共同体。

按照改革开放以来的社会观念与经济发展节奏，浦头港民间宫庙至少经历了三次兴修：一是改革开放初的简单恢复与重修，限于经济实力的局限，所恢复或重建的民间宫庙很有限，基本都是原样维修，土木结构式原样复建的绝无仅有，最多只能简单的建个小庙权当过渡之需；二是在2000年左右，因为改革开放初所恢复的土木结构的民间宫庙主体已经进入了朽败期，需要更新换代。同时，信众的经济实力得到了比较大的提升，民间信仰观念得到进一步激发，浦头港民间宫庙进入全面翻建的阶段；三是在2000年后，浦头港被纳入"农转非"的城市化进程中，城市改造促使浦头港民间宫庙群被动进行重建或迁建。

第一节 浦头港民间信仰的复苏与发展

一 浦头大庙

土改后，所有的浦头港民间宫庙都被充公，浦头大庙被漳州市第五塑料厂占用做厂房，先后作为冲床与仓库，浦头大庙天井的大石板因此被生生撞碎好几块。因为长期缺乏有效管理与维护，大庙的门、窗、柱子都出现了一定程度的腐蚀朽坏。林亚国师傅的爱人颜阿姨还清楚地记得，浦头大庙被浦头社民从"五塑"讨回来的时候，前殿几个窗户还都是用杉板木皮暂时遮封着。这一幕，对于其时正新婚燕尔的林亚国师傅而言，记忆深刻。林师傅说，浦头大庙被社里讨回来，其实当时"五塑"的领导帮了相当大的忙，因为这位领导也是浦头人。① 砖石木混合的建筑架构使得浦头大庙在漫长的岁月里依然保持坚挺，但是经过社里人的清扫与检校，除了天井那几块大石板破碎，其他木质的建筑构建情况都不是很好。另据蔡源根先生回忆，20 世纪 70 年代漳州下大冰雹，他亲眼见到雷电火花绕着"五塑"的车间闪动，浦头大庙与霞浦小学之间有一棵开着黄白两色花的大芒果树，不幸被这股雷电劈倒，有些大树枝丫倒向浦头大庙，浦头大庙左侧屋顶因此有所受损。② 可是改革开放初，社里人的经济情况都不太好，林亚国夫妇参与了其后好几次小规模的大庙维修行动，他们组织社里人十几块二十块的"拾钱"（募捐），来筹集维修大庙的费用，实际上是凑份子钱，颜阿姨用很生动的话语来形容这段时期大庙的维修工程，即"补破衫"。③ 可见当时处境确实不容乐观，根本没有足够的财力来翻新浦头大庙。

---

① 据笔者于 2015 年 11 月 10 日在林亚国师傅家中的访谈记录。
② 据笔者于 2016 年 6 月 17 日在探花码土地公庙对蔡源根先生的访谈记录。
③ 据笔者于 2015 年 11 月 10 日在林亚国师傅家中的访谈记录。

1986 年，为了更好地管理与组织浦头大庙的祭祀活动，浦头社把浦头大庙的祭祀组织分为四个角落，分别是：（1）帝君庙角，即浦头街、铁板门、盐鱼市、后田仔等为一个角落；（2）石桥头角，即港后、米市仔、石桥头、探花码、王爷庙等为一个角落；（3）祈保亭角（即工人亭）为一个角落；（4）朝天宫角，即东岗、粉街仔与枕头街为一个角落。这四个角落实际上包括了整个浦头社传统的核心区域。通过在浦头大庙帝君座前掷筊杯，从每个角落选出六位理事；同样通过再次掷筊杯的形式，一个角落为单位，其中以得圣杯最多为标准，从这二十四位理事中选出一位理事长，各个角落得圣杯第二多的则为对应负责该角落事务的副理事长；因为理事长和副理事长不能兼任角落的理事，因此，还要从产生理事长的那个角落再递补一位圣杯第三多的为理事。这一正四副，外加其他五位理事，就是现今浦头大庙管理委员会的组织架构，实行一年一换届。这种情况一直到了 1997 年才有了某些改变。1997 年适逢旧城改造加速的时期，在此之前，浦头社几位耆老：杨镇江、郑炳鑫、洪阿忠、林建国、林国连、苏石头、蓝炳松、苏清潭等，因为担心城市拆迁，浦头社的文物会被破坏殆尽，自发成立了浦头文物保护小组，其积极保护社里文物的行为，得到了漳州市文物管理委员会的认可，并于 1997 年 6 月 27 日正式发给了这九位耆老"浦头文物保护小组"工作证件，使得这几位耆老为保护浦头文物的行为师出有名。而以杨镇江为首的这几位耆老也确实保护了浦头不少文物古迹，比如林建国师傅文物保护小组证书上就明确写着其为"浦头大庙、弘一法师卓锡处祈保亭、古码头文英楼周仓爷庙、霞东书院"的文物保护小组成员。在这过程中，最可惜的是建筑宏大、石雕精美的黄姓大宗祠"铁板门"几经努力，还是没有保住，最终"铁板门"的部分建筑构件后来被移到霞东书院的重建中，聊以慰藉这几位耆老爱护社里文物的拳拳之心。1997 年以后，浦头大庙的理事会主动把这九位耆老纳入其中，并作为固定的理事而存在，而其他理事以及正副理事长都是一年换一届的，绝非固定。

经过社里人的努力，浦头大庙于1988年成功申报为漳州第一批文物保护单位。这事激发了浦头人对于社里这座最重要的公家庙的爱护之情，于是，改革开放以来，浦头大庙终于得到了一次规模较大的整修。林亚国师傅保存了一块木质的1989年他们几位社里热心人捐资修缮浦头大庙的芳名匾（图5.1），内容如下：

图5.1　1989年浦头大庙修缮时所立的芳名匾（木质，原在大庙正堂墙上悬挂，后为李亚国师傅所收藏）

时己巳年，本宫蒙信士解囊喜乐捐资，添置中门顶崇福宫龙凤牌匾、正门石刻对联、屏大堵三堵壁雕对联、修整石碑一个。兹将芳名列左：林建国、林亚水、颜子琛、陈亚朝、杨镇江、郑水兰、颜庚生、颜子标、颜子钦、颜锡祐、蔡源根、陈英爪、颜知森、苏清茂、林日春。希各方信士如愿捐献添置请向本宫管理人言明以便安排。

一九八九年蒲月立

　　林师傅作为此次整修最重要的捐资参与者之一，十分清楚此次整修大庙的具体内容。他说，其实匾文还漏写了一项，即大庙正殿前面的两根大龙柱，其中一根石柱顶端木架构已经朽坏，也是此次整修补全的。① 从匾文来看，1989 年这次整修，主要是前殿，也就是浦头大庙的门面，有点整修浦头社门面的意思。林师傅说，几个人很是花了不少钱，具体多少钱，他念叨说可能要看原始记账本，但是始终没有告诉笔者具体额数。② 笔者想，几千块肯定要的，平均下来，一个人至少得捐献几百块。对于 1989 年的工资水平而言，这确实是一笔不小的开销，因此大家才觉得有必要做个芳名匾，一是纪念此事，二是如匾文所记述的那样，先进带动后进，希望有更多的善信来关心大庙。而事实上，在其后不久的大庙翻建中，捐资者源源不绝。匾文的字里行间，还透露着 1989 年浦头社的人力财力还是不足以翻修整个浦头大庙。但是对于浦头大庙的管理与维护，已经进入正常轨道，全面翻新浦头大庙，只等浦头社经济的提升。

　　全面翻修浦头大庙的时机很快就来临了。1995 年浦头大庙大殿中脊因为老旧而突然断折（按传统说法，此事对于浦头大庙的信众来说是并不是一种很好的预兆。——笔者注），以浦头大庙信众四角落，即第一帝君庙角、第二石桥头角、第三祈保亭即工人亭与第四朝天宫角等浦头保各角落以及传统上归属二十七都浦头社/保的诸社，如田丰社、相厝社、笃厚（塔后）社等为基本主体的浦头港信众有了大规模翻新浦头大庙的理由与冲动。并于 1995 年至 1996 年间全面翻修落成了浦头大庙，还扩建了东、西廊厅，具体立有《崇福宫沿革碑》③ 以做详细的记录。

---

　　①　据笔者于 2015 年 11 月 10 日在林亚国师傅家中的访谈记录。

　　②　据笔者于 2015 年 11 月 10 日在林亚国师傅家中做完访谈记录，林师傅当即带我去增福祠土地公庙看牌匾，其间聊到这事。

　　③　该碑文具体可见拙作前文第 74—75 页，这里不再赘录。

1996 年所立的"重修浦头大庙（碑）"（附录二 碑 1）上的捐款数额显示，这次全面翻修扩建浦头大庙的资金总计为 16.2436 万元，与 1989 年浦头信士整修大庙前殿的花费，已经有了天壤之别。其资金来源大概有四类：一是主要依靠收取浦头港浦头大庙周边原居民信众的"份子钱"；二是按照自愿的原则，倡议社里个人捐献；三是浦头港各社里及友好宫庙的捐款；四是少数各方非浦头社的信众的捐资。翻修扩建浦头大庙是改革开放近二十年来，浦头港信众兴修浦头大庙热望的一次大爆发，是浦头社区民众在改革开放近二十年来恢复正常社会生活，并完成一定经济积累而产生的感恩情感，通过全面翻修浦头大庙这一民间信仰载体的一种集体表达。这也是一种源自传统社区居民辐射出来的自发行为，与历史上浦头大庙经历的每一次兴修的信众心理是一致的。因此，在该碑文中，捐资者的人数与捐款额数的点与面显得非常均衡，大家群力群策，共同促成了 1995 年至 1996 年浦头大庙的全面翻修与扩建。此次浦头大庙的翻新与扩建符合改革开放以来漳州民间信仰复兴的周期表现。

在此次大庙全面翻修的工程中，出现了一段小插曲。浦头大庙是市级文物保护单位，因此，此次全面翻修浦头大庙的工程方案先后报到浦头大庙所属地芗城区民宗局以及漳州市文化局文物保护科备案。方案得到批准后，必须严格遵循"修旧如旧"的文物保护原则，邀请有文物修复资质的工程队伍负责此次翻新工程。浦头大庙每一个建筑构件在拆卸过程中都必须按顺序一一标志清楚，以便重建时候再把这些完好的构件装回去，严重损坏的建筑构件则按原样原材质修补完整。因浦头大庙的东西廊厅属于重建，并无原有构件，可能也是为了建筑工程的简便或牢固，1996 年年初次重建东西廊厅时，其屋顶是按照钢筋水泥来设计与制作的，不同于正殿与前殿的杉木加琉璃瓦的结构，结果被市文物保护办公室以不符合文物修复要"修旧如旧"的原则,勒令重新翻建,样式材质一如正殿与前殿。浦头大庙管委会虽然很心疼多出来的建筑费用,但是义无反顾地对东西廊厅进行重拆再建,而且表现十分服气,并表示要积极吸取此次修建教训。

为了增加浦头大庙信仰内容的正统、权威与影响,在此次全面翻修浦头大庙过程中,浦头大庙管委会专门讨论并拟组织信众前往在海峡两岸比较有影响的东山关帝庙进香。此一建议被管委会成员之一林亚国师傅阻止,他的理由是:东山关帝庙是明代建筑,其关帝像头戴帝王之冕,而浦头大庙是宋代建筑物,浦头大庙的关公像穿的是绿袍,头戴绿色巾帻,显然浦头大庙的历史比东山关帝庙的历史要久远,因此进香不宜去东山关帝庙。浦头关帝庙管委会就此在社里广泛的征集进香意见,发现社里耆老九十几岁的林其文先生年轻时候曾参加浦头大庙在民国时期组织社里信众到山西解州关帝祖庙的进香,走路、坐车外加坐船,来回程花了三个多月。因此,浦头大庙管委会立即组织浦头社以及原属于清代浦头保后又分出去的几个社里(如田丰、上厝、塔后等社)比较有威望的社民代表,先去山西解州关帝祖庙探路,并与祖庙建立接洽关系。等到这批代表圆满回程后,紧接着在该年农历五月十三之前,兵分两路,组织社里信众七十几人分别乘坐飞机与火车在河南三门峡会合,而后前往山西运城市解州崇宁殿关帝祖庙谒祖进香。此次进香队伍还在山西解州关帝祖庙里发现了漳州府信众于清初到此进香所捐赠的大铜钟。山西解州关帝庙文物保管所长张洁严代表祖庙颁给了浦头大庙"福建漳州浦头关帝庙系山西解州关帝庙分镇"碑(图5.2),当年浦头大庙理事会即立碑于庙前右侧,其碑(即《解州朝圣碑》①)背后文字详细描述了此次进香的详细过程,以及达成的目的与夙愿。

① 该碑文具体可见拙作前文第76页,这里不再赘录。

图 5.2　浦头大庙"山西解州关帝庙分镇碑"

其后，到了洪阿忠先生做浦头大庙的大头家的时候，浦头大庙理事会在帝君像前掷珓杯，先是祈请十二年到山西祖庙进香一次，不允，后又祈请六年进香一次，圣杯应允，时间定在农历三月末，五月十三之前，遂成定制。

1998 年，浦头大庙利用庙前左侧剩余的地皮建筑了一栋三层楼高的龙武堂，作用如下：一是充分利用地产，以防被无端占用；二是围筑左手龙砂端风水之用；三是作为庙里的恒产，出租所得租金作为浦头大庙的日常香火之费，一举三得。所获得的捐款同样来自浦头大庙的核心信众群，这些人大多数在两年前重修浦头大庙时捐过款，龙虎堂一楼侧面立有"募建龙虎堂功德榜"（附录二　碑 2），可做佐证。

二　霞东书院的复兴

1949 年中华人民共和国成立后的"破四旧"期间，霞东书院神像亦被拆除。"文化大革命"期间，霞东书院一度被当地群勇生产大队占为仓库之用。1987 年霞东书院被漳州市文管办收回，可惜只剩大殿，主要是"霞东钧社南词古乐队"在此活动。霞东书院于 1988 年被列入漳州市首批文物保护单位。不同于其所在地浦头保其他民间宫庙各自有非常明确与固定的本地社民信众，霞东书院历史上作为官方的社学，在 1949 年中华人民共和国成立前后时期即成了无主的民间破殿。后来，大殿部分空间又被社民趁机占做工厂制造木棍，大量木刨花的积攒与缺乏管理，导致了白蚁蛀空了大殿的木料。1994 年中柱塌断，1997 年霞东书院大殿彻底倒塌。

霞东书院倒塌六年中，浦头保当地的文保组组长杨镇江先生四处奔波呼吁，可惜劝募未果。事情的转机来自民营企业家戚毅川及其母庄亚琛的捐资，他们捐资 30 多万元人民币于 2003 年重修了霞东书院，戚毅川亲任董事长执行此项修复工程。资助这次兴修工程的庄女士，被誉为当代漳州市个人独资修缮文物古迹第一人。①

由此，也折射了新时期霞东书院信众基础缺乏所导致的艰难处境。兹有新时期霞东书院得以重修时所立的碑刻，可以回顾新时期这一段历史。

重修霞东书院碑记

书院沿革古碑已有详载，兹不赘述。解放后，百废待举，该院沦为工场仓库，神器摆设毁坏殆尽。该院自道光元年重修，时隔百余年，毁坏殊甚。九四年夏，后进中柱折断，突然塌地，颓垣断瓦，横杂成堆。经市文管办稍为修葺，搭盖竹棚得以保存。后进部分作为南词曲馆之所，但院貌仍甚破烂不堪。经当地文保组组长杨镇江积极劝募，未有效果。幸蒙企业家戚毅川先生暨令慈庄阿琛热心公益事业，慷慨捐资巨金，独资修建。亦请示市文管办领导杨丽华同意，利用浦头街铁板门拆迁之股构件制成材，添建不无稍补。现书院恢复原貌，使昔福建提督蓝理斥资建院造福阎间之用心得以再现，实属功德无量。慈庄阿琛一家义举，公尔忘私，神明共感，遐迩同颂。蓝公理富贵不忘本，造福桑梓，

---

① 根据 2013 年 5 月 4 日笔者在霞东书院与苏姓管理人员的访谈记录。

民怀其德，特塑其金身祀奉香火，尊为人神。为善必彰，理所当然。今勒石留念，使后代子孙知所钦敬。

里人颜知森谨识　杨阿聪敬书

书院修缮工程指挥杨丽华

董事长戚毅川

副董事长戚大明

理事长杨镇江

副理事长苏宜　郑炳裕

理事黄松　苏龙根　蔡添福　陆胜利

公元二〇〇三年岁次癸未仲冬谷旦立

改革开放后，霞东书院是浦头社最晚进行大规模修建的民间宫庙，其修建走的依然是传统"官方倡导、民间跟进"的捐资方式。2003 年霞东书院修复后，才恢复原有的文昌帝君信仰。

四川梓潼进香碑记（图 5.3）

霞东书院，原祀文昌，久年失掌，院貌非然，神像甚废。幸蒙戚家慷慨解囊，独资再次修建。岁次癸未桐月初八报土动工，年菊月竣工。修葺之中，众所论议，需重塑神像，旧貌新颜。即议选戚毅川，杨镇江，李少伦等三人，前往帝乡祖庭联系，谒香取经。庆典就序，即组人员，南词乐队、艺校师生艺馆领导、随行记者、热心信士，共集二十六人。香旗香担，香袋齐备，沐浴更衣，乔装礼服，整队有序，香烛拜敬，绕院一周，以表团圆，鸣锣响鼓，乡亲送行，阳月初七，乘列启程。另从搭机初九夜绵阳市会合。次日乘车前往祖庭进香谒祖，叩礼参拜。董事长戚毅川行敬旗礼，主持史有凯礼接香旗，香众响应，掌声不绝。南词古韵，洞经圣乐，交换回响，古典雅乐，

图 5.3　霞东书院"四川梓潼进香碑记"

优美动听，以情达意，甜圆有味，互送曲谱，诚意长存，热心款待，诚情设宴，感慨万分，深表谢意，有情相待，三载重逢，欢言喜语，难以忘怀，依依惜别，思顾旧恋。此行谒祖，实属首创。从属分镇吾省榜首。文昌文化，得以奉扬，文人雅士，加深敬仰，帝君灵应，香烟鼎盛，学子雅士，供奉日益。望昔旧容，书院焕然，文运昌盛，文臻晋萃，百出人才，云汉天章，独占鳌头，敦促后人，承继发扬。

进香人员：

领队：戚毅川 杨镇江 执旗：苏清潭 香担：苏龙根 苏宜 郑炳裕 黄松 陈有龙 蒋亚明 苏跃东 陈松明 蔡苏伟 李少伦 戚毅敏 陆平 陆胜利 林晚霞 刘丽英 黄瑞卿 黄秀云 陈溅 柳晓燕 刘明梅 林艳梅 黄文静 王婷

在院管护人员：苏施根 许亚东 蔡添福 石锦厚 苏福榕 陈大榕 蔡锦波 颜亚泉 黄铭琼 陈小溪 陈阿阔 杨港泉 洪溪河

二〇〇三年岁次癸未年孟冬月立

霞东书院诸多文物与相关文献记载证明了其历史价值，漳州市文管办的重视与宣传，以及民营企业家的资助，顺利恢复了霞东书院文昌帝君的祭祀香火。为了确保重新恢复的霞东书院文昌帝君祭祀的权威性，霞东书院管委会在重建霞东书院的过程中，特地决定到文昌帝君的祖庙——四川梓潼文昌帝君庙去谒祖进香，以传统"刈香"的形式保证霞东书院文昌帝君的香火正统性，并从文昌帝君祖庙请来由"四川梓潼县文昌宫管委会"颁发的"福建漳州霞东书院文昌帝君系四川七曲山文昌祖庭福建第一分镇"的认证名分。于二〇〇三年岁次癸未年孟冬月霞东书院管委会在庙前右侧立了此镇碑，同时立了上述的《四川梓潼进香碑记》的石碑。紧接着，霞东书院 2003 年重建落成后在漳州市文管办与民间企业家的共同合作下，积极申报省级文物保护单位，并于 2005 年顺利列入福建省文物保护单位，并立了相应的石碑。

霞东书院于 2000 年左右的复兴与定位，最终回到文昌帝君祭祀的传统上来。虽然其被建设为纯粹的民间宫庙，完全丧失传统社学的功能，但是仍与教育考试紧密相关。文昌帝君主管文运，是历史上科举考试祈愿的主要神祇对象，改革开放后涌现的中考热、高考热、考研热以及教师招考、公务员考试热等，实际上与传统科举考试并无二致，都是青年人晋升主流社会的敲门砖式考试，作为民间信仰的文昌帝君能很好地满足了普通大众的这一诉求。霞东书院管理层充分利用这一历史资源，并加以挖掘，比如仿照四川七曲山梓潼县文昌宫祖庙一些成熟的祭祀仪式细节，在倡导信众供奉香、烛、纸元宝等必备的祭祀物品外，还要求携带"葱、芹、红萝卜、包子、糕点、粽子"①等供品前来祭祀，这种成本小，又寓意着美好祝愿内涵的供品受到了信众的热烈欢迎，一时间蔚然成风（图5.4）。霞东书院还在每年高

图5.4　霞东书院供桌上摆放的寓意"聪明勤学、包高中、好彩头"的供品（葱、芹菜、包子、发糕、粽子、红萝卜）

---

① 闽南话谐音，寓意："聪明、勤学、好彩头（好菜头）、考试包（高）中。"

图 5.5　霞东书院 2014 年农历五月初四举行高考祈愿"做大敬"现场

考与中考前夕做"敬恩师法会参加高（中）考做大敬"（图 5.5），
外加年底"谢平安法会"与年初"二月初三文昌帝君诞辰暨求龟庆
典"，充分满足了一年四季信众的诸多需求，也为自身香火的旺盛打
下了坚实的基础。事实证明，2000 年以来，霞东书院是浦头保民间
宫庙群香火最旺盛的宫庙之一。

　　2000 年前后，霞东书院的复兴与发展，仿佛回到了清代时期的发
展高峰期。同样是地方精英人物的提倡重修，此次重修的关键人物杨
丽华研究员，身兼漳州市文管办主任，主要捐资人戚毅川先生则为当
地成功企业家。重修后霞东书院虽然是纯粹的民间宫庙，但其祭祀的
神灵仍是其历史上一直供奉的文昌帝君，其功能因与当前官方教育密
不可分，由此重新焕发出旺盛的生命力（图 5.6）。

图 5.6　霞东书院大殿两侧墙上（此为右墙）挂满历年学子中、高考前来祈愿与还愿所敬献的绸带与锦旗

三　文英楼周仓爷庙的翻修

从下面这张 1978 年浦头港端午节"扒龙舟"的相片（图 5.7）来看，文英楼周仓爷庙建筑形制并不大，在当时保留相对完整，1980年年初被群勇大队十一、十二小队的社民（即盐鱼市这一带的浦头社民）收回，简单维修后，恢复了周仓爷的祭祀活动，并在 1988 年被列入漳州市第一批文物保护单位。1994 年，文英楼进行了第一次大修，并先后留下了三块碑刻，分别为《重建定潮楼又名文英楼捐献芳名于左》（附录二　碑 3）、《捐献供奉观世音菩萨金身圣像宝座》（附录二　碑 4）与《重建龙舟寮》（附录二　碑 5），这是新时期文英楼周仓爷庙以浦头群勇十一、十二小队社民为主体的信众全面恢复自己传统社区生活的一次尝试。

图 5.7　1978 年浦头港举行"扒龙舟"一幕（岸边二层楼即文英楼周仓爷庙，老榕树也还在）

资料来源：百度百科"定潮楼"词条"历史照片"。

　　1988 年文英楼周仓爷庙作为定潮楼古码头的重要组成部分，其诸多的清代碑刻等文物，使得其同样被列入漳州市第一批文物保护单位。1994 年文英楼的大修，动因与其后两年浦头大庙的大修几乎是一致的：经过近二十年的酝酿，文英楼信众小有积蓄，再加上文英楼石木结构中木头的朽败，于是有必要进行大修。只不过，如今的文英楼周仓爷庙完完全全是浦头的一个角落庙，不但无法再从昔日兴盛的定潮楼古码头经济得到襄助，其信众的指向性也更加集中和狭窄，其建筑规模也相对较小，兴修所需的财力与人力也会更小一些，重修工程所涉及捐款人的范围相对来说也会较小。

　　此次翻修的捐资人是文英楼改革开放近二十年来的核心信众群，仍然以文英楼所在传统社区的社民为主，其中最大的特点就是商户所占比例的急剧减少。从中也可以发现，浦头港"定潮楼码头"经济与商业街确实衰落殆尽，这就意味着浦头港码头经济的彻底衰落。另一个特点就是知识分子在其中扮演的角色几乎没有得到体现，这么大型的兴修，所竖立的翻修纪念碑只是纯粹的芳名碑，没有传统碑刻那种充满了文人气息的历史记述。由此可见，浦头港口经济的没落，也导致了这一角落文化事业的紧缩，文英楼周仓爷庙被还原成更加纯粹的角落性的民间宫庙。

另外，1994 年所立的《捐献供奉观世音菩萨金身圣像宝座》捐资芳名碑，显示了观世音菩萨虽然是文英楼周仓爷庙的主祀神义勇将军左边的陪祀神祇，但是这次专门重塑观世音菩萨的金身与宝座，显示了观世音菩萨在周仓爷庙中地位与影响力的提升。随此次观世音菩萨金身与宝座重塑的还有"点平安灯"灯架的具体建筑，这是仿照佛教"点千佛灯"的举措，既满足信众祈愿消灾，又能增加宫庙香油钱。笔者现场调研发现，在周仓爷庙每年许愿长点一盏"平安灯"人均价格是 120 元，因为实现了用电灯替代传统的油灯，两面墙密密麻麻亮着近两百盏佛灯。其中 3/4 都标有人名，可见颇有市场。以 2012 年为例，一共有 133 人许愿了"平安灯"，此项油香钱收入合计 15960 元。这也是文英楼周仓爷庙在新时期信仰内容产生转变的表现之一。

文英楼龙船寮的兴建，是文英楼周仓爷庙所代表的浦头港盐鱼市这一带的社民参加浦头港一年一度最盛大的集体民俗活动即端午节"扒龙舟"所必须准备的举措。《新建龙舟寮》芳名碑显示：新造龙舟与搭建置放龙舟的龙舟寮所费不菲，既是文英楼周仓爷庙所在社里角落社民集体认同的体现，也是浦头港的传统码头经济生活的历史记忆和重温，在某种意义上也代表了浦头港原居民回归传统社区生活的一种方式。

四　处境艰难的祈保亭

民国后期，祈保亭曾因弘一法师一度卓锡其中而著名（图 5.8）。

图 5.8 现今祈保亭供奉的"弘一法师"的神像（前）

与弘一法师渊源颇深的浦头新行街上街施家子弟施正渊先生在其《弘一法师在漳州》一书中写道：

1938 年 6 月 7 日（农历五月初十日），应漳州浦头诸寺庙"尊元经楼念佛会"的邀请，弘一法师卓锡在施家附近的浦头祈保亭观音庙后楼边房。

祈保亭为三进小庙，始建于明代，清代经过重修。进门殿与左右两廊带小天井，门殿石柱上有以"祈保"二字为藏头诗：

有祈必安座上慈云绕，所保皆吉亭中法界新。（如今二方石柱楹联已移往弘一法师纪念馆新址法因寺）

中殿奉供男相有须髯的观世音菩萨，观音有多种面相呈现民间，除男相外，多以慈眉善目的女相呈现于人们。第三进为一厅抱二房且带楼上。

漳州浦头民众常读"祈保亭"为"猪母亭"——（闽南语读音），该庙是漳州唯一的"男相有须髯"观音，故而信众多，香火盛。

法师卓锡后，以"祈保"二字谐音，巧改庙名为"七宝寺"，纠正误读，且顺佛家有七宝之意。尊元经楼念佛会立刻派人制成木匾额悬挂寺门之上（该匾后毁于"文化大革命"当中）。……

解放后，七宝寺被改为霞浦街居民委员会，改革开放后，经政协提案，于1988年被漳州市人民政府正式定为"弘一法师卓锡处"（考虑弘一法师另一卓锡处梅园尊元经楼被改为霞浦小学，日后归还难度相对较大），并立牌加以保护。

旧城改造时，原七宝寺被拆除。如今经浦头社里信众集资，在七宝寺原址附近不远的地方，重修起规模不是很大、约十多平方米的小庙，仍然沿用弘一法师改名后的"七宝寺"。

……（1938年）七宝寺平时并无"常住"和尚，法事与净慧的斋饭均由施家打理。①

现今的祈保亭的门楣上依然悬挂着本社子弟敬献的仿弘一法师所撰的寺名牌匾与一副楹联（图5.9），证明祈保亭社里人以弘一法师卓锡其中而骄傲，也显示了弘一法师对此卓锡地感情深厚。

1. 祈保亭寺名牌匾：七宝寺
2. 庙门楹联：
不为自己求安乐（佛历二五四七年荔月旦）

---

① 施正渊：《弘一法师在漳州》，香港天马出版有限公司2004年版，第32—33页。

图 5.9   现今祈保亭正门及弘一法师所撰"七宝寺"与对联

但愿众生得离苦（弘一法师句/李宝文敬献）

据现祈保亭管委会理事长周来凤女士回忆：听老一辈人说，解放前因祈保亭地处闹市，妇女云集，祈保亭主持一般在这里都待不久。新中国成立后，祈保亭一名昵称"阿花"的妇女的胡须外公名"元正"，曾在这里担任庙公，管理祈保亭。① "破四旧"后，祈保

---

① 据笔者于 2016 年 10 月 11 日早上七点钟在祈保亭观音佛祖庙对以该庙管委会理事长周来凤女士为首的十来位祈保亭女善信的访谈记录。

亭因为建筑完好且宽敞，被霞浦街居民委员会收归为办公场所。

　　1988年6月，祈保亭被漳州市人民政府定为"弘一法师卓锡处"保护单位，并在祈保亭外立石牌明示此事。此事对于祈保亭社民触动甚大。于是，以周来凤女士为代表的祈保亭一百多户社民以没有自己社庙可以祭拜为由，积极向巷口街道巷口居委会办事处（霞浦街居民委员会的改称）讨要祈保亭原庙，以恢复祈保亭观音菩萨的祭祀活动。但是办事处以没有办公场地为借口，不肯白白退出祈保亭。双方几度争辩，周女士等五位祈保亭社民上访都要不回祈保亭，甚至被其时居委会领导恐吓要抓其监禁。鉴于办事处确实没有新的办公场所可以腾挪，周女士天真地以为，只要为办事处提供新的办公场地，就可以要回祈保亭。于是周女士带头召集社里人，号召每户出100元或120元，在祈保亭附近空地上建起了上下两层、每层125平方米总共250平方米的楼房，拟向巷口居委会办事处置换祈保亭原庙。办事处却以该房产无产权手续为由，拒绝置换。周女士无计可施，始终无法解决这个问题，只好向办事处退赔新建楼房的集资钱，以了结此事，这回倒是得到了解决。以周女士为代表的祈保亭社民并不甘心祈保亭观音菩萨的祭祀活动从此断绝，因此众议决定，每年以供奉祈保亭观音菩萨的12位头家为单位，在家腾地轮流供奉祈保亭观音菩萨。轮到周来凤女士家供奉祈保亭观音菩萨的时候，因为每天到家里来祭拜的社里人很多，其儿子洪仔忠觉得不妥当，于是拿出2000元人民币，劝说他母亲召集社里人觅地重建祭祀祈保亭观音菩萨的地方。刚好社里人陈桃有一块长着一棵龙眼树的空地，约13平方米，愿意献出来建设祈保亭观音菩萨庙。1990年，社里人终于在该地块建起一间小庙，用以祭祀祈保亭观音菩萨。① 在2003年拆迁重建祈保亭观音菩萨庙宇时所立的捐资芳名碑上，特地附上了1990年年初重建祭祀祈保

---

　　① 据笔者于2016年10月11日早上七点钟在祈保亭观音佛祖庙对以该庙管委会理事长周来凤女士为首的十来位祈保亭女善信的访谈记录。

亭观音菩萨小庙的具体执行者名单，以纪念这些先行者的功劳：

> 公元一九九〇年（庚午年九月初四）祈保亭观音佛祖尪会
> 成立。
>
> 会首：周来凤；会副：游毅勇
>
> 会员：黄港龙、郑清根、高天仁、杨镇强、张宝国、张亚
> 彩、吴亚花、郑港水、吴玉珊、郑翠燕

1998年适逢芗城区旧城改造，祈保亭原庙被漳州市佛教协会出面接收。巷口居委会办事处顺势将祈保亭原庙作价15万元人民币转让给了南山寺主持，而南山寺主持又把这块地以115万元人民币的价格卖给了开发此地的悦华房地产商，并以建设"弘一法师纪念馆"的名义在浦头溪边即霞东书院左侧买地建起宏伟的"法因寺"，也叫"弘一法师纪念馆"。① 祈保亭的社民只好以1990年建的小庙为拆迁置换面积，于2003年在祈保亭原址前200米处集众建起了现在这间约40平方米的新祈保亭，立有捐资芳名碑以供纪念（附录二 碑6）。

2006年，祈保亭社民深感40平方米的祈保亭新庙面积实在无法满足社里人日常的祭祀活动，尤其遇到祈保亭九月十九观音菩萨出家日等神诞节日，人山人海，祭祀用地捉襟见肘，因此准备扩建庙的前庭，可又苦于财力有限，无法顺利实施。2000年左右，南山寺主持和尚倡建"弘一法师纪念馆"，本拟购买其时业已颓败的霞东书院的地皮以供建设，遭到了以杨镇江为代表的浦头文物保护小组、"浦头南词古钧社"成员及部分浦头社民的强烈反对，于是"弘一法师纪念馆"只好在霞东书院的左侧觅地兴建。2001年奠基

---

① 此事在浦头港一带广泛流传，在笔者的访谈记录中不止一次出现关于此事的前因后果。

建成的"弘一法师纪念馆"又名"法因寺"，与重建后的霞东书院仅仅隔着一道不到一米的小巷，两者之间的梁子也就此结下。对于凭空出现在浦头溪西岸边的纯佛教庙宇"法因寺"，浦头社民深感突兀，并不因为其为"弘一法师纪念馆"而主动接收这座与自己日常生活迥异的宫庙。霞东书院管委会因"法因寺"觅地兴建时有趁火打劫之嫌，对于"法因寺"更无好感。霞东书院左侧所立的"2005 年福建省文物保护单位碑"碑后文字就是为了预防法因寺侵占其地皮，具体如下：

正面：福建省文物保护单位

霞东书院

福建省人民政府二〇〇五年三月（公布）二〇〇五年九月

（立碑）

背面：闽政 2005〔164〕号文规定，第六批省级文物保护单位霞东书院保护范围：

南至前殿前檐滴水位起 10 米内；

北至后殿滴水位起 10 米内；

东至弘一法师纪念馆后山墙滴水位；

西至丹霞园游泳池围墙。

福建省人民政府二〇〇五年五月十一日公布

二〇〇五年九月立

此时，霞东书院管委会听闻祈保亭角落社民拟扩建祈保亭的前庭，于是积极伸出援手，并有多达 15 位的霞东书院管委会成员出面，代表霞东书院向祈保亭佛祖尫会捐资 10 万元人民币。2006 年祈保亭所立"七宝寺扩建捐资芳名功德碑"记载了此事：

七宝寺扩建捐资芳名功德碑

霞东书院文昌宫拾万元

戚毅川　蔡苏伟　严振南　郑荣兴　蒋荣兴　蒋亚明　苏龙
根　颜清泉　陆平　苏宜　颜振博　陈有龙　杨明德　杨煌伟
纪玉赐。

郑阿勇　壹万贰千元　颜志明　戚璐倩　壹万元　洪仔忠
郑文聪　捌仟元　陈炳辉　陆仟元　周来凤　郑慧娇　陈丽英
黄金发　林阿琴　陈旺根　肆仟元　洪再旺　叁仟元　林玉碳
贰仟捌佰元　林翠娥　贰仟伍佰元　林建设　贰仟伍佰元　颜志
勇　颜志敏　颜美石羡　陆雪云　郑阿贞　蔡国章　谢志亮　郭
大鹏　黄昊　贰仟元

……（下略）

祈保亭佛祖旌会会首周起凤女士谈及此事，对于同是浦头兄弟宫庙的霞东书院对于祈保亭的支持，依然深表感激。

第二节　城市化进程中的浦头港民间信仰

2000 年以来，除了霞东书院没有经历过大的变动，浦头港其他民间宫庙皆有被动的变化，其最大原因来自城市改造与房地产建设的刺激。在此期间，浦头港整体居民陆续完成"农转非"的过程，社区整体被纳入漳州市区的城市建设中。此阶段城市化建设速度迅猛，浦头港两岸首先被市政府城市建设改造，迎接即将来到的房地产建设热潮。其改造的结果是浦头溪两端彻底被堵塞，溪面由一百多米被压缩为三十米；浦头港端午节"扒龙舟"集体性习俗被迫中止五年，至 2006 年才恢复；浦头港民间宫庙群原来就在浦头溪溪边或港边，地势低洼，随着城市改造的进行，路基的填高，浦头港宫庙群的宫庙位置显得更加的低洼，平均低于路基半米以上，平时尘土飞扬，下雨天则积水漫庙，其中浦头大庙、文英楼与增福祠受此影响最大。另外，这期间，芗城区房地产建设也进入高潮，除文英楼外，浦头大庙、增福祠、东岗祖宫、探花码土地公庙、慈祥公妈祖庙、文浦亭有应公庙、管仔顶保生大帝庙、合美宫王爷庙庙址或地皮都受到波及，与之对应的就是香格里拉楼盘的建设，导致了上述宫庙的抬升与迁建。

一 浦头港浦头大庙的抬升

此次浦头大庙的抬升与时地处低洼的形势有直接的关系。浦头大庙后本是一处花园，虽然在民国时期就被霞浦小学占用为操场，但仍与浦头大庙息息相关。且浦头大庙是浦头港的主庙，其在整个浦头保的影响力很强，因此，此次抬升工程，负责香格里拉楼盘建设的悦华集团为之大力赞助。浦头大庙因势抬升，修旧如旧，十分和谐地融入周边建设新环境，有着开阔的庙前大埕、左右拜亭、左侧厢房一栋与龙虎堂武馆一座，提升了自身的完备程度（图5.10）。因此竖立了《漳州浦头崇福宫关帝庙碑记》（如下）加以阐述此次抬升的事由经过，并立有《助建浦头大庙捐资功德立碑》（附录二　碑7）与《浦头社淑女捐资芳名功德碑》（附录二　碑8）两块碑刻以对善男信女的乐捐助建加以表扬与纪念。

漳州浦头崇福宫关帝庙碑记

漳州浦头关帝庙，地处漳郡东郊浦头港北岸边，交通便捷，庙坐北朝南，始建于宋孝宗淳熙十四年岁次丁未年，宫庙面积约三百多平方米，庙埕一百多平方米，本宫内奉祀关圣帝君至尊。

漳州自唐朝建立郡制，古城区浦头关帝庙既有重点宫庙之一宗教信仰，也有重要地位，具有源远流长的宗教文化内涵及典故，是古今保护完善的文物遗产。

图5.10　抬升后的浦头大庙

历经百年沧桑，多次修缮。据记载，清康熙乙亥年由蓝理公答神恩募缘扩建浦头关帝庙。改革开放后，社里信士募资重修宫庙，于一九八八年六月十日列为第一批市级文物保护单位。

一九九八年，因城市规划改造，地势涨高，崇福官成为低洼地，每次大雨，积水遭涝，为保护文物遗产，信众自愿募资，组织理事会筹建处，向市文物管理委员会申请重修建。经批准，二〇〇七年年底，原拆原建，抬升地面一米七三公分，保持古色古香。于二〇〇八年孟冬落成，官庙焕然一新。特立此碑记，昭示后人。

漳州市浦头社理事会筹建处　公元二〇〇八戊子年孟冬立

据笔者调研，这次浦头大庙抬升不再按户收取丁口钱，而是按照自愿捐献的原则进行，然而此次抬升的捐款人数与钱额数目比1996年那次重修有了质的飞跃，也证明了浦头大庙香火的兴旺与影响力。浦头港原居民在城市化进程中，经济实力也都获得了巨大提升。此次捐款名单仍然以 1996 年捐资人的班底为主要组成部分，多出来的许多新人则是他们成长起来的子孙。浦头大庙周围也有几家商家也进行了捐款，但是数量绝少，可见，浦头港原有码头经济消失殆尽，浦头大庙被还原为纯粹的民间信仰宫庙，不再附属有古码头那种固有的经济地位。

值得注意的是，此次宫庙的捐资人还涌现了一批浦头社女性，她们基本都是浦头社嫁出去的女儿或娶进来的媳妇。浦头社的女性嫁出去后都有义务回来给浦头大庙"点香"添油香钱，而嫁到浦头社的媳妇们，熬成婆婆后，则在浦头大庙日常管理与祭祀活动中占有不可忽视的作用。据"2012 年五月十三日（浦头大庙）关帝诞辰捐献寿款芳名单"（如下）可知，女性信众在此次浦头大庙五月十三诞辰捐款人数上占一半以上，由此可见一斑。

2012 年五月十三日关帝诞辰善男信女捐献寿款

郑丽华　800 元（女）　颜志铭　500 元　每位 200 元　严振南　陈全治　黄阿宝（女）　吴阿玉（女）　陈丽卿（女）　陆雪云（女）　陈阿彩（女）　吴志强　王阿琴（女）　陈仔条（女）　叶庆弟（女）　林丽芬（女）　施昭容（女）　郑慧娇（女）　陈林旭　林来福　洪仔忠　洪仔全　洪碧缎（女）　郑阿勇　郑阿真（女）　黄阿美（女）　石瑞梅（女）　兰莉苹（女）　苏锦钟　赵阿惠（女）　苏亚碤（女）　谢小平　黄景升　陈红桃（女）　董阿乡（女）　方羡（女）　张丽君（女）　郑炳鑫　余琮　纪玉来　傅秀英（女）　叶向阳　陆古松　陆亨通　陆宏俊　赵清伟　李茂华　杨文照　郭爱军　苏荣勇　吴宝秀（女）　吴宝珍（女）　吴振贤　吴少华　林维水　陈益藤　谢俊洮　林阿琴（女）　郑瑞贞（女）　林建国　林小凤（女）　林宝熔　黄琳蔚（女）1/2（即 100 元）　邹玲美（女）1/2（即 100 元）　陈英爪（女）　黄锦钟　纪阿海　张阿春（女）　范阿惠（女）　陈永源　叶丽彬（女）　杨彩凤

（女） 叶永昌 陈丽贞（女） 游美华（女） 洪小玲（女） 林玉羡（女） 蔡明江 王扁红（女） 吴阿福 陈少明 宋碧珠（女） 郑珊（女） 陈聪明 苏石头 苏毅 洪仔河 林翠娥（女） 林美丽（女） 游碧玉（女） 林志民 林祥祥 蔡元根

二 文英楼的抬升

文英楼抬升的首要原因就是城市建设（图 5.11）。浦头港两岸堤岸道路的铺设，远远高过于文英楼的地基，文英楼一楼有一半都在路面以下，信众、社民进出不方便，风水也完全被遮挡。另外因地处低洼的缘故，文英楼同样面临着晴天灰尘飞扬，一下雨就浸水的困境。因为距离马路太近，文英楼的处境比浦头大庙更窘迫。此次抬升距离前一次大修过去了十几年，文英楼信众同样在这十几年的经济发展中获益匪浅，因此也有经济实力与心理准备进行此次抬升工程。

2009 年年底因此树立的《文英楼抬升捐资芳名碑》（附录二碑 9）显示，相比较上一次的重修，其捐资人依然是此次文英楼抬升工程的捐资人主要组成部分，据笔者初步统计，此次抬升工程捐资 1000 元以上的就有 105 人，其中 30 人（加粗斜体字的捐资者姓名，笔者注）也是文英楼上一次重修的捐款人，其占到此次抬升工程千元以上捐款者总人数的 28.5% 左右，显示着文英楼的信众与社民在城市化进程中分散的范围并非很大。另据 2013 年文英楼庙管人员吴师傅介绍，这份捐款者芳名碑中其实隐含着许多浦头保传统社区自 2000 年以来陆续致富了的信众，以及上一次文英楼重修捐款者衍生出来的许多新家庭成员。① 另外，上述捐款芳名碑引人注意的是霞东书院与增福祠对文英楼的友情捐助，

---

① 据笔者于 2013 年 1 月 25 日在文英楼周仓爷庙对吴师傅的访谈记录。

显示了浦头港民间宫庙之间密切的往来关系，从两者捐款悬殊的数额来看，也可以窥见霞东书院香火的兴旺。

图 5.11 抬升后的文英楼周仓爷庙

文英楼也充分利用原庙侧边的空隙地，修建了新的侧室庙堂，以满足日常祭祀活动之需，笔者根据文英楼一楼左侧碑刻"文英楼兴建庙室捐资芳名碑"（附录二 碑10），整理出了建造侧室的全体捐资人，发现这批人就是两年前文英楼抬升的捐款人的主力，此次兴建侧室庙堂，这批人（即捐资五百元以上的加粗斜体字的捐资人姓名，笔者注）又再次热心捐助，从而标圈出了文英楼核心信仰群的具体范围。

三 增福祠的迁建

关于增福祠（图 5.12）的迁建过程，《增福祠沿革》碑文记载：

图 5.12 未迁建之前的增福祠（由林亚国师傅提供的相片翻拍）

石桥头土地神庙增福祠，地处漳郡东郊浦头喜心港增福桥北端，庙坐东朝西，始建于宋。

清道光四年重修。因旧城改造，主庙向南移六米时，升地平零点八米，扩建左右厢房及后面双层楼，增建庙前增福亭及南无阿弥陀佛、南无观世音菩萨神牌两座，占地面积约伍佰平方米，主建筑面积一百三十多平方米。一九九八年评定为市级文物保护点。

增福祠主祀福德正神一公一婆，成双成对，白头偕老。手抱才子，添丁进财，益寿延年。明清两朝，浦头溪为漳州城南港口，石桥头、米市仔、港后，家家户户店铺经营五谷行、干果行、饮食店，应有尽有，人来人往，车水马龙，故增福祠香火旺盛，神尊灵感。民国时期，乡里福户轮流主持敬奉神明。改革开放，增福祠文物保护小组成员及有关人士积极参与保护古文化遗址，捐资重塑神祇，扩建庙宇，绿化环境。祠里供奉玄天上帝，为乡里兄弟会神尊，解放土改期间进入庙祠。另供奉神农谷王为闸仔头庙神尊，该庙在"文化大革命"期间被废。今增福祠庙前保留一棵一百多年古榕树，枝繁叶茂。

增福桥原名长福桥，建于宋朝为木桥，历代多次修造。清乾隆年间改建石桥。石碑立在桥南西侧，历史悠久。惜桥面石柱、石栏杆及石碑遗失，待日后修整补其完美。特立石碑以志。

漳州市增福桥及增福祠文物保护小组

公元二〇〇八岁次　丁亥年腊月吉立

《增福祠沿革碑》对于增福祠此次迁建原因的记载并不全面。城市建设是一种笼统的说法，实际上是因为悦华房地产所开发的香格里拉楼盘的绿化带侵占到了增福祠原址，也使得增福祠成了低洼地，南移 6 米以及 0.8 米的抬升高度证实了这种迁建的必要性。向南迁建 6 米的举措，实际上是为香格里拉楼盘腾地，否则，任何一座民间宫庙的重建都不可能轻易变动庙址。另外牵涉了的还有原闸仔头桥北侧主祀"五谷帝仙"的谷保仙王庙与闸仔头桥原乡里兄弟会奉祀的"玄天上帝"。中华人民共和国成立后土改期间，闸仔头桥原乡里兄弟会宣告解散，其奉祀主神"玄天上帝"暂寄在增福祠祭祀；而谷保仙王庙则在"文化大革命"期间被废弃，改革开放后并没有及时恢复与重建，1998 年市政修马路时谷保仙王庙的庙址地皮被无偿征用，"五谷帝仙"也因地制宜地寄放在增福祠祭祀。经过增福祠及增福祠文物保护小组、漳州市文管办等与香格里拉楼盘的房地产商悦华集团的几番博弈，最后的结果迁建增福祠，以地皮换地皮，并给予一定的现金赔偿，增福祠也相应移动位置，留出悦华集团所需的地皮。因此，2008年迁建的增福祠面积多达 500 平方米，并扩建了左右厢房和后二层楼，庙前还有相对宽阔的大埕（图 5.13）。

显然，增福祠的此次迁建需要大笔的资金，增福祠所立的"功德碑"（附录二　碑 11）中的捐款总数额：9.1299 万元（该功德碑记

图 5.13　迁建后的增福祠土地公婆庙

载捐款人数为 111 位、外加一个单位即"香格里拉新物业服务中心"），堪堪支撑起此次抬升、迁建与扩建所需的费用。鉴于增福祠文保小组的倔强，不愿意由悦华房地产商主导迁建增福祠，因此，此次增福祠迁建的最大战果仅仅是得到了更多的地皮补偿，在经济上并无得到多大的赔偿。

如前所述，现今增福祠里供桌中间神位祭祀土地公婆，左边祭祀玄天上帝，右边祭祀五谷帝仙。此神灵排序显示了增福祠原来的主祀神土地公、土地婆位置未变，新中国成立后陆续加入了闸仔头桥原乡里兄弟会信奉的主神"玄天上帝"，以及"文化大革命"期间被毁的闸仔头桥谷保仙王庙的主神"五谷帝仙"，显示了此宫庙主要神祇在历史上已经按照"先来后到"的原则进行了主客排序。否则，按照常理，在一般的土地公庙里怎么可能把闽南赫赫有名的中界神玄天上帝作为土地公婆的陪祀对象？在增福祠内部墙壁上挂着的"增福祠神明诞辰"牌，记载一年总共有五次较大节庆：上帝公三月初三日、神农谷王四月廿六日、土地公糕粿会八月十五日、上帝公九月初九日与土地公九月十六日，由此可见新迁建的增福祠所供奉的神明排位的意义与内涵所在。

四　探花码土地公庙、管仔顶保生大帝庙、文浦亭有应公庙与蚶仔市祥慈宫妈祖庙的重建或迁建

新时期，探花码土地公庙、祥慈宫妈祖庙、文浦亭有应公庙与管仔顶保生大帝庙这四间浦头社角头小庙的重建，很大程度上得益于浦头社热心公益事业的本地人蔡源根、蔡林志伟父子一家。蔡家是土生土长的浦头人家，从前住浦头探花码头（探花码街）14号。1949年中华人民共和国成立后，探花码街住户陆续搬迁，最后只剩两家〔蔡姓与吴姓，后增加到四户，有两户从毗邻的石桥头（增福桥）中巷搬过来〕，后因重新编排门牌号，遂兼并到了石桥头，即霞浦路石桥头17号。

浦头蔡家出祖于位在浦头社北部不远的古塘蔡，大概在清末民初。古塘蔡先祖有两房，即顶寿堂与下寿堂。浦头蔡家属二房。蔡家祖公名蔡塗，浦头龙虎武馆龙拳传人，练习南拳（即龙岩的龙拳），曾外出授徒，龙海一带至少有20家拳馆受其祖上传授与影响。蔡塗共有三子，分三房，分别为大房蔡金生，二房蔡清淼（渺），三房蔡金海。浦头蔡家属于二房蔡清淼这一房。蔡源根在古塘族谱里系十七世，蔡林志伟系十八世。

现今蔡家户主为蔡源根先生，1943年在浦头出世，8岁在浦头大庙边上霞浦小学读书，13岁成为漳州四中第一届初中生，16岁初中毕业，被保送漳州一中，就读高一年3班，适逢1960年三年大困难，半工半读，半年后因家庭生活太困难而不得不辍学回浦头捕鱼。中华

人民共和国成立后蔡家户籍本上的职业填报为渔民，蔡源根祖孙三代在浦头溪捕鱼为生，算是继承祖业。1969年，上山下乡，蔡源根先生到北斗公社渔业养殖场做技术员。值得一提的是，蔡源根先生的捕鱼撒网功夫一流，漳州北面的各大水库都曾请他去组织抓鱼。他熟稔鱼情，撒网捕鱼能根据各种地形撒出各种形态的网形，别人捕鱼几十斤，他捕鱼则几百斤。1976年蔡源根先生回浦头大庙后边的漳州市第五塑料厂代其母亲的岗位。后第五塑料厂改为二轻局，蔡源根先生先是在里面做采购员，后做车间主任。1983年他曾到泉州华侨大学机械系进修半年，回来后做维修技术员，主要维修日本进口的注塑机，一直干到60岁退休。① 蔡源根先生一直热心浦头社的民间信仰活动，2005年一度被浦头社推选为芗城区龙舟协会会长（会址设在浦头大庙），兼任浦头大庙龙虎武馆副馆长。

蔡林志伟，浦头人称阿伟，40多岁，蔡源根先生的次子，从小从事水族馆生意，成功弘扬了祖业。他是续蔡源根之后，蔡家最热心浦头社民间信仰活动的人士，其不但参与浦头社诸多民间信仰宫庙的捐款，还亲自主持与蔡家原住址探花码街附近的四座民间宫庙的重建与迁建，是浦头社新生代中一位非常能干的人物。蔡林志伟告诉笔者，蔡家祖训："人虽习武，但要讲道理，做人要正直，'草枝子扶直再走路'。"② 以下四座浦头小庙的重建与迁建即与蔡家息息相关。

（一）探花码土地公庙

在2004年迁建探花码土地公庙（图5.14）时，探花码理事会竖立了一块《善男信女功德碑》（附录二　碑12），以表彰捐助此次迁建的社民信众，并对改革开放以来探花码的兴修历史有所描述。该碑文显示，改革开放伊始，探花码就恢复了原有的民间信仰祭祀活动，

---

① 据2015年农历五月十三在探花码土地公庙休息室内，与蔡源根、林亚国的访谈记录。

② 据2016年1月6日下午在探花码对蔡林志伟母子的访谈记录。

图 5.14 迁建后的探花码土地公庙

并于 1981 年由探花码的本角落信众蔡源根、纪玉赐与谢柯荣等人主持修建。1998 年蔡源根一家再次纠众主持了探花码的兴修。上述探花码的前两次兴修都符合改革开放以来，民间信仰的复兴与翻新的周期，这点与浦头其他民间宫庙的节奏是一致的。

探花码土地公庙旧址在现庙后面的探花码头边上，坐东朝西，与坐北朝南的蔡家房子隔着街道马路紧挨着，"文化大革命"时候被破坏殆尽，只剩下门槛、拜石、"乞丐椅"、护埕和地基。1981 年左右，蔡源根和社里人纪玉赐与谢柯荣等人主持修建出面，花了半个月工夫和几百块钱修建了一座两平方米左右的小庙以临时供奉探花码土地公。蔡妈妈告诉笔者，"土地公像还是阿伟用泥水雕塑的，很像（做得很成功的意思），后被人偷走了。"阿伟回忆道："1984 年有地理先生经过探花码街，恰逢我们（蔡氏父子）在屋门口聊天喝茶，于是招呼其喝茶，地理先生有感于蔡家热情好客，说：'十七年后，此地会变成全漳州最繁荣的地方。'而当时的浦头到处是果园、竹园，风一吹就沙沙响，人都不敢来，是全漳州最偏僻的地方，俗语说：这是狗到都不拉屎的地方。谁能想到，如今连沃尔玛、麦当劳都进驻此地，成为全漳州最繁荣的所在。"①

蔡妈妈说她在 20 世纪 80 年代初就开始卖金鱼，三盆金鱼摆放在巷口路边卖，位置大概在现巷口派出所老药店与理发店之间，一直到阿伟初中毕业。1987 年阿伟开始经营水族馆，接手金鱼生意，礼拜五到石码卖金鱼，礼拜天到厦门卖金鱼。其时，阿伟在探花码土地公庙前许愿，只要他能挣够重建探花码土地公庙的钱，他就重新修建探花码土地公妈庙。1992 年 8 月，阿伟水族馆生意有所起色，于是他出面出资在原址按原尺寸重修探花码土地公庙，让刚中了漳州第一注最大彩票（总奖金 280 万元，税后剩 2108000 元）的方南泰（他妈妈是浦头社人，他算是浦头社的外甥）捐 2 千块还愿答谢土地公，阿伟水族馆附近的生意朋友也捐献一点，石桥头社里人也捐献一点，花了两个多月，一共花了 1 万多块钱建好了探花码土地公庙。阿伟强调说，"当时土地公土地婆请人用红木雕刻的。"② 探花码是有土地公与土地婆的，蔡源根先生也谈到以前浦头是全漳州市最低洼的地方，一年要发大水几十次，一发大水就得把探花码的土地公土地婆神像搬上阁楼，以免被淹。③

---

① 据 2016 年 1 月 6 日下午在探花码对蔡林志伟母子的访谈记录。
② 据 2016 年 1 月 6 日下午在探花码对蔡林志伟母子的访谈记录。
③ 据 2015 年农历五月十三在探花码土地公庙休息室内，与蔡源根、林亚国的访谈记录。

2000 年左右，旧城改造，芗城区陈副区长主政，悦华房地产集团入驻，从浦头社石桥头到第五塑料厂这一带地皮全部被征用，具体是：西至浦头新村，东至第五塑料厂，连着巷口公社造纸厂。当时浦头港边保留八米道路与八米绿化带，蔡源根、阿伟与悦华房地产商协商，同意把探花码土地公庙迁建到浦头港边绿化带。蔡家与房地产商协商的结果就是以探花码庙原庙址和原活动地（蔡家的龙眼树地）置换浦头港边几百平方米的狭长地带，以重建探花码土地公庙。原来谈妥拆迁重建费用为 6.8 万元，后因香格里拉楼盘消防过道太窄，于是把绿化带又外移，导致探花码的重建规划被打乱。房地产商拆迁主管小马与蔡家商量，但是因为不知道具体需要多少重建费用，因此阿伟建议到探花码土地公庙里，通过掷杯珓问神的方式来解决这个问题。于是他们商定，以原谈妥的 6.8 万元为底价，掷一次杯珓（允杯或称圣杯）加 1 万元，出现其他杯珓类型（笑杯或阴杯）则停止加价。结果一直允杯到 10.8 万元，也就是说连续允杯了 4 次，才最终敲定这次拆迁的价位。根据阿伟描述，建好新的探花码土地公庙的外观，刚好花掉了 10.8 万元，建成主庙后那些其他开销，包括开光庆典，拜拜，盖边上的管理房，买香炉等，刚好把其他的捐献款花完。说完，阿伟哈哈大笑，说土地公真是很灵感。新的探花码土地公妈庙前后花了三四个月，花费了十几万元人民币，原庙明代的石质门槛、护埕、拜石、石碑都被搬用到此次新庙重建中。阿伟说，这些探花码土地公庙的历史文物是蔡家祖上在"破四旧"时拼命保护下来，先是不让那些人拆庙，后阻挡不住，庙被拆后，又积极保护地基，不让开挖破坏。①

2004 年重建的探花码土地公庙"座西北向东南，总占地面积 266 平方米，其中主庙占用地 25.5 平方米，两边室占用地 53 平方米，活动室占用地 35 平方米，东边围城内占用地 116 平方米，西边围城内

---

① 据 2016 年 1 月 6 日下午在探花码对蔡林志伟母子的访谈记录。

占用地35.5平方米。"（见《善男信女功德碑》，附录二 碑12）这远远超过了探花码原有的规模，甚至足以媲美漳州现今许多集祭祀、老人活动中心与房产祀业于一身的大型民间宫庙的规模。在田野访谈中，蔡林志伟先生认为社里责任、感恩凤愿与神恩功德，都是他们建设与保护探花码等自己角落小庙的动因。

（二）浦头管仔顶保生大帝庙

管仔顶保生大帝庙位于浦头石桥头与探花码之中巷偏靠探花码这边的位置。1960年6月9日西溪发大水，漳州市区全城被淹，浦头港许多古旧残破的角头小庙也被殃及，有的小庙甚至从此一蹶不振，比如管仔顶保生大帝庙（图5.15）。20世纪80年代初，浦头社里人有一苏姓人家很有钱，拟在原管仔顶保生大帝庙庙址修建新房，蔡源根出来劝他说，在庙址上修建住房住的不安生，苏姓人家不信，继续破

图5.15 迁建后的管仔顶保生大帝庙

土动工，并砌好了地基条石，后来几个月过去了却迟迟没再动工，蔡家才发现这期间苏姓人家做生意的本钱十几万元被人骗了，家产最后败得很惨，也就无法在旧庙址建新房了。①

2008 年悦华房地产集团在浦头建设的香格里拉楼盘，涉及该庙地皮的购买与置换。因阿伟的奶奶虔诚信仰保生大帝，生前就交代蔡家子孙，有钱后一定要重建管仔顶保生大帝庙，并说保生大帝是软身雕像。于是，蔡源根一家再次出面主持了该庙的重建。由蔡林志伟牵头，组织、交涉、设计与主持了该庙的重建工程，这是一对一的重建，从无到有的恢复。在拆迁期间，阿伟因从事观赏鱼等水族生意，在探花码这边的旧房子里留下的生意物件比较多，搬得慢。几乎在所有搬迁都快完成时，阿伟突然发现管仔顶保生大帝庙庙址所在地左右两株龙眼树的树冠都被雷击烧焦了。阿伟就带拆迁办的人来看此情形，并告诉他们，他奶奶生前说，谁拆谁就得负责重建保生大帝庙。阿伟趁机建议就把保生大帝庙建在探花码土地公妈庙边上，只要地，不要拆迁费。阿伟随后到探花码土地公庙问神掷筊杯，说探花码边上还有余地，想请示土地公在其边上建保生大帝庙，因为土地公是主人，保生大帝是客人，因此，建一座比探花码小一些的保生大帝庙，问土地公是否允许？结果一杯筊就应允了。阿伟找风水先生来定保生大帝庙的朝向，再次问土地公掷筊杯，再次掷得允杯。②

新建的管仔顶保生大帝庙还是比原先大了许多，新庙就在探花码土地公庙的右侧，立有《庙记·漳州市浦头管仔顶保生大帝庙修建信众捐资芳名功德榜》碑刻一方（附录二 碑13）。在具体的田野调查过程中，笔者在管仔顶保生大帝庙内墙壁上收集到了一方题名为《信士喜谢保生大帝金炉亭捐资芳名》的红纸布告（如下），浦头管仔顶庙同样也设立了理事会，但是日常管理实际上则由探花码管委会来统

---

① 据 2016 年 1 月 6 日下午在探花码对蔡林志伟母子的访谈记录。
② 据 2016 年 1 月 6 日下午在探花码对蔡林志伟母子的访谈记录。

一进行，蔡家则是探花码管委会的主要负责人，由此可见新时期这间角头庙与蔡家的渊源关系。

信士喜谢保生大帝金炉亭捐资芳名（红纸布告）

洪树松	200	叶留下	100
蔡绍全	100	王天木	100
王扁红	100	林素珠	100
陈跃坤	100	谢素华	100
王莲籽	100	林全成	100

探花码土地公庙管委会

2011 年 1 月 16 日

阿伟每年都要到白礁祭拜保生大帝，建好管仔顶保生大帝庙后，阿伟从白礁请来香火到管仔顶保生大帝庙，并请道士开光。过去了一两年，其父蔡源根建议刘香，于是到管仔顶保生大帝庙问神掷杯珓，神示要到青礁，而不是白礁刘香。阿伟很不解，为什么白礁请来的香火，神示却要去青礁刘香。于是在第二年去白礁祭拜时，咨询了白礁祖庙绰号"大头仔"的庙管，该庙管说，这就对了，古时候青礁与白礁因祖宫之争产生过矛盾，青礁是保生大帝的行医之地，白礁则是保生大帝的出生地，原来同安、厦门、泉州等东向的信众往青礁刘香，朝西的角美、漳州等信众则去白礁刘香，刘香队伍容易出现争执。后经政府协调，为了信众的和谐，青礁以东的信众即厦门同安泉州的信众前往白礁刘香，白礁以西的信众即角美、漳州的信众则前往青礁刘香。刘香队伍实行交叉刘香，划定刘香路线，增加彼此友谊，共同维护保生大帝信仰。①

---

① 据 2016 年 1 月 6 日下午在探花码对蔡林志伟母子的访谈记录。

（三）文浦亭有应公妈庙

文浦亭有应公妈庙原址在浦头社与官园社交界处的石路边，"文化大革命"被毁掉。改革开放后，社众重修了一个小亭子以供奉有应公妈（图5.16）。2008年拆迁期间，悦华房地产商的建筑队正在那边盘整地基，有一台挖掘机突然翻车，司机因此受伤，两三天后还死掉了。房地产商很担心，赶紧派人了解情况，才知道这里原来是有应公妈的庙址，于是就请道士和风水先生寻找庙址的具体位置，后来还真找到了，于是就在原庙址摆供品做法事，并向有应公妈承诺重建新庙还给袍们，但没说多大。拆迁主管小马因此打电话给阿伟，要借探花码的土地盖有应公妈庙，阿伟就到探花码土地公庙问神掷杯茭，祷告说要借土地公一平方米左右的面积盖有应公妈庙，是否应允？结果一掷就是允杯。其后阿伟就在管仔顶保生大帝庙的金炉边上建了一座1平方米左右、差不多一人高的小庙供奉有应公妈，归探花码土地公庙管委会统一管理。

图5.16 迁建后的文浦亭有应公妈庙

后来有一天，阿伟照往常一样前去有应公妈庙上香。刚要进庙，脑袋就顶到门框，阿伟也不以为意，结果在上香时候，又被香火烫到了手，特别疼。阿伟就认为有应公妈有话要说，于是就势问神掷杯珓，说是不是嫌弃庙小？结果得了允杯。阿伟继续拈香问神，说这要和房地产商，以及探花码土地公商量，才能为有应公妈建更大的庙，结果又得允杯。其时，悦华房地产商已经把香格里拉楼盘转手给厦门金宾土房地产商，新房地产商也答应阿伟的建议，愿意把绿化带后退四米来盖有应公妈庙。于是，阿伟就去探花码土地公庙问神掷杯珓，要借土地公的土地，再盖有应公妈庙，因为主客关系，会比探花码土地公妈庙小。土地公也给了允杯。①

当时附近浦头丹霞古玩城有位绰号"土匪祥"的老板，也很热心这些善信事业，曾多次向阿伟表示愿意为浦头建庙出钱出力。某天，阿伟和他爱人散步恰好路过"土匪祥"店，于是就去他店里泡茶聊天。其间谈到重建有应公妈庙的事，"土匪祥"一口答应，但说要尊重房地产拆迁办主管小马，毕竟他是混社会的。阿伟听到这话，好像乩童在扶乩一样，如神附身，很生气的表示反对，说要建就自己建，不建就拉倒，根本不关小马的事，而是大家出多少钱的事。"土匪祥"见状很惊讶，阿伟冷静下来后说，不如直接去有应公妈庙问神掷杯珓。阿伟夫妇和"土匪祥"夫妇当即就一起去不远处的有应公妈庙问神掷杯珓。到庙里，阿伟点蜡烛燃香火与神说明来意后，与"土匪祥"当场口头约定，掷杯珓一次做数，允杯就盖，阴杯或笑杯就不盖。结果，阿伟一掷就是允杯，"土匪祥"当场起乩，很大声很激动说，他一定要建。与之前阿伟的激动情态一模一样。因此，阿伟与"土匪祥"决定重建更大的有应公妈庙。前后花了三个多月，加上亭子和管理室，总花了十几万元。② 2009 年，文浦亭有应公妈庙从浦头

① 据 2016 年 1 月 6 日下午在探花码对蔡林志伟母子的访谈记录。
② 据 2016 年 1 月 6 日下午在探花码对蔡林志伟母子的访谈记录。

与官园石头路交汇处，迁建到现今浦头溪岸，管仔顶保生大帝庙的右侧，与探花码同在喜心港出口处北端排成一列，立有《文浦亭功德碑》（附录二　碑14）。而祥慈宫妈祖庙则在喜心港南端，这都得益于浦头蔡家蔡林志伟的主持，交涉的对象依然是悦华新房产集团。据笔者的访谈，蔡林志伟先生有意识地设计了这四座浦头角头庙的布局，使之与周边环境相和谐。

（四）蛏仔市祥慈宫妈祖庙

阿伟的妈妈记得，现在的祥慈宫与原来旧庙址位置相差无几，她小时候，这座庙就已经荒废了。[①] 阿伟的父亲蔡源根经常在浦头溪抓鱼，回忆说当时祥慈宫只剩下半堵墙，其他建筑体已经倾颓。[②] 阿伟的妈妈曾经梦到祥慈宫有三位神明告诉她祂们沉在水底，于是她就用红纸写了这三神明的神名，请到观音亭供奉，后又移到探花码土地公妈庙的侧室加以供奉。[③] 因祥慈宫属于蛏仔市地界，原属于名叫"陈牛屎"的土地。阿伟说要重建，现祥慈宫庙管主任陆少北说他要自己主持重建，于是阿伟就作罢，便辅助陆少北做了不少事，比如到民宗局把祥慈宫重建的相关手续给跑下来，也捐献了一些钱。

从祥慈宫理事会于 2010 年新树立的《浦头蛏仔市祥慈宫妈祖庙》（附录二　碑15）碑文来看，蛏仔市祥慈宫妈祖庙始建于明洪武九年（1376），原庙面积高达二百八十平方米，这是祥慈宫理事会人员的回忆，意味着中华人民共和国成立前蛏仔市祥慈宫妈祖庙规模还可以，只不过因为浦头港的衰败，再加上中华人民共和国成立后各种历史因素的影响，该庙已经颓败，又碰上 1960 年 6 月 9 日的西溪特大洪水，导致该庙被冲毁无遗。改革开放后，因为缺少坚实的信众基础与资

---

① 据 2016 年 1 月 6 日下午在探花码对蔡林志伟母子的访谈记录。
② 据 2015 年农历五月十三在探花码土地公庙休息室内，与蔡源根、林亚国的访谈记录。
③ 据 2016 年 1 月 6 日下午在探花码对蔡林志伟母子的访谈记录。

图 5.17　重建后的蛏仔市祥慈宫妈祖庙

金，没有得到及时的恢复。一直到了 2010 年才由浦头本地信众陆少北、林寅鸣、颜锡棠、蔡林志伟等倡议与主持重建工作，此次兴建时间相对浦头港诸民间宫庙而言会稍晚点（图 5.17）。不可否认的是，蛏仔市祥慈宫妈祖庙的重建，显然受到了 2000 年后浦头港掀起抬升或迁建民间宫庙的浪潮的影响，也可以说直接受到了旧城改造与房地产建设影响的辐射，亦是浦头社本地信众爱乡、积极保护自己社区传统文化资源的一种表现。

第三节　浦头港"联合宫庙"东岗祖宫

改革开放以来，浦头港民间信仰得以复兴，浦头港宫庙群的兴修与重建显得繁复而从容，然而，随着 2000 年以来城市化进程的加剧，土地资源逐渐升值与紧张，促使了浦头港民间信仰再次发生了变迁，其变迁已经迥异于改革开放以来民间信仰原庙重建的复兴态势，出现了形形色色的变迁形式。而浦头港东岗祖宫的迁建内容在某个程度上代表了城市化背景下浦头港民间信仰变迁的最新形式——"联合宫庙"（图5.18）。

图5.18 迁建后的浦头港"联合宫庙"东岗祖宫

相对于新加坡，直至整个东南亚华人社区，乃至我国台湾宝岛而言，联合宫庙已经不是什么罕见的民间宫庙新形式。尤其以新加坡为例，"（新加坡）所谓的联合庙是集合至少两间有善信基础，有经济条件与有整合意愿的庙宇，……一般的格局是建一间大庙容纳参与的庙宇，也有在共同购买的土地上各自建造两间或三间独立庙宇的。"① "其联合宫庙可谓数不胜数"②，"（新加坡）为了实行工业化计划及解决人

---

① ［新］林纬毅：《华人社会与民间文化》，亚洲研究学会2006年版，第174页。
② 严春宝：《多神合一与宗教和谐——新加坡联合庙（宫）现象透视》，《中国宗教》2011年第8期，第57页。

民住屋问题的'居者有其屋'计划，建屋发展局和裕廊镇管理局征用市郊和乡村土地，分阶段发展工业区和组屋区。……许多乡区的庙宇由于所在土地被征用而被逼迁，面对搬迁问题以及动辄近百万元到数百万元的昂贵地价与新庙建筑费，在个别庙宇无法自行购地建庙的局限下，许多庙宇必须对被淘汰与进行整合做出抉择。"①

漳州浦头港民间诸宫庙在城市化进程的猛烈冲击下，出现了联合宫庙。芗城区民族与宗教事务局的工作报告总结《探索旧城改造宫庙拆迁安置工作的模式》显示，"随着城市范围的不断扩大，许多郊区农村被城市包围，变为城中村，原先一村多庙的现象已经不适合城市建设的要求，部分宫庙的布局已与周围环境形成明显反差，影响城市的整体景观。在实际工作中，区民宗局在认真总结以往工作经验和教训的基础上，紧密结合实际，采取多种形式，妥善安置。"② 报告中的"多庙合一""集中安置"与"建设宗教民俗文化村"即是其中三大模式。该报告还进一步认可"多庙合一"的模式。"在实践中，我们认为这种方式是今后城市建设小庙迁建安置较为理想的模式之一。"③ 综合该报告内容，芗城民间信仰宫庙在城市化过程中，"多庙合一"而成的"联合宫庙"，作为一种较为理想的迁建模式已经得到地方民间信仰监管部门、当地信众、开发商与规划部门等的一定认可。

"联合宫庙"——"东岗祖宫"是浦头港民间宫庙群变迁的新形式，其既有新加坡创建联合宫庙一样的内外驱动力，又有迥异于新加坡，深具我国经济社会发展特点与民间信仰宫庙迁建的个性，这一研究对象在浦头港宫庙群中具备了相当独特的研究意趣，对于城市化背景下民间信仰的变迁新形式的调试，同样具有很强的现实

---

① ［新］林纬毅：《华人社会与民间文化》，亚洲研究学会 2006 年版，第 174 页。

② 漳州市芗城区民族和宗教事务局：《探索旧城改造宫庙拆迁安置工作的模式》，内部会议资料，2011 年 10 月 28 日。

③ 漳州市芗城区民族和宗教事务局：《探索旧城改造宫庙拆迁安置工作的模式》，内部会议资料，2011 年 10 月 28 日。

应用价值。

从前述调研内容可以看出，在浦头港民间宫庙群中，浦头崇福宫关帝庙、霞东书院文昌宫乃至更小的浦头港角落庙，如文英楼周仓爷庙、增福祠土地公庙、探花码土地公庙、祥慈宫妈祖庙、管仔顶保生大帝庙、文浦亭有应公妈庙、合美宫王爷庙等，基本经历过重建或重修，乃至拆迁重建。上述宫庙都是独立进行的，也就是原庙迁建，而唯独只有东岗祖宫是浦头港在城市化进程中迁建形成"联合宫庙"。东岗祖宫更因为其信众涉及面大，整个重建过程更加透明，更具挑战性，由此，也更具代表意义。

一　东岗祖宫的历史沿革与联合宫庙的产生

东岗祖宫 2003 年重修落成时，在庙左侧竖了一块"东岗祖庙沿革碑"，其内容抄录如下：

> 漳州浦头关帝小庙，原名东岗祖庙，以田中央、上厝、粉街仔、水田陞、崎仔顶祖庙角，始建于南宋理宗淳祐十二年（公元1241 年），至 1942 年杨逢年率部开辟马路，拆除本庙后殿，前殿因 1968 年大水，致使全毁无存。龙舟位于崎仔顶祖庙角、东岗帝君庙位于粉街仔角，土地公与伽蓝公位于水田陞角，总称为东岗祖庙。农历乙亥年梅月重建（公元 1999 年）至 2003 年悦华房产开发公司拆迁。经统战部，宗教局及道教协会批准迁建，于农历癸未年蒲月辛卯日（公元 2003 年 5 月 18 日）正式开建落成。新建整套庙宇建筑面积 183m²（包括拜厅、主庙），龙舟寮 96m²，厨房、卫生间 30m²，石埕 42m²，水泥埕 290m²，总计 641m²。
>
> 漳州浦头东岗帝君庙管委会理事监建
> 二○○三年十月十八日

　　再结合具体的访谈与考察，笔者从中获得了许多关于东岗祖宫历史沿革与兴建的相关信息。东岗祖宫的主体是为地名"浦头粉街仔角"的"东岗帝君庙"，又称关帝小庙，主要供奉关帝、左右分别配祀水仙尊王与伽蓝大王。其联合庙，其一为"浦头崎仔顶祖庙角"，俗称"柳（树）仔脚"的妈祖庙，主祀妈祖，左右分别配祀观音佛祖与大道公（即保生大帝），浦头港端午节"扒龙舟"时，东岗祖宫的绿色龙舟就置放在这座庙里；其二为"水田隙土地公庙"，主祀土地公，配祀伽蓝大王。这三座庙在历史上属于浦头港的田中央、上厝、粉街仔、水田隙、崎仔顶祖庙角的村民所共有，属于浦头港"米坞码头"区的角落庙，关帝小庙显然是这个角落的主庙，信众比较多，建筑体与面积也大，虽然于1942年被杨逢年军阀拆除了后殿，但在历史发展过程中，其庙始终存在。崎仔顶祖庙角妈祖庙与水田隙土地公庙则在1968年的九龙江西溪泛滥的大水灾中被彻底摧毁，只剩庙址。关帝小庙在1987得到重修，庙址原在香格里拉小区的中心景区地带，2003年随着香格里拉房地产小区的全面兴建，才被迫迁建到现在"东岗祖宫"的所在地。而妈祖庙与土地庙则空有原庙的地基，建筑与神像全无，一直没有恢复原貌。究其缘由，主要在于信奉妈祖庙与土地庙的主要角落崎仔顶祖庙角、水田隙角的原有居民因为各种原因搬迁殆尽，造成报道人所说的掺杂了闽南传统地理风水观念的"（宗族或人口）不兴"，因此得不到重修的动力、人力、物力与财力。而粉街仔角的关帝小庙作为这大角落的主庙，受到了人口最多的上厝社、田中央社以及粉街仔角落社民的重视与支持，得到了重修，香火一直延续下来。

　　现在的东岗祖宫是于1999年至2003年，东岗祖宫所在的传统社区的居民们，联合芗城区统战部、民宗局、道教协会与悦华房地产集团相协商而重修起来的。如图5.19所示，就新建联合宫庙——东岗祖宫所供奉的神灵来看，原三庙联合其实成了两庙的构架。正殿主祀神依然是关帝帝君，主要的配祀依然是左水仙尊王、右伽蓝大王，但是在与水仙尊王同一台神案上，还配祀了原水田陬土地公庙的土地公，其陪祀地位与水仙尊王相仿的，位于水仙尊王的正前方，既显示了原水田陬土地公庙主祀神的存在，也符合闽南民间信仰宫庙习惯性的在宫庙左侧配祀福德正神的习惯。因为土地庙原来的神像消失殆尽，因此，东岗祖宫管委会创造性地把原土地庙的土地神与伽蓝大王放置在了东岗祖宫的正殿，只不过，土地庙的伽蓝大王的神像没有再重刻，而实际上是把土地庙与关帝小庙的伽蓝大王二合一的供奉在正殿的右侧，这是一种比较理性的供奉行为。毕竟原有的伽蓝大王像不见了，否则可能会有另一种摆放方式。熟知东岗祖宫历史的民众，一目了然地看到了他们曾经的妈祖庙、土地庙诸神明在这里得到供奉，因此他们祭拜的时候，诸神明前都会多上一份贡品，多做一次祈祷，这是他们前来东岗祖宫进行祭祀必须进行的祭祀内容。

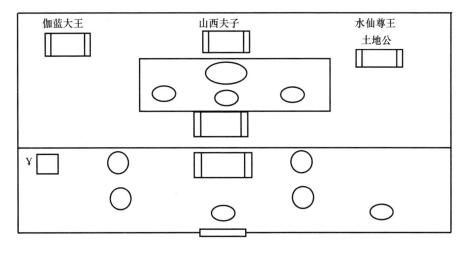

图 5.19　东岗祖庙内部结构

东岗祖宫的侧殿，则是原浦头港崎仔顶祖庙角妈祖庙的翻版，分别供奉了妈祖、观音佛祖与保生大帝，虽然这三尊神像下面摆放了许多尊观音小神像，但是妈祖神像依然摆放在三尊大神像的中间，以显

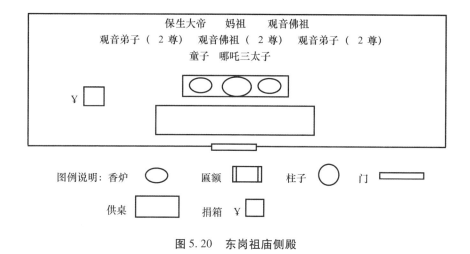

图 5.20　东岗祖庙侧殿

示其是侧殿的主祀神（图 5.20）。根据东岗祖宫管委会相关人员描述，如此建设侧殿，主要还是土地资源问题。根据置换来的土地面积，东岗祖宫在宽度上既无法兴建通殿式的建筑，在纵长的维度上亦无法建筑贯通式的宫庙，因此只好建设偏殿，一侧满足神灵供奉，另一侧满足宫庙管理空间问题。然而，在当地民众对于其社区所拥有的三座神庙的观念判断上以及宫庙重修与拆迁的实际操作上，恐怕并非报道人所言那么简单。当地民众对于神灵的供奉有着相当准确的主次判断，比如，同是供奉关帝的崇福宫与东岗祖宫，祂们的主次地位一目了然，现今紧邻的这两座宫庙，简单的从香火旺盛程度来判断，也就知道崇福宫才是浦头港的主庙，而东岗祖宫是角落庙。同样的道理，东岗祖宫与崎仔顶祖庙角妈祖庙的地位对比一如崇福宫与东岗祖宫的地位悬殊一样，更何况，崎仔顶祖庙角的原居民搬迁殆尽，失去了最直接与强有力的信众基础。但是，崎仔顶祖庙角妈祖庙并非只是崎仔顶祖庙角的原居民在供奉，祂依然是田中央、上厝、粉街仔、水田隒、崎仔顶祖庙角所有原居民的角落庙，因此，在现在的东岗祖宫，信众前来祭拜，祭拜完正殿，直接前往侧殿祭拜，这一整圈祭拜下来，才是他们前来东岗祖宫祭祀自己角落庙的完美流程，并没有因为妈祖、观音佛祖、大道公位居偏殿而冷落了祂们。倒是像笔者这样的外来调查者，往往在第一次的考察中，从行动乃至心理上忽视或轻视了这间侧殿。

二　东岗祖宫形成联合宫庙的原因分析

（一）城市化进程的影响

改革开放以来，中国经济得到了迅猛的发展，时至今日，中国经济已经完成了从初始经济发展模式，走向了城镇化。浦头港所在的漳州市区作为中国的三线城市区域，也很快地融入都市化进程中。"都市化是一个过程，包括两个方面的变化。其一是人口从乡村向城市运动，并在都市中从事非农业的工作。其二是乡村生活方式向都市，这包括价值观、态度和行为等方面。第一方面是强调人口的密度与经济职能，第二方面强调社会、心理和行为因素。实质上这两方面是互动的。"[①] 浦头港原先作为漳州城郊结合带，在 1998 年前后完成了城市化转型，大部分地块被划入漳州市所在的市中心区域——芗城区，小部分地方被划入龙文区。浦头港居民由此引发的不但是"农转非"的效应，更重要的是，除了宅基地，土地全部被征用，从务农转化到了主要依靠打工、房租等商业谋生方式，生活方式也因此不可避免地发生了重大的转变。然而，其社会心理、价值观以及社会行为还是表现出了某种滞后性，具体表现在他们对于其传统生活内容的某种固守，其最典型的是社区信仰文化生活的保存与延续。这为浦头港宫庙群的形成提供了最基本的社会基础，也为东岗祖宫这类联合宫庙的兴修铺垫了某种契机。

如果以自古以来浦头港的核心港口区域而论，这里分布着诸多大小民间宫庙，受到城市化影响的结果至少可以通过两方面展现：

---

① 周大鸣：《现代都市人类学》，中山大学出版社 1997 年版，第 27—28 页。

其一，1998 年"农转非"以来，浦头港的土地主要被征用来做房地产以及相关的城市道路交通等基础建设，因此，原始的浦头港宫庙群那种讲究风水的位置散布，以及附随浦头港各个角落村社而设立的宫庙数目，都随着土地开发的需要而被尽可能压缩。地方政府、房地产开发商、当地居民与信众，以及宫庙的影响力，成了决定浦头港宫庙群新变化的四股力量，这也就是潜藏在城市化进程中主要的社会经济力量；其二，浦头港宫庙群是城市化进程中出现的新称谓，这是因为拆迁集中安置的结果，其中涉及全新的宫庙拆迁重建的就有东岗祖宫、探花码土地公庙、祥慈宫妈祖庙、管仔顶保生大帝庙、文浦亭有应公庙、合美宫王爷庙等多座，而其他的宫庙如浦头崇福宫关帝庙、定潮楼周仓爷庙、霞东书院文昌宫则分别在原址进行了地基增高与建筑物的重修。当然，这些得以增高地基与重修的宫庙更多来自都市化进程带来的间接刺激，即信仰观念的更新与财富的增加。

（二）东岗祖宫——联合宫庙的出现

在浦头港宫庙群中，东岗祖宫作为具有典型性的联合宫庙，其出现并非偶然。

闽南民间信仰在改革开放以来纷纷得以复兴，又在两岸民众交流中扮演着极其重要的角色，因此，在正常情况下，一般的民间宫庙都得到了重建或重修。在最开始的民间宫庙拆迁过程中，主要是涉及观念问题，"神比人大"的信仰观念，再加上原先的民间宫庙一般都占据着最好的风水宝地，因此拆迁问题重重。但是，在不可避免的拆迁过程中，最基本的原则都是坚持一庙拆迁重建一庙，并且在新修宫庙建筑体面积上有一定的溢出比例，即建造更华丽宏伟的宫庙。然而，为了追求经济利益的最大化，在早期的地产开发过程中，房地产商思考的是尽力回避、淡化甚至拒绝其楼盘中所涉及的民间宫庙拆迁的问题。再加上闽南民间宫庙长时间产权与归属不明，在没有更多更明确的法律规定的情况下，显然是作为集体土地所有归制的一种形式，自然归属于当地居民与村社，这就造成了一大困境：谁能真正负责与房地产商交涉相关宫庙拆迁重建等问题？尤其是那些倾颓的宫庙，特别是只剩下地基的宫庙，在拆迁中如何保存其生存权利？由此引发了诸多纠纷，至今悬而未决，从而引起了地方政府相关管理部门的重视，统战部、民宗局、道教协会等相关单位开始真正介入到相关的民间信仰管理以及相关的宫庙拆迁事宜。

于是，东岗祖宫的拆迁与重建就有了上述几方面人员的参与。前面提到，东岗祖宫是三座民间宫庙的联合体，其中，主体关帝小庙一直承续了下来，而妈祖庙与土地庙则在 1968 年西溪大水灾中被完全冲毁，改革开放后也没有重建，但是原来庙址地基一直存在。1999 年悦华房地产集团在浦头港西侧开发香格里拉楼盘，浦头港核心区多达 8 座民间信仰宫庙需要拆迁重建，最后重建了 6 座，其中 3 座就联合建立了东岗祖宫。在这拆迁重建的过程中，几种力量产生了交锋，从而促使东岗祖宫建设成了联合宫庙。其一，东岗祖宫所在的五大社或角落：田中央、上厝、粉街仔、水田隙、崎仔顶祖庙角，至今只有田中央、上厝是兴盛的社里，粉街仔只剩几十户，水田隙、崎仔顶祖庙角这两个角落的社民已经搬迁殆尽，因此，东岗祖宫的拆迁前期，其谈判权掌握在最靠近关帝小庙的上厝社大姓苏姓社民手里。于是，第一次与悦华房地产集团的谈判就是这些在上厝社有一定权威的村民，其代表是上厝社苏姓的四五个人，包括一名上厝社的村委会成员。根据知情的报道人所提供的信息，苏姓社民代表者拟以十几万元的价码谈妥这次拆迁，其中谈判的拆迁面积也自动忽视了其无建筑主体与神像的两座宫庙，单纯是关帝小庙的拆建，这遭到了人数最多、民间势力最大的社里“田中央”的社民集体否决。这位报道人一方面感叹悦华集团“人情”工作做得相当出色，这些第一波谈判中的社民代表太过于急功近利，另一方面颇为赞赏田中央社民的“硬气”。于是，开始了第二波拆迁谈判。

东岗祖宫的第二波拆迁谈判显得公开化，田中央、上厝社与粉街仔角落推选出最具权威的社民组成了谈判联合队伍，并邀约了芗城区统战部、民宗局与道教协会的相关负责人与悦华房地产集团相关负责人进行了正式的谈判。经过四到五次的谈判与交涉，其最终的谈判结果显示：无论是拆建地点的安排，还是拆建面积，基本达到了利益最大化。上厝社、田中央与粉街仔社民大多表示满意，唯一不满意的是拆建资金赔偿，最后从最开始的三十几万元，也达到了五六十万元。统战部、民宗局与道教协会在其中真正起到了协调的作用，悦华房地产集团也积极配合谈判、拆迁与重建事宜。在东岗祖宫于2003年建成开光的庆典大会上，这些非浦头港原居民的谈判人员都应邀出席了庆典大会，而上厝社与田中央的谈判代表则顺势成了东岗祖宫的管委会人员。在第二波谈判过程中，上厝社、田中央与粉街仔谈判代表熟知属于他们的拆迁土地上的任何民间宫庙信仰内容与庙址土地面积，因此，为建立东岗祖宫联合庙奠定了理性的谈判基础。很显然，一旦公开涉及水田陯土地庙、崎仔顶祖庙角妈祖庙遗留下来的地皮谈判，那么东岗祖宫建设就不仅是关帝小庙的迁建问题，而是要么重新拆建成三座庙，要么如何运用灵活的方式来拆建新宫庙以满足这三座宫庙的新建需求。土地庙与妈祖庙的建筑体与神像的缺失，一直到2000年都没有得到重建，显示了土地庙与妈祖庙核心信众力量的缺失。这个案例的反证就在离袖们不远处，但同在浦头港西侧的探花码土地公庙、祥慈宫妈祖庙、管仔顶保生大帝庙、文浦亭有应公庙的拆建事宜。这四座庙除了探花码土地庙，其他三座也都只遗留下地皮，但是在这个社里角落蔡姓一家的奔波下，这四座庙都得到了重修。在访谈过程中，这位蔡姓社民以浓厚的社区归属感，自豪地告诉笔者，他有这种责任与功德来争取自他小时候就记忆其中的四座宫庙的迁建，而且是一对一地得到了重建，他的家庭成员也就成了这四座庙的管理人员。很显然，东岗祖宫的拆建结果是修建联合庙，还是一对一的宫庙重建，取决于谈判代表的努力与信仰观念。最后三庙迁建成了联合庙，也在某种程度上显示了土地庙与妈祖庙并没有受到足够的重视。上厝村有自己村社的"相厝伽蓝大王庙"，田中央有"凤田伽蓝大王宫"，关帝小庙本来就坐落在粉街仔上，虽然名义上土地庙与妈祖庙依然属于这五个社里角落共同拥有，但是水田隒土地庙、崎仔顶祖庙角村民的流散，使得谈判人员中无人能够坚持一对一建庙的计划。而从市场经济的做法来看，三庙建设的花费肯定远大于建设一座庙的开支，因此，谈判双方妥协的结果就是主要建设其中最重要的关帝小庙，其他两庙的地皮也纳入关帝小庙的重建计划中。但要在重建新庙中预留给另两座小庙神像供奉的位置，以示对两小庙主祀神的尊敬。于是，东岗祖宫的联合宫庙具体做法由此产生。其谈判的走向与信仰观念也就决定了现今东岗祖宫现在的神祇位置与祭祀格局。

（三）余论

东岗祖宫作为浦头港宫庙群中新建联合宫庙的代表，其创建代表了未来浦头港民间信仰变迁的一种必然趋势。城市化必然首先使得城镇土地资源紧张，传统社区居民又极力保存自身的日常信仰生活文化，相关政府部门也极力协调维稳，房地产部门在多元力量的影响下，也做了相应的退让，这使得联合宫庙成了一种较为理想的迁建妥协方式出现。相对于新加坡而言，因为社会发展、土地所有制、城市建设、房地产建设、民间信仰管理、当地信众社区生活等诸多差异，我国民间信仰宫庙迁建的情况显得更加的复杂多元。可以推论：随着我国城镇化水平的提升，民间信仰宫庙必将迎来更多的迁建，如何因应这一被动行为，规范民间宫庙产权等法律问题，如何保护传统的民间信仰内容，如何面对民间宫庙迁建带来种种影响等，这一切都值得进一步观察与研究。

第四节　现代与传统的博弈：2006年浦头港端午节"扒龙舟"

在浦头港民间诸宫庙漫长的存在历史过程里，曾经历过无数次的生存危机。在具体梳理过程中，笔者只能更多靠历史文献、碑刻、民间传说故事等资料，以及社里耆老的有限回忆来努力还原这些历史场景，然而并不能得到令人满意的答案。改革开放以来，浦头港民间信仰面临许多新型的生存危机，此期间的民间宫庙的重建、迁建，乃至建立联合宫庙，都是这一类危机的具体体现。基于现状调研的便利，笔者一直留心浦头港这一类危机事件，以便捕捉浦头港民间信仰在现实生活中遇到种种困难时的真实态势，进而观察浦头人如何化解这些危机。果不其然，进入2000年以后，浦头港传统信俗活动端午节"扒龙舟"迎来了一次全新的生存危机。因为旧城改造，浦头港所在的浦头溪不断被蚕食，从一百多米宽的活水变成了一条只有三十米不到的死水，且淤泥、垃圾堆积成山。在这浦头溪的浦头港这一段溪面上举行了几百年的端午节"扒龙舟"传统习俗因此被迫停止，而且一停就是五年。这就引发了浦头溪两岸社民自改革开放以来陆续积攒下来的传统信仰习俗生存危机的集体焦虑。

"端午节扒龙舟"习俗是浦头港标志性的传统信仰习俗活动之一。对于浦头港人而言，除了浦头大庙的祭祀活动，只有端午节"扒龙船"这种需要全民参与的信俗活动才有可能维系其全社的记忆。而现在浦头港的许多年轻人早已说不全"浦头港码头历史"与"浦头大庙虎形风水地理历史"两种传统记忆。因此，浦头港四大社区民众为维系自己的社区记忆，约定俗成地积极举办一年一度的端午节"扒龙舟"信俗活动。

1999年以来，因为"旧城改造"而中断的浦头港"扒龙舟"活动成了浦头人的一块心病，有人围观了此后几年浦头港端午节旱地"扒龙舟"的情景后，编了句顺口溜："浦头好风景，龙船岸上行。"也就是说，浦头港自1999年起的五年，每年端午节"扒龙舟"活动都没有实质性的龙舟比赛，而只是在浦头溪的堤岸边举行其中的祭祀仪式环节而已（图5.21）。浦头大庙管委会成员林师傅回忆说："确实如此，那时候，浦头大庙这边扒龙舟的社里人在庙里祭拜了水仙尊王后，连水仙尊王都不好抬出庙门，只抬着大庙的平安君神像与青色龙船，举着龙船尾的龙旗、两只龙船一号位的船棹，敲着龙舟鼓，在浦头溪原来"扒龙舟""试水花"仪式的头尾地点这一段溪岸来回绕一圈，把溪头、溪尾的祭拜仪式一做，就算了事。"① 浦头人心有不甘，经过几年的酝酿，到了2005年，终于破解了这些困境，为本书提供了一则浦头人如何维护自己传统信俗存续的典型个案。

图5.21　2013年端午节浦头港"扒龙舟"之五月初四"试水花"前夕

---

① 据2016年11月23日在林亚国师傅家中的访谈记录。

一 艰辛但充满激情与智慧的抗争

早在 2004 年，浦头人开始运用社里有限的政治资源，试图推动浦头溪的疏浚及其原貌的恢复。笔者收集到了一份浦头社区居委会一名林姓政协委员在 2004 年漳州市芗城区政协会议上的提案，案由即呼吁疏浚浦头溪。而提案人的姓名与通讯地址显示，这与浦头港端午节"扒龙舟"涉及的 6 宫庙 6 龙舟息息相关（表 5.1）。

表 5.1 提案人姓名及通讯地址

姓　名	通讯处	电　话	邮编
林王福清	芗城区盐鱼市文英楼又名周爷楼		
浦头社区居委会	盐鱼市 33 号		
苏清波	田中央社、上厝东岗庙		
林清漳	土坪社		
林振华	土白社		
陆建顺	新城社区居委会		
周来凤	浦头大庙崇福宫		

浦头港端午节"扒龙舟"习俗，实际上囊括了浦头溪在浦头港这一段的东、西两岸所涉及的几个社里，西岸主要就是浦头社（上厝社、田中央社都是从浦头社分出去的），东岸则是渡船头（人少，算半社）与土白社、土坪社，以及港脚社、港口社、店上社三社，也就是历史上所说浦头溪东西岸的"浦头十八社半"与"浮洲十八社半"既对抗又合作的缩影。因此，从这份提案的提案人姓名和地址就可以看到，这几个社都参与了此次提案行动，而且都与具体"扒龙舟"的宫庙所在社里有关。

林王福清，是芗城区政协委员，所住之处属于浦头社文英楼周仓爷庙，属于文英楼周仓爷庙所扒的"黄色龙舟"的成员代表；

苏清波，是田中央社、上厝社的苏姓宗族耆老，属于浦头社东岗祖宫所扒的"红色龙舟"的成员代表；

林清漳，是土坪社厚泽庵观音庙所扒的"黑色龙舟"的成员代表；

林振华，是渡船头妈祖庙与土白社合作所扒的"白色龙舟"的成员代表；

陆建顺，其所在的港脚、港口与店上三社属于现在的新城社区居委会，是港脚德兴宫玄天上帝庙所扒的"浅绿色龙舟"的成员代表；

周来凤，是浦头大庙崇福宫所扒的"青色龙舟"的成员代表。

综上可见，这份提案虽然是以浦头溪疏浚为案由，但是提案人身份所体现出来的则是每年举行浦头港端午节"扒龙舟"习俗活动的这些社里的具体力量。

该提案的具体内容很好地梳理了浦头溪的历史变化以及现状困境，具体如下：

浦头地处漳东南郊区，与龙海步文区相连。自古以来浦头溪宽百米，系芗江与北溪九龙江汇合处。所有漳龙汀货物进出口皆集中于浦头溪中转，船只随潮水涨落起运，浦头溪北岸设有码头，番薯馆、盐馆，海产有蛏仔市（蚵蟳。棉纱、布匹皆由古码头即文英楼上水），金门及漳浦海产业上下水至古码头，在盐鱼市鱼行出售，该盐鱼市由元朝末至清朝初由城内渔头庙迁至此。

自清朝初蓝理任福建提督时，武官办民事，为拯救浮洲十八社半田园减受洪水侵蚀，决定镇九肚尾，开挖桥埔低洼处，引水接剑浦桥出口处，将西北二溪水分开，筑田里港排内涝，修浦头溪护海航。当时由月港内河船随潮水涨落进浦头溪，故日进千帆，杉木竹排亦满溪，极其繁盛，故漳古人有云：东门金，南门银，西门马粪，北门苍蝇。

自蓝理改芗江溪道后，浦头溪由大溪变内港，由于久年无修，内港污泥浸积，加上浮洲农民将农作物头尾填溪造田，造成溪面逐渐狭浅，大船不能入，暂由南门芗江取代。1970 年市郊公社发动平整土地，将浮洲丘陵之土堆，亦往浦头溪填，缩离南岸3—4 米。1980 年改革开放，百业皆振，私人办工厂、工厂，建立厂房皆填溪要地，无形中伸出约 4—5 米，使浦头溪更狭。

六年前，由土白村会同两岸六社盖章，要求浦头溪清溪留宽60 米，结果市政建设无根据现实环境，将浦头溪缩成 30 米，变成死河沟。而今臭水成沟，垃圾成堆，蚊虫成群，真是名副其实大化粪池。

自古以来，浦头溪两岸名胜古迹有：1. 浦头关帝庙名崇福宫；2. 霞东书院名文昌宫；3. 古码头定潮楼名周爷楼，又名文英楼；4. 东岗祖宫名小庙。以上各庙建筑物证明自古以来系古迹及交通旅游要点。原浦头溪两岸人口密集，为发展体育运动，增强人民体质，丰富芗城区文体生活色彩，历年来每年浦头溪由市体委举办六只龙舟比赛活动。至今 4 年清溪未能完成，造成内涝积水，现两岸人民呼声及要求：

1. 要求浦头溪两岸加宽到 60 米，保障内涝排水；

2. 要求浦头溪进、出口加宽到 80 米，保障内涝排水；

3. 要求抓紧清溪早日完成，保障内涝排水，免受洪水泡。

望有关部门负责人，为民办实事，抓紧督办该事是盼。

2004. 2. 4

此提案是由轮值当年端午节"扒龙舟"仪式的大头家土坪社林进海先生撰写的。林先生一生经历颇为丰富，先后服务过企业与政府文化单位，有着广泛的社会人脉和充足的知识储备。2005 年端午节前夕，林先生觉得既然轮到他当"扒龙舟"仪式的大头家，那么他就有责任做一些解决浦头溪疏浚以及促成"扒龙舟"仪式恢复的事。①

显然，林先生对浦头溪历史与现状相当了解，虽然其中涉及的浦头溪历史有些问题，比如《漳州府志》记载，清代浦头溪上流水变小是因为康熙五十六年大洪水导致西溪水道截弯取直，从浦头溪上游诗浦田里港直奔向东，而在此之前蓝理修筑田里港则是为了维持西溪故道浦头溪环抱漳州城东门，有利于风水的原貌，并非搞破坏。但是，对于1970年以来浦头溪的溪面改变，非熟悉浦头港的本地人士，则认知无法如此清楚。我们可以看到，1998年浦头港开始进入旧城改造进程时，浦头溪周边社里就已经提出留宽浦头溪溪面60米的具体举措，到了2004年，这个问题还未解决，甚至陷入了更窘迫的困境。因此，疏浚浦头溪，并留宽浦头溪面60米再次成了浦头溪两岸民众的呼声。

2005年端午节快来临的时候，眼看着浦头溪疏浚遥遥无期，"扒龙舟"活动又不能如期进行，浦头溪两岸民众决定发挥集体智慧来解决这件事。端午节"扒龙舟"是浦头溪两岸几大社里民众的传统信仰习俗，每次举行都需要庞大的人力物力，可谓全民出动。因此，自1978年漳州市体委前来组织浦头港六队龙舟赛时，浦头溪参与"扒龙舟"的这些社里自发成立了"浦头溪龙舟协会"，协会理事即由当值年负责组织六条参赛龙舟的头家们负责，当值年的龙舟的大头家即为理事长。2005年4月28日是浦头港每年筹备扒龙舟习俗的日子，林进海先生召集了浦头溪两岸该年轮值负责组织扒龙舟的各社里头家以及浦头港各头脸人物到浦头大庙，为早日恢复正常的端午节"扒龙舟"活动而献计献策。当天，由林进海先生撰写的一份"浦头溪龙舟协会"工作报告"浦头港龙舟协会小结"② 直接发放给与会者，从中

①　根据笔者2016年9月19日在芗城区龙舟协会首任秘书长林进海先生家中的访谈内容。

②　据2014年12月23日原"浦头溪龙舟协会"成员苏金水师傅提供的资料影印件。

可以探触到林先生"未雨绸缪"所做的一系列努力与当时浦头港龙舟协会成员的努力与情绪。

浦头港龙舟协会小结

漳州市芗城区浦头港龙舟竞赛至去年已经停止活动有五年之久了。虽然在这段时间没有举办竞赛，但本港原有成立龙舟协会依然搞好有关工作。除了浦头港已筑堤的一段不能改变外，在东侧靠环城路一段的浦头港，本港龙舟协会向上级申请拓宽。蒙市、区二级政府支持，批准拓宽。为今后龙舟竞赛创造好条件，便于举办活动。与此同时，闽南日报记者先后三次到本港协会采访，并到浦头港实地拍摄拓宽场面，并刊载在闽南日报，促进有关部门的支持和同仁们的工作热诚。本协会同仁情绪高涨、团结一致，在这些年来做出来卓越成绩，赋予上级的重视，并经市文体局认可，本港龙舟协会已获得市、区批准成立了芗城区龙舟协会，属于正规组织的活动团体。今年农历五月初五计划举办龙舟游江活动，创造社会舆论，请上级给予支持和重视。

2005 年 4 月 28 日

上述文字显示，浦头溪疏浚陷入窘境，浦头溪龙舟协会的理事们最为焦虑，因此做了许多工作，除了前述 2004 年请社里政协委员在芗城区政协委员会会议上提交相关提案外，还以浦头溪龙舟协会的名义向上级提交申请书，请求拓宽浦头溪，并积极邀请漳州最重要的媒体《闽南日报》的记者前来采访报道。在此次会议上，林进海先生提出了当年端午节举行"旱地扒龙舟"及其后申请成立民间社团"芗城区龙舟协会"的建议。也就是说，端午节那天要在浦头溪两岸而不是水里，举行一整套内容的"扒龙舟"仪式，包括模拟"请船""龙舟比赛""辞船"等"扒龙舟"仪式所蕴含的三个主要环节。除了不架设主席台，不抬龙舟与水仙尊王出来，"扒龙舟"仪式所需的六条龙舟人员与器具必须备齐，浦头溪两岸各分三支"扒龙舟"队伍，头尾衔接，沿着浦头溪的堤岸快走一个来回，所有龙舟队伍经过路头、路尾、路口、港口岔道、庙口等必须与传统"扒龙舟"仪式一样，略作停顿、敲锣打鼓、队员呐喊、燃放鞭炮与撒放金纸。每条龙舟配齐全部所需的 21 位队员及相应的辅助人员，其中一人敲龙舟鼓，一人挥舞蜈蚣旗，一边 9 位共计 18 位桨手人人手持船棹，最后一人把船舵，排列成"扒龙舟"比赛时的队形，并一路模拟相应的"扒龙舟"动作；另有若干仪式辅助人员拥簇前后，其中两人提大灯笼，一人举凉扇，一人放鞭炮，一人撒金纸。同时，林先生还拟邀请一位蔡姓记者前来采访，制造社会舆论，以引起相关管理部门的重视，然后以成立"芗城区龙舟协会"继续推动浦头溪的疏浚与"扒龙舟"仪式的恢复，这两种举措都得到了与会者的大力响应与支持。①

其后，浦头溪龙舟协会经报请文体局认可，积极向民政局申报在浦头溪龙舟协会的成员基础上成立"芗城区龙舟协会"，也就是说，把"芗城区龙舟协会"这个区一级的正式民间"扒龙舟"社团放在浦头港，借此以壮大自己声势，使得浦头溪"扒龙舟"活动显得师出有名，进一步引起上级相关管理部门重视。

2005 年 6 月 13 日《闽南日报》A2 版刊载了"浦头溪风光不再龙舟赛已停五年"的报道，其内容非常简要："6 月 11 日，是农历端午节，悦港、浦头、桂溪、田丰共四社区在市区浦头港举行一年一度的浦头溪龙舟赛仪式，纪念因浦头溪环保问题已停 5 年的龙舟赛事。"该报道还陪了两张图片，一张为"右图为曾经辉煌的浦头溪龙舟赛事"，另一张为"下图为四个社区近万名群众在浦头两岸开展纪念活动"，万名观众围观浦头溪六只龙舟队举行"旱地扒

---

① 根据笔者 2016 年 9 月 19 日在芗城区龙舟协会首任秘书长林进海先生家中的访谈内容。

龙舟"，即为此次纪念活动的最大特色。可见，在 2005 年端午节，浦头溪龙舟协会确实发动了不少本地民间力量来制造浦头溪亟须疏浚的舆论。"浦头好风景，龙船岸上行"的顺口溜大概也是这个时候广为流传的。2005 年 6 月 17 日，《闽南日报》第 2 版综合新闻又刊载了记者江少菁所撰标题为"内河污染严重　整治刻不容缓"的调查报道。里中除继续曝光横贯市区南北的内林饮水工程和浦头港排涝工程从 1999 年以来陆续完工投入使用但是未发挥其原设计的作用外，还提到了 2005 年召开的漳州市十三届人大六次会议上，市人大代表、市人大常委会委员李其团和赵月英提出《关于加快加大新区内河浦头港改建整治力度的建议》，从而引起了市政府的高度重视，于是浦头港整治的各项工程大有进展等事宜。2005 年 6 月 25 日《闽南日报》再次刊载记者江少菁的新闻稿件"本报报道引起有关部门重视　市环保局加大内河监管力度"，提到其先前刊载的调查报道"内河污染严重　整治刻不容缓"在社会上引起较大影响，同时也引起了有关部门的高度重视，市环保局当天即召开专题会议，先后对涉及浦头溪污染的福建省漳州市糖业股份有限公司、浦头港桥头违章营业的石板材加工厂，以及浦头港上游内林引水工程渠道两侧生猪养殖户以及沿途鱼塘的排污进行了治理。再次显示了浦头溪两岸社民努力地运用有限的媒体资源与政治资源来解决浦头溪疏浚的问题。

紧接着，为了配合此次芗城区龙舟协会申报成功，林进海先生建议浦头溪龙舟协会马上从各社里抽出精干人员，成立机构精要、办事更加有效率的"漳州市浦头溪龙舟协会常务理事会"，以代替原来人员比较松散、年龄结构偏大的"浦头溪龙舟协会"理事，用以运作这件事。2005 年 6 月 21 日浦头大庙贴出了一张公示，宣告漳州市浦头溪龙舟协会常务理事会组织成立，具体如下：

第五章 改革开放以来浦头港民间宫庙群的复兴 ❖ ❖

公　示

漳州市浦头溪龙舟协会常务理事会组织成立

于 2005 年 6 月 21 日（农历五月十五）晚 8 点，地点浦头大庙：举办民间自发义务意愿组织"漳州市浦头溪龙舟协会常务理事会"。

参加单位四社区十二艘龙舟代表十四名：

1. 浦头社区：（大庙　青龙船）二艘代表　蔡原根　洪仔忠

2. 浦头社区：（文英楼　黄龙船）二艘代表　陆锦东　陆爱国

3. 桂溪社区：（土坪社　黑龙船）二艘代表　林建根　林进海

4. 桂溪社区：（渡船头、土白社　白龙船）二艘代表　许溪水　林钦仔　林锦坤

5. 田丰社区：（东岗　红色龙船）二艘代表　苏清波　苏金水

6. 悦港社区：（店上、港脚、港口　浅绿色龙船）二艘代表陆河山　陆松溪　陆志成

推选十三名常务理事：（正会长由每年头家船当任、其者任副会长若有缺席由本单位补席）

正会长：蔡原根

副会长：洪仔忠　许溪水　林水盛　林建根　林进海（兼会计）　苏清波　苏金水（兼出纳）　陆锦东　陆爱国　陆河山陆松溪　陆志成

六名逐年社里头家参加理事：（每艘船一名）

漳州市浦头溪龙舟协会常务理事会宗旨：

1. 平生意愿协助政府和相关部门，敦促浦头溪环境美化优雅；广泛发动周边民众共同维护浦头溪环境卫生，督促乱堆放杂物、垃圾、污水。让浦头溪焕发生机、让完好无损的龙舟再腾雄风、让水

仙尊王不再闻臭水，让周边居民过着舒适优雅的环境氛围。

2. 每年有规范化组织龙舟进行比赛会，促进健身体育活动。

以上宗旨呈文政府支持！力求光大民众协助，发扬社会公德：从每一个人做起。共同为精神文明建设竭诚服务。

2005 年 6 月 21 日（农历五月十五）

公章：漳州市浦头溪龙舟协会常务理事会

这份告示中，浦头溪龙舟协会常务理事会的人员架构实际上就是原来浦头溪龙舟协会人员的重组精英版，很好地诠释了浦头港端午节"扒龙舟"的组织结构。从公示的宗旨内容来看，首先还是要让浦头溪恢复生命力，才好举行端午节"扒龙舟"比赛。更重要的是，浦头溪龙舟协会常务理事会的正式成立，为即将正式报备芗城区民政局的"芗城区龙舟协会"奠定了基本的人员结构骨架。在这次成立会议上，浦头溪龙舟协会常务理事会还准备好了一份题名为"浦头溪四社里群众呼吁有关部门　尽快彻底做好污水治理河道疏通——不让浦头溪龙舟望港兴叹"的新闻稿，内容具体如下：

自 2000 年浦头溪就列为漳州市政、环保治理污水重点工程建设之一，近五年来也取得了很大成果。但还有局部东、西侧地方未进行处理，造成污水继续排除不了：臭水墨黑、污泥成堆，夏天一到臭虫蚊子成群；影响周边民居的生活，空气、环境不良。特别周边有几个老龄人活动场所，都不能享受舒适的休闲活动。

浦头溪是漳州市悠久历史文化古码头之称；明、清年间是漳州东门最繁华的地区；有盐鱼市、杉行、商行、什货行。有通往石码、厦门商船，远者有通商南洋、利宋（菲律宾）等地区的商船。清朝乾隆皇帝亲为浦头溪码头制约立碑文：禁止非法向来往商船乱收关卡什费（石碑文现保留在文英楼下面）。

　　浦头溪有五百多年民间传统节日端午节（端阳节），每家每户门前要插菖蒲艾叶，吃粽子、划龙船健身比赛。一般从五月初一开始进行训练，直到五月十七、十八日举行盛大决赛活动，两岸上万人男女老少聚集观看比赛；这是漳州的历史文化生活内涵，作为上年纪的漳州人都会记得这件事；可是从 2000 年以后，已停五年的龙舟比赛，我们的孙子都不懂怎么划龙舟呢？

　　要如何让浦头溪的辉煌形象、优美环境和传统节日重新焕发生命力，对现在的人形成更多的吸引力，重新出现浓郁的景光和民俗氛围。呼吁有关部门重视、为民办实事，尽快彻底做好污水治理清洁，河道疏通。

漳州市浦头溪龙舟协会常务理事会　供稿

2005 年 6 月 21 日（农历五月十五）

　　以漳州市浦头溪龙舟协会常务理事会名义撰写的这份新闻稿件是具体决策，林进海先生所期许的社里集体力量得到了凝聚与爆发。字里行间可以看到这些浦头溪两岸精英分子被激发出来的那股热爱浦头溪、热爱浦头溪"扒龙舟"等自己社里民俗传统的情绪。而此后出现的各种文本，都是以漳州市浦头溪龙舟协会常务理事会名目撰写与呈报，主笔林进海先生则转入幕后，实现了他个人对浦头溪两岸民众集体力量的成功调动。从这份新闻稿件字里行间中，我们可以看到其热爱浦头溪、热爱浦头港、热爱浦头港"扒龙舟"等民俗传统的情绪。同时，也很好地反映出了新成立的浦头溪龙舟协会常务理事会的最终目的：依然还是呼吁有关部门尽快解决浦头溪疏浚问题，浦头港"扒龙舟"习俗自然而然也就恢复了。

　　2005 年 6 月 28 日，漳州市浦头溪龙舟协会常务理事会与浦头社区、桂溪社区、田丰社区、悦港社区又撰写了一份新闻稿件，题名为"浦头溪四社区群众呼吁有关部门尽快彻底做好活水治理河道疏通，不让浦头溪龙舟望港兴叹"，内容核心依然是回顾浦头港及其端午节"扒龙舟"习俗的悠久历史，呼吁有关部门尽快彻底疏浚浦头溪，以恢复浦头溪端午节"扒龙舟"习俗。另根据一份林进海先生记录的《漳州市浦头溪龙舟协会纪要》，2005 年 7 月 4 日下午 4 点 45 分，漳州市浦头溪龙舟协会理事会正副会长集体出动，邀请闽南日报苏姓、张姓两位记者到浦头溪（东环城路浦头桥至西新浦路浦头桥，全段约长 700 米）现场存在难题进行考察，并力求帮助广大群众的呼声能够通过媒体反映，取得政府重视。浦头溪龙舟协会常务理事会向记者们提出了他们的"群众要求"：1. 浦头溪（东环城路浦头桥至西新浦路浦头桥，全段约长 700 米）遗尾工程约 200 米石堤岸整建完成；2. 河道污水、污泥尽快清理排除就绪；3. 建议在东环城浦头桥下筑道闸门，以备蓄清水保持一定储量，有效制造环境空气舒适，并能让划龙舟增加广阔的场面。2005 年 7 月 9 日《闽南日报》A2 版刊载了一为"浦头港应该是一条怎么样的港"，作者是苏导，苏导就是此前浦头溪龙舟协会邀请来的《闽南日报》苏姓记者的笔名。张姓记者则负责拍照。苏导的这篇调查报道笔调十分娴熟，且很好地结合了浦头溪龙舟协会举行的座谈会内容、协会所提交的新闻稿，以及他自己在浦头溪的现场调查，最后提出了浦头溪治理不善的四点原因：投入不足、管理没有跟进、综合治理不力、规划设计不尽合理。其实这都是城市化初期许多旧城改造工程出现的通病，浦头溪的工程改造亦不例外，而浦头溪龙舟协会所呼吁的问题症结亦集中体现在此，也算是替有关部门为浦头溪治理问题准确把了一回脉。

2005 年 7 月 15 日，浦头溪龙舟协会常务理事会又积极出招，积极向市文管办申报把浦头港文物古迹如古码头与龙舟列入市级保护单位：

申报书

申报单位：漳州市浦头溪龙舟协会理事会（附书公示壹份）

申报事由：浦头溪地处漳州市东部，有悠久历史文化内涵、漳州市东渡"古码头"之称。明、清代年间是漳州东门最繁华的活跃商贸地区。浦头溪原水清洁、河道深阔，通九龙江（西溪）流入石码、厦门海口，潮水涨入浦头定潮楼下（文英楼）、有观潮问渡盐鱼市；有蛏仔市、米市、杉行、探花码头，有浦头大庙杂货行、粉街批零商行，水田崎顶渡过溪泥泊（译音桂溪、土坪、渡船头、土白）。浦头溪是水路通商贸易口岸，近者通石码、厦门、金门货船，远者通南洋、吕宋（菲律宾）等地区商船。清朝乾隆皇帝亲勒令制宪："奉宪严禁浦头泥泊自三间桥至喜心港止海道船只往来停泊不许索取牙钱"碑文（现石碑文保留在文英楼下边）；由此可见，当年的浦头溪是漳州府对外经济贸易的重要枢纽；浦头溪自1958年大跃进，九龙江筑造防洪堤岸，碧湖流出口筑水闸门后缩成"浦头港"。如今的浦头港南北岸依然有着相当的经济发展价值：西北岸有新城、丹霞园、悦华园、水果批发市场，有新崛起的"香格里拉大观园"，毗邻"沃尔玛"大商场。东南岸有浦头大厦、浦东副食品市场、荣昌花园、桂溪花园、桂溪名都、东方明珠、悦港新村等。漳州市东移浦头港周边地域是当前经济发展活跃繁华潜力，浦头港作为新区规划保留的主要市区内河生态水系；不仅是水利，也是市政景观设施，具有游览、造景、调节城区大气等特殊功能。众所周知：浦头溪有历史悠久的传统民间节日"端阳节"，是纪念伟大的爱国诗人屈原（俗称水仙尊王）；一年一度在浦头港举办隆重的划龙舟健身比赛活动，有六艘龙舟（青、白、黑、红、黄、浅绿）参加。这是漳州历史文化生活中之结晶。

申报要求有关部门：A. 把历史悠久的漳州市浦头港航运东渡"古码头"之称列入市文物保护单位。B. 把浦头港六艘龙舟列入市文物保护单位。

呈递：漳州市文管办！

敬候回示！

申报单位（公章）：漳州市浦头溪龙舟协会常务理事会

2005 年 7 月 15 日

附书公示壹份、资料相片壹张

在具体的调查过程中，笔者发现，这份申报书递交到了漳州市文管办后，其申报的内容最终都没有实现。浦头人虽然很遗憾，但这也在他们的意料之中，毕竟能列入市级文物保护单位的古迹有相当苛刻的文物等级需求，与浦头人自己对于自己生活场域中的文物古迹的感观有相当大的差距。另外，申报的时机也不对，相对于其后方兴未艾的"非物质文化保护"而言，浦头港应该积极申报端午节"扒龙舟"习俗成为市级文物保护项目。然而，这份申报书更多还是为彻底疏浚浦头溪，恢复端午节"扒龙舟"习俗等事宜而进一步制造社会舆论。

紧接着，2005 年 7 月 21 日，漳州市浦头溪龙舟协会常务理事会给浦头港治理指挥部写了一封公开信：

给浦头港治理指挥部的一封公开信

尊敬的浦头港治理指挥部负责人：

有关历时五年多的浦头港治理（自 1999 年至 2004 年），原来势头很好，已筑建整齐石堤阶岸，大功已告成大半。但拖尾工程拉得太久了，是否工程款不足？或施工不力抓不紧？断症，假以时日尚需抓紧，配合上、下级把目前存在的拖尾工程迅速整治好，为我市创建美好形象、以实际行动为民办实事、办好事而努力；为浦头港尽快焕发生机，塑造幽雅环境，让群众满意，了结心烦之事。

现漳州市浦头溪龙舟协会理事会，代表周边四个社区群众，呼吁有关部门尽快彻底做好污水、污泥治理，河道疏通——不让浦头溪龙舟望港兴叹！众所必求，我们协会愿协助指挥部共同促进这次中段整治完结。众所要求：

1. 浦头港中段、东九龙大道浦头过溪桥下应设置水闸门，以保证分量蓄水，确保生态水系、造化清新空气；方便划龙舟有适量水位。

2. 浦头港中段、东九龙大道浦头过溪桥南侧石堤阶岸，及西新浦路浦头桥南侧石堤阶岸，各百米长，此次施工应该让河道适当加宽，让十二艘龙舟能往返调头。

谨此：

敬候回喻！

（公章）漳州市浦头溪龙舟协会理事会

2005 年 7 月 21 日

从行文的语气与内容来看，浦头溪龙舟协会常务理事会的耆老们简直就是在教导一个不听话的晚辈怎么做事。浦头港的疏浚治理一拖就是四五年，对于浦头溪两岸民众、施工单位，以及相关管理部门，确实都是一件烦心事。在这份公开信中，浦头溪龙舟协会常务理事会言明，他们是代表着浦头港周边四个社区民众前来上书呼吁的，而且提出了更加明确清楚的治理条件，也显示了浦头溪龙舟协会常务理事会一系列的运作，逐渐有了回应，浦头溪治理的事情也正在好转。

在没有得到浦头港治理指挥部及时回应的情况下，漳州市浦头溪龙舟协会理事会以拟向芗城区民政局申报备案的民间社团"漳州市浦头溪龙舟协会"筹备会的名义给芗城区政府信访办递交了一封信访信，希望能够通过区政府的信访工作，推动浦头港治理工程指挥部尽快响应浦头溪龙舟协会耆老们提出的治理要求。

信　访

漳州市芗城区人民政府信访办：台鉴！

目前我市随着生态建设和环境整治工作的不断推进，为构建国家卫生城市，投入创卫工作做出巨大努力。未建立健全长效管理机制，完善工作计划措施和方案，认真解决存在的问题，充分调动社会各界和光大人民群众，积极参与创卫工作。市长何锦龙在召开创卫会上表示，以对人民群众负责的态度，认真制订方案，加大整改力度，争取在较短时间内解决存在的突出问题，完善卫生配套设施。

为此我处筹立漳州市浦头溪龙舟协会，代表浦头港周边四社区，几万人的呼声，为了创卫工作，杜绝城市脏、乱、差现象，美化城市。优化人居环境、提升城市品位。同时让我们每年一度的浦头溪划龙舟活动，能顺利继承以往年间的传统习惯比赛。

我们要求政府批示：有关整治浦头港工程指挥部：1. 首次征建浦头港芗城段东南坡石堤岸的河道加宽约 60 米，长约 150 米。2. 在九龙大道过溪桥西侧芗城段建筑一道水闸门，以蓄水造化空气、防旱，方便清理冲洗污泥，保证上中游水位。

以上两点要求，事关重大，百年大计，造福子孙，造福社会。谨布区区、尚希鉴察、费神相助！

谨此！

呈递：漳州市芗城区人民政府批示！

漳州市浦头溪龙舟协会筹备会

2005 年 8 月 3 日

2005 年 8 月 22 日，正值漳州市为创建国家级卫生城市而积极整治市区环境之际，浦头溪龙舟协会筹备会抓住时机，紧锣密鼓地给芗城区政府呈交了一封新的公开信：

尊敬的芗城区委人民政府：台鉴！

为我市创建国家卫生城市，芗城区目前开展了浦头港专项整治行动。针对群众关注整治问题，施工应解疑释惑——立足长远规划，避免扰民。

现漳州市芗城区浦头溪龙舟协会筹备会，代表周边四个社区群众，向区委反映尽快彻底做好污水、污泥治理，河道疏通问题，众所要求这次整治施工：

1. 浦头港中段、东九龙大道浦头过溪桥下应设置水闸门，以保证分量蓄水，确保生态水系、造化清新空气；方便今后清理河道污泥，又能保证划龙舟有适量水位。

2. 浦头港中段、东九龙大道浦头过溪桥南侧石堤阶岸，及西新浦路浦头桥南侧石堤阶岸，各百米长，此次施工应该让河道适当加宽（60米），让十二艘龙舟能往返调头。

3. 当前河道污泥应处理上岸晒干，不能沉淀河底，才能尽快治理臭黑污水。

4. 要求区委督促悦华开发浦头地域，违章超越搭筑浦头港堤岸护坡，及路绿化带。群众反映极大。

本协会于七月二十一日递交浦头港治理指挥部一封信，反映事实，得不到众所要求的解决方案。为此，再次如实反映给芗城区委，敬请及时做出决策，解除民忧。

谨呈：

区委批示！

漳州市芗城区浦头溪龙舟协会　筹备会

2005 年 8 月 22 日

代表签字：

可能浦头港治理工程指挥部与区政府信访办的回应迟迟未到，漳州市芗城区浦头溪龙舟协会筹备会最终把意见反馈给了浦头港的管辖地所在的最高管理机构即芗城区政府。此次意见信得到了芗城区政府的回应，因此，漳州市芗城区浦头溪龙舟协会筹备会在其后的第三天，又重新向芗城区政府递交了一封更加清楚明了的意见信：

关于浦头港治理污泥和安置水闸蓄水及尾段（已筑堤阶）加宽的反映情况的要求

漳州浦头港有着悠久的历史文化，当年是漳州府治对外经济贸易的重要枢纽，浦头港中段，东九龙大道过溪桥南侧石堤阶岸长约500米，是浦头港四社区历年龙舟竞渡的运动场所，数百年如一日，自1978年由市体委组织举办六队龙舟比赛的活动，逐年活动不停，至1999年由于浦头东、西侧未进行疏导治理，导致污泥壅塞，无法进行龙舟比赛活动，已停划五年。这次蒙芗城区委整治浦头港，疏通河道。因此，我们浦头港四社区提出治理要求如下：

1. 浦头港中段，东九龙大道过溪桥下应设置水闸门（原1958年已有闸门）以保证分量蓄水，确保生态水系，方便划龙舟适量水位。

2. 浦头港中段，东九龙大道过溪桥南侧石堤阶岸及西新浦路浦头桥南侧石堤阶岸，总长约500米。尾段的东段正在准备施工，河道几十米，要求加宽至60米。

3. 要求区委督促悦华开发浦头地域，违章超越搭筑浦头港堤岸护坡，及路边绿化带。群众对此反映极大。

漳州市芗城区浦头溪龙舟协会　筹备会

代表签字：

二〇〇五年八月二十五日

至此，浦头溪的疏浚治理问题才得到一定程度的解决，笔者在具体的调查过程中，也才没有再在浦头港发现这一类要求治理浦头溪的公开信或意见书。

次年，也就是 2006 年端午节，以浦头溪龙舟协会成员为人员骨架新成立的"漳州市芗城区龙舟协会暨第一届理事会成立庆典大会预备会"上，按惯例筹备组负责人要先行汇报"芗城区龙舟协会筹备工作情况"，其中提到了整个筹备工作的全过程：1. 2005 年 4 月 28 日端午节时，"芗城区龙舟协会筹备工作"正式开始；2. 2005 年 5 月 23 日筹备组织了七社区 31 支船队，会员 62 人；3. 2006 年 2 月 15 日，筹备组织负责人与发起人向芗城区文体局提出申请报告，得到批复。紧接着报请芗城区民政局批准，得到批复。并提交验资报告；4. 2006 年 4 月 4 日召开会员代表大会通过相关章程，推荐选举组织机构负责人 21 人、会长兼法人代表 1 人以及副会长 1 人、秘书长 1 人、理事长 18 人；5. 2006 年 4 月 19 日同时向芗城区文体局、芗城区民政局申报关于成立登记漳州市芗城区龙舟协会，分别得到同意的批复，芗城区龙舟协会正式登记注册。浦头溪龙舟协会终于成为有社会团体法人资格的民间社团"芗城区龙舟协会"，有了合法的业务主管单位与社团登记管理结构的业务指导与监督，可以在所登记的章程范围内展开正常合法的"扒龙舟"活动。

审视芗城区龙舟协会的成立过程，可以发现，这一过程实际上是自 1999 年以来浦头溪四社区"扒龙舟"民众进行浦头溪疏浚治理抗争工作的高潮期。他们虽然所掌握的社会资源很有限，但是群策群力，把握住了如何实现浦头溪彻底疏浚治理的要害，先自下而上，再自上而下，最终初步实现了浦头溪的疏浚与治理，使得浦头港 2006 年端午节的"扒龙舟"习俗能够及时顺利的恢复与举行。

二 2006 年浦头溪端午节的双重庆祝

2006 年端午节，以浦头大庙为"芗城区龙舟协会"办公场所，以浦头大庙"青龙舟"龙船队为重新恢复的浦头港"扒龙舟"习俗的首任头家，浦头溪两岸四社区民众在浦头大庙庙埕前同时举行了两大庆典：上午"芗城区龙舟协会"在浦头港举行了隆重的成立庆典大会；下午举行中断五年的浦头溪"扒龙舟"习俗。这一幕可视为自1999年以来，浦头溪四社区"扒龙舟"民众维护自己合法权益，保护自己传统信仰习俗文化生活的一次重大胜利。因此，此次双重庆典对于浦头港人来说，意义非凡。

（一）芗城区龙舟协会成立庆典

浦头溪四社区的民众非常重视此次庆典大会，"芗城区龙舟协会"成立庆典大会也就显得格外的隆重。作为龙舟协会大本营的浦头大庙人山人海的同时，又显得格外有序。浦头大庙庙埕左侧，也就是浦头溪岸边上用以主持上午成立庆典与下午龙舟赛专用二层木质彩台已经布置装扮就绪。即将在这里举行的"芗城区龙舟协会"成立庆典大会上登台亮相的各色人物，明面上是参加此次庆典大会的嘉宾，而实质上更与此次浦头溪疏浚以及浦头溪"扒龙舟"习俗恢复的抗争过程中所涉及的各色社会关系息息相关。

2006年5月31日，芗城区龙舟协会如期举行成立庆典，现场分发给嘉宾的庆典程序单内容如下：

主持人：

一、兹定于公元2006年5月31日（农历五月初五）上午9：30时，在芗城区浦头大庙前，举行芗城区龙舟协会暨第一届理事会成立庆典大会，吉时良辰揭牌仪式现在开始（鸣炮）。

二、9：40由芗城区民政局社团登记管理机关宣布芗城龙舟协会组织机构负责人名单（附龙协06#稿）。

三、9：50芗城区龙舟协会成立致辞：（龙协成立稿1#）。

四、10：05会长讲话：（会长发言稿2#）。

五、10：15 请领导讲话指示：

1. 区领导讲话

2. 区民政局社团管理机构领导讲话

3. 区文体局主管领导讲话

六．10：45 致辞：

漳州市芗城区龙舟协会暨第一届理事会成立庆典大会，完满成功举行；屡承明示，深感歉意，谨以至诚，祝贺协会宏图大展！鹏程万里！顺祝大家健康进步！成功顺利！

七．11：00 毕会：（鸣炮），外勤人员接待宾客膳午餐。

漳州市芗城区龙舟协会理事会

这份程序单所体现出来的内容是一份再正规不过的民间社团成立庆典大会程序列表，几乎看不出此次芗城区龙舟协会成立所经历的坎坷与特殊意义，看看新成立的芗城区龙舟协会会长发言稿，也丝毫没有弦外之音：

漳州市芗城区龙舟协会暨第一届理事会成立庆典大会

致辞

芗浦遗风世代传　江头志浩壮气芳

继承传统历史文化　弘扬全民健身活动

各位领导、各位嘉宾、各位会员单位代表：大家好！

在漳州市芗城区民政局的指导下，芗城区文体局的大力支持，以及全体理事会会员的努力，芗城区龙舟协会第一届理事会正式成立！

龙舟协会创办于地方性团体组织，自愿结成。为继承传统历史文化节日活动和发展健身体育运动，本协会将起努力作用，团结全区龙舟爱好者，热心支持体育活动的团体和个人，遵纪

·239·

守法，维护国家政策法令，遵守社会道德风尚。协会将组织好划龙舟活动，推进全民健身体育活动，增强人民体质，提高全民族整体素质，推广典范、表彰先进，促进体育新项目的发展。

值此之际，我代表本协会全体会员向关心我们组织的各位领导、各位嘉宾和与会全体同仁们，表示热烈的欢迎和衷心感谢！同时诚挚祝福各位身体健康！工作顺利！万事如意！事业发达！谢谢！

漳州市芗城区龙舟协会会长蔡原根　谨上

2006 年 5 月 31 日

笔者从组织与主持此次庆典大会的某位理事手中收集到了一份《漳州市芗城区龙舟协会暨第一届理事会成立大会邀请名单》，可以完美地呈现与此次庆典与"扒龙舟"恢复活动紧密相关的社会关系。

漳州市芗城区龙舟协会暨第一届理事会成立大会

诚意邀请

致

1. 漳州市芗城区人民政府领导

2. 漳州市芗城区文体局领导

3. 漳州市芗城区体育总会领导

4. 漳州市芗城区体育总会柯益南先生

5. 漳州市芗城区老年体协马惠恭先生

6. 漳州市芗城区民政局领导

7. 漳州市芗城区社团办公室洪艺华女士

8. 漳州市闽南日报社苏衍宗先生

9. 漳州市闽南日报社张伟斌先生

10. 漳州市广电局领导

11. 漳州市建设局林俊美先生

12. 漳州市芗城区建设局建设科张永金先生

13. 漳州市芗城区环保局领导

14. 漳州市浦头港治理建设指挥部领导

15. 福建省通俗文艺研究会漳州创作基地谢河龙先生

16. 漳州市芗城区道教协会

17. 漳州市文管办领导

18. 漳州市芗城区巷口街道办事处领导

19. 漳州市芗城区巷口派出所领导

20. 漳州市芗城区浦头社区居委会领导

21. 漳州市芗城区新桥街道办事处领导

22. 漳州市芗城区新桥派出所领导

23. 漳州市芗城区悦港社区居委会领导

24. 漳州市龙文区步文镇派出所

25. 漳州市龙文区步文镇土白村委会领导

26. 漳州市龙文区步文镇田丰村委会领导

27. 漳州市芗城区巷口东门居委会领导

2006 年 5 月 31 日

　　从这份名单可以看到，除了此次芗城区龙舟协会的业务主管部门区文体局与社团登记管理部门区民政局，浦头大庙的业务主管芗城区道教协会，以及浦头港的四社区所在街道办、派出所、居委会、村委会这些自家人属于正常的邀请，自 1999 年以来浦头溪龙舟协会一系列抗争所涉及的有关部门以及个人，都被邀请出席。比如芗城区政府，记者苏衍宗、张伟斌，区广电局、建设局、环保局、浦头港治理指挥部、市文管办等。一般而言，邀请的排序可以彰显嘉宾的重要性。

其一，芗城区政府高居名单首位。普通民间社团的成立，其实很难邀请到其归属地的最高行政机构的领导参加捧场，邀请区政府的领导出席，必然有其特殊原因。显然，在浦头溪疏浚治理过程中，区政府有决策权，最终的解决还是要依靠区政府的统筹推动，因此，居功至伟，而按照行政局别而言，区政府也应该排在首位。

其二，闽南日报社的两位记者。他们应该是那两位曾应浦头溪龙舟协会耆老们的邀请专程前来调查报道过浦头溪疏浚困境的苏、张姓记者，显然，耆老们认为这两位记者的调查与报道发挥了巨大的作用，有力地推动了浦头溪疏浚治理有关部门重视与解决相关问题。而实际上，浦头溪龙舟协会的耆老们不止一次的依靠媒体曝光浦头溪的困境，也感受到了媒体对于地方行政部门巨大的监督作用。这也可能是他们成本最小的求助方式，因此，这两位记者深受尊重。

其三，建设局、环保局、浦头溪治理建设指挥部，这三个部门与浦头溪建设工程休戚相关，其中有监督者、承建者以及实际的管理者。尤其是浦头溪治理建设指挥部，因为是浦头溪建设的实际执行者，很容易让浦头溪龙舟协会的耆老们认为他们是浦头溪疏浚不力的罪魁祸首，而他们也确实一度这么认为。而浦头溪的困境其实是多方原因造成，既有历史的原因，比如溪面被多方蚕食侵占；更多是旧城改造初期出现的一种常见的不规范的粗放型建设的结果：因为不规范，利益关系混乱而造成到处扯皮。浦头溪治理建设指挥部估计也从没想过要陷入那种两难的境地。一旦建设规范化，各方执行规范，利益责任明晰，这种问题也就不再是问题。浦头溪龙舟协会的耆老们都是洞明世事的地方精英分子，深深知道，要马跑还得马吃草，尊重和沟通才是最有效的处理问题的方式，问题能解决就是皆大欢喜。因此，解决问题的最好方式是尽弃前嫌，哪怕只是因为浦头溪困境顺利解决，也应该邀请这些相关部门一起参加庆祝，何况还有一个名正言顺的民间社团成立庆典大会，按照闽南传统习俗，浦头人也最喜欢请人前来参加热闹了！

而新成立的"芗城区龙舟协会",其成员除了原浦头溪四社区六条龙舟,新增加的只有毗邻的巷口教子桥黄、红、青、黑四条龙舟,他们是属于与浦头港"扒龙舟"活动友情来往的兄弟龙舟队,他们在东湖有自己社区的"扒龙舟"活动,只不过是在各自的活动期间,互相派人派船来参加彼此的热闹而已。因此,芗城区龙舟协会实际上就是原来浦头溪龙舟协会的扩大精英版,核心的架构并没有改变。因此,漳州市芗城区龙舟协会暨第一届理事会的会长、副会长、秘书长全部是浦头溪龙舟协会的耆老,关键先生林进海则荣膺秘书长,18 位理事中有 16 位也是浦头溪龙舟协会的耆老。芗城区龙舟协会实际上代表者浦头溪两岸民众,成了浦头溪的合法保护者!

因此,组织与主持此次庆典的浦头溪四社区的耆老们显得落落大方,心情舒畅,而被邀请来的嘉宾高坐彩台,备受尊重,志得意满。一切尽在不言中,两者之间的人际关系因为浦头溪而得到了有效的梳理与修复。

(二)漳州市芗城区龙舟协会首次组织的"扒龙舟"活动

2006 年 5 月 31 日端午节,中断五年的浦头港端午节"扒龙舟"习俗终于恢复了。在上午举行的漳州市芗城区龙舟协会成立庆典大会的掩映下,"扒龙舟"活动显得更加社区化,除了文体局的领导作为龙舟协会的业务指导,继续留下来观摩,其他邀请来的嘉宾则来去自便,因为这是属于浦头溪两岸民众的集体狂欢。

1. 五月初四"试水花"

先看一份纸质的表单"漳州市芗城区龙舟协会成立庆典会议工作安排":

1. 主持会议:蔡原根、李亚木、林进海、洪仔忠、苏金水(安排会议程序及举办龙舟活动前后工作)。

2. 外勤理事：林芋根、许溪水、林建根、苏清波、王亚河、陆河山、陆文卿、周建成、吴建平（负责初四下午敬拜水仙尊王祭品，初五上午、下午接待嘉宾，下午2点指挥台授予各会员单位船队牌匾，活动结束送锦旗）。

3. 内勤理事：陈亚条、林国华、林婴、苏进发、沈知九、蔡立新、陆木仔、陆尾知（负责各船队带队参加划船授牌至活动完毕，维护各船点的治安与安全，一切行动听从指挥台安排，加强沟通联系）。

2006 年 5 月 31 日

浦头港"扒龙舟"的传统是初四举行具体的祭祀仪式"试水花"，核心内容就是祭祀水仙尊王（图 5.22）。徐苍生先生十分熟稔浦头"扒龙舟"习俗，他在《异彩纷呈的浦头民俗风情》一文中写道：

> 浦头的龙舟赛，在芗城是最为热闹的民俗活动之一。往年，从农历四月初一起，浦头的龙舟就已下水，每日午后，后生们就穿着不同颜色的衣服，下舟开始练习，江面龙舟穿梭，锣鼓声声，热闹非凡。正式竞赛一般是在端午节后的五月十三日举行。竞赛是民间自发组织的，安排井然有序。参赛的龙舟分为六种颜色，以区别参赛村社。黄色是文英楼；青色是浦头大庙；白色是土白；黑色是土坪；浅蓝色是港脚；红色是粉街、上厝。每逢舟赛日子，城里城外人们相约到浦头港看"摆龙船"（漳州话，赛龙舟）。①

---

① 徐苍生：《异彩纷呈的浦头民俗风情》，载中国人民政治协商会议福建省漳州市芗城区委员会学习文史委员会编《芗城文史资料·合订本第五卷·第十四辑》，（漳）新出（2009）内书第105号，2009年版，第3397—3398页。

图5.22　2014年五月初四浦头港浦头大庙青色龙舟准备举行端午节"扒龙舟"的"试水花"仪式

　　据笔者调研，从前浦头港"扒龙舟"的"下水"确实在农历四月初就开始了，其后则开始练习，五月初四则固定举行"试水花"仪式。此次端午节芗城区龙舟协会组织的"扒龙舟"活动，浦头大庙是理所当然的大头家，因此，凡事要首先出动。五月初四上午，浦头大庙在庙里设案焚香祭过水仙尊王后，再派专人把水仙尊王和平安君等神像一同抱请青色龙舟中部位置上，并用红布绳一一绑定。把事先准备好的鞭炮、金纸、香烛、供品、酒、香炉、净炉、小供桌，以及特别准备的午时水、"龙船花"① 等物品，一一由专人负责搬运到另一条青色龙舟上，外加固定的旗手、锣鼓手、舵手以及成双数的棹手。准备好这些之后，

---

　　① 又名仙丹花，端午节浦头人习惯把它与菖蒲、艾叶等一同插在龙船船帮上辟邪求平安，因此又把它称作"龙船花"。

就可以划船动身前往浦头溪的头、尾位置，举行祭拜仪式。

　　"试水花"仪式上的祭品主要分三牲和五牲两种规格。三牲主要是大盘手抓面、大块猪肉和整鸭。五牲则是猪头、鸭、鸡、鱼和大盘手抓面。祭品的规格直接关系到祭祀的人数，三牲对应三个主祀者，五牲对应五个主祀者。这些主祀者都是每条龙舟所对应的社里当年轮到的"头家"①，这些"头家"又要通过"掷筊杯"决定由谁来主祀。除了三牲或五牲，还要准备粽子，以及桃子、荔枝等水果。一部分的粽子和桃子、荔枝在祭祀后要投入浦头溪，以防止鱼虾撕咬水仙尊王的躯体。时代虽然在改变，但传统端午节的一些原始而淳朴的动机和美好愿望还是被很好地传承下来。以上提到的是必备的供品，其他的就视各社民众的心意和财力而定。浦头大庙作为浦头港的核心主庙，准备的供品当然是最多的，除了上述必不可少的供品，还准备了"面龟""香粿"等传统的粿糕，外加一桶午时水和一盘龙船花。传说饮用祭祀后的午时水，或用之沐浴，都可以起到辟邪健身的作用。龙船旗手拿着的旗分三种：一种是蜈蚣旗，也叫蜈蚣巾，为细长形，颜色就是各自船队的颜色，这要带上龙船的，由专门的旗手在"请水花"的过程中大幅度地挥舞，用作招引水仙尊王之魂；另一种是写着庙名与社名二合一的三角大旗；还有一种是写着各自社里神明名称的凉伞，一般都带上龙舟，同样由专门的旗手负责举着。按照就近原则，六支龙船队都有自己的相对固定的驻扎点，这些地点沿着浦头溪东西两岸分布，这些标志着各自身份的旗子有的就插在自己的阵地边，有的则带上龙舟，由专门的旗手负责扛举。

　　龙舟还未划动，锣鼓和鞭炮已经响彻浦头溪两岸，敲锣打鼓与燃

---

　　①　所谓"头家"，就是六条龙舟分别所在的各个社里，当年轮值到负责组织准备此次"扒龙舟"活动的那几户人家。一般在各社的庙里神像前掷筊杯决定。比如浦头大庙所在社里现共有约300户居民，通过抽签的方式每年选取20—30户的"头家"，"芗城区龙舟协会"成立后，就把"头家"改称为"理事"。这些"头家"当值的时间贯穿每年端午节前后。

放鞭炮都起到了震慑邪气驱逐污秽的效果。浦头大庙青色龙舟"请水花"的队伍约有 44 人，分为两龙船队，每只龙船上有八位桨手，一边四位；一位挥舞蜈蚣旗；一位在船尾把舵；两位拿着大红灯笼；一位拿着凉伞；一位打鼓；一位敲锣；一位放鞭炮；一位扔金纸，一位捧净炉，剩余的人抱神像、搬供桌，抬供品等，也都各司其职。其余五支龙船队的人数也都在 19—22 人不等。以浦头大庙、文英楼、东岗宫所在的一边为浦头溪的西岸，土坪社、渡船头和土白社、陆氏三社的阵地都在东岸。浦头大庙的青色龙舟要从浦头大庙前的溪边出发，先划到南边的浦头大桥桥头，再返回划到东北边的九龙大桥过溪桥段的这个桥头，实际上也就是浦头港的首尾，依次举行"请水花"的仪式。当然，这是现在的情况。据浦头大庙管委会成员林亚国师傅讲述："早些年，浦头溪'扒龙舟''请水花'时，上流要到浦头溪上游诗浦枋桥头倒回来一百米处芭乐园的地方祭拜水仙尊王，我还很清楚地记得祭拜完顺手摘当地水果的事，下流则要到浦头溪下游碧湖桂林社英灵庙前的大潭边举行祭祀仪式。"① 可见现今浦头港"扒龙舟""试水花"仪式的地点是个权宜之地，并非原貌。当龙船驶离岸边，每经过一个岔口、庙门或水口，龙船上的队员都要放鞭炮、扔金纸，龙船上的人还要同时大声喊好。浦头大庙的龙船队开行之前，都会往龙船里和龙船队员身上撒大米和盐，这当然也是为了驱邪。具有同样功效的还有净炉，6 只龙船上，都有一个人全程专门拿着净炉站在最前头，以驱逐那些不干净和邪恶之物，这也叫作"巡水路"。划到浦头大桥桥头之后，龙舟停靠在浦头溪岸边，人们把龙舟里的神像、香炉、供品等祭祀用品通通搬到桥头开阔地之后，摆开供桌，开始祭拜。浦头大庙是六间庙中唯一一间采用"五牲"规格的，主祀者"芗城区龙舟协会"会长蔡源根恰好就是浦头大庙青色龙船的大头家，

---

① 据 2016 年 6 月 17 日上午，恰逢农历五月十三浦头大庙帝君诞辰，在探花码土地公庙小招待室对蔡源根与林亚国的访谈记录。

他带领着其他四位耆老在桥头临时架设的供桌前，面对着其上的水仙尊王神像，用"行大礼"跪拜的方式进行祭祀。他们根据礼赞者的念词，先上三炷清香，然后三跪三拜，口念吉祥话语，最后接过礼赞者递到他们手中的装满白酒的小瓷杯，把杯中的酒分三次由里向外慢慢泼在地上，以完成"奠酒"仪礼，然后燃烧金纸，静静等待金纸烧完后，再鸣放鞭炮，以结束这一祭拜仪式。随后，人们就开始把粽子、桃子与荔枝等祭品抓起来往浦头溪里面扔，嘴里还高喊："好啊……好"。片刻之后，人们把神像、香炉、供品再次搬回龙船上，再把龙船划到过溪桥头，把另一份新供品和神像、香炉等祭祀用品搬到桥头开阔处，开始前述一模一样的祭祀过程。等到两边桥头都举行完相同的仪式之后，人们把神像以及祭祀剩下的一切物件都再次搬上龙舟，与来时一样，划着龙舟回到浦头大庙，"请水花"仪式也就结束了。

2. 五月初五下午"扒龙舟"活动

如果说五月初四的"请水花"是一种请神和祭神的仪式，那么，五月初五的"扒龙舟"从某种意义上来说便是一种"酬神"与"娱神"的仪式。

五月初五下午，浦头大庙的龙船队员以及相关社民陆续前来庙里上香烧金，到了2点，就不再允许信众上香，接下来的时间是专门让当年的"头家"来上香的。上完香烧完金纸之后，社里人开始吃"龙舟饭"。"龙舟饭"是庙里特地为前来祭拜的人和划龙舟的队们准备的，吃了这"龙舟饭"，队员们划船会更有力气，其他人吃了则身体健康、万事如意。浦头港的"龙舟饭"一般是卤面、咸饭或甜粥。吃完"龙舟饭"，人们便开始三两聚集抽烟聊天，等着参加"扒龙舟"或观看稍后的"扒龙舟"活动。

如今的"扒龙舟"的赛道范围是以浦头溪南边的浦头大桥桥头为起点，东北边九龙大道桂溪桥段的桥头为终点的水域，指挥划龙舟的主席台就设在这"赛道"中间的岸边。此次主席台是由东道主浦头大庙搭建的，浦头大庙的水仙尊王与平安君都被请到主席台的神案上。以前，主席台上坐着的是每个社的头家，至少要有两名。如今"芗城区龙舟协会"成立了，每个社都有七八个人在协会中任职，所以基本上都由"芗城区龙舟协会"成员直接出席，同时还邀请了文体局的主管、各街道办事处以及各居委会或各村委会主任等人，东道主浦头大庙要为主席台上的所有嘉宾提供"龙舟饭"。从前浦头溪溪面宽度还有一百多米的时候，主席台是由两艘二丈八的大船载着，设在浦头溪的溪中心，大船上放着"标"，如今"标"则靠放在主席台下面的石堤岸边。"标"是由每年的东道主准备的参与"扒龙舟"的各龙船队的奖品。今年浦头大庙的做法是由每户认捐一根，每根上面必须绑上不少于20元的生活用品和儿童用品，如桶、毛巾、小孩子的泳衣等，说是因为这些"标"具有保护小孩的功效。全国各地端午习俗中，为小孩系"长命缕"、让小孩佩戴"虎仔"香袋、在小孩额头涂雄黄酒等保护儿童、为儿童辟邪的举措，都可以证明此种说法的合理性。"扒龙舟"队伍的人员组成包括：桨手，一边有9人，两边共18人；锣手、鼓手各1人，负责敲锣打鼓把握整个船队的节奏，同时为桨手们加油打气；经验丰富的舵手1人，坐在船尾掌舵。在"请船"仪式里，除了以上人员，还必须要有拿"蜈蚣旗"的旗手1人；放鞭炮、扔金纸的各1人。每个船队都有数十名替补，随时可以进行人员替换。

　　"请船"是划龙舟开始之前的一个准备仪式（图5.23）。就像浦头地方盖楼动土之前都要先请示一下土地公，因此，"请船"仪式也是向水仙尊王请示、告知稍后的扒龙舟，祈求平安之意。"请船"仪式的过程同样也是热闹非凡。在主席台蔡源根会长喊出"活动开始"之后，由东道主为首，6艘龙船依次划开。与"请水花"时相同，龙舟在经过庙门、岔口、水口或者与别的龙舟交错"会船"时，都要抛撒金纸、燃放鞭炮，其意义也与"请水花"仪式相同。比较特别的是，这些船划经主席台前的时候，主席台上就座的各位头家就要扔下大把大把的金

图 5.23 2013 年浦头港端午节"扒龙舟"活动中东岗祖宫红色龙舟正进行"请船"仪式

纸，台上和船上的人以呼喊声相和，据说这是主席台上的人在为龙船上的队员"助阵"。每只龙舟都要这样头尾划上三个来回，然后把自己龙船上的"蜈蚣旗"放到"标"的旁边，也是由东道主浦头大庙先放，其他的则按照轮值的顺序摆放。主席台边上会有一个人专门接下龙船上递过来的蜈蚣旗，接过的同时，还要送上一份红色的"礼包"。这份"礼包"又叫"冬瓜老叶"，里面包有炭、冬瓜、香烟和茶叶，炭能生火，于是就有了"兴旺""红火""生生不息"等含义；冬瓜是甜的，寓意是生活甜美；香烟和茶叶一直以来就是作为礼品之用。待六面蜈蚣旗都摆放完毕之后，"请船"仪式结束。如前所述，在浦头港溪面尚未变窄之前，主席台是设在溪中间的，所以，那时候的"请船"仪式，并非像现在这样直直地划三个来回，而是要绕着主席台划上三圈，然后按顺序把蜈蚣旗放在搭载着主席台的大船上。

图 5.24　2013 年浦头港端午节"扒龙舟"比赛

　　紧接着就进入了"扒龙舟"比赛的阶段（图 5.24）。从前，人们在作为终点的水域上架设一根横着放的长竹竿，哪艘龙船先把竹竿撞倒，哪艘龙船就赢得比赛。当时的赛制是 6 间庙两两对划，一个来回算一轮，最后赢的船队得 2 分，平手得一分，输的不得分。全部比完之后，积分最多的船队获胜。如今，扒龙舟则是每只龙舟自己寻找对手，开始"友谊赛"。因此，以前作为比赛奖品的"标"，如今变成了一种慰问品，参与的龙船队都能得到一把"标"。每个社里分"标"的方式不尽相同，浦头大庙一般是把"标"奖励给扒龙舟的队员，社民也可以前来自己购买，然后把所卖的钱用来庆祝或当作庙的活动经费。扒龙舟从正午时分持续到下午 5 点左右，才开始进入最后一个仪式——"辞船"（图 5.25）。

　　"辞船"与"请船"相对，是扒龙舟活动结束的象征。大致的过

图 5.25　2013 年浦头港端午节"扒龙舟""辞船"仪式一幕

程与"请船"相差无几，都是要来回划上三趟，最后，明年的东道主龙船队首先把刚才放在"标"旁的蜈蚣旗拿走，其他的龙舟队则按照排年顺序分别拿取，今年的东道主是最后一个拿取。最后，由主席台上的芗城区龙舟协会蔡源根会长宣布活动结束。然而，划龙舟活动的结束并不是真正的结尾。活动结束后，人们还要依照把龙船请出来时那样，点香，鸣炮，再次把龙船请进龙船寮，这样，端午节的"扒龙舟"活动才算是真正结束。

当 2006 年端午节浦头溪"扒龙舟"活动圆满落幕时，已经很难准确描述其时浦头溪四社区六宫庙的民众的心理活动，但是恢复了中断五年的端午节"扒龙舟"习俗，对于这一带浦头港的普通社民而言，内心肯定得到了某种满足感。而对于为此奋争的浦头溪两岸耆老们而言，焦虑得到释放的同时，内心肯定也五味杂陈。从笔者参与观察过的 2013 年至 2016 年四届浦头港端午节"扒龙舟"活动来看，浦头溪两岸民众无疑十分重视他们这一传统信仰习俗活动，所有的活动程序亦如 2006 年他们恢复此项习俗时作出的模板，一板一眼，毫不含糊。而浦头港民众参与的热情始终没有削减，哪怕这四年的端午节时而艳阳高照，时而微雨蒙蒙，浦头溪溪面上的六条龙舟矫健依然，而浦头溪堤岸上始终站满了观众。我们所能听到的次数最多的抱怨，依然还是那两头被堵而无法痛快流淌的浦头溪仍会发出恶臭，但是，相较于 2006 年之前的浦头溪困境，抱怨声隐含的不满情绪大为减弱，两者不可同日而语。

第六章

结　论

第一节　浦头港民间信仰的主要特点

现今的漳州浦头港民间宫庙林立，一切都显得那么新颖。浦头港民间宫庙群现存的每一座宫庙，至少都按照"修旧如旧"的文物修复原则翻修过，其中大多都经历了重建。外加历史上所经历过的那些修建，赋予了浦头港民间宫庙群斑斓的历史色彩，这也正是浦头港民间信仰内容的复杂之处。笔者本着剥茧抽丝的研究精神投入其中，来回踏查浦头溪的头尾，反复行走在浦头港的各个角落，调查其中每一座庙，观摩每一座庙的日常运行，访谈了诸多形形色色的浦头人，包括在浦头生活的外地人，揣摩着地方史志关于浦头港的每一则记载，体验着浦头港先贤种种的经历，感受到了明代的月港，清代、民国时期的厦门港与浦头港频繁的商贸来往，也看到了抗战后几乎一潭死水的浦头港，同样也见证了改革开放后完成经济模式转型而欣欣向荣的浦头港，等等，如此辗转近十年，终于把浦头港及其民间信仰的历史与现状梳理清楚，从而归纳出以下特点。

一　特殊的地理区位决定了浦头港的兴起及其民间信仰的繁荣

漳州浦头港及其民间信仰实为一体两面，浦头港码头经济的兴起为其民间信仰内容的繁荣奠定了有力的经济基础。浦头港的兴起，实际上高度依赖于其特殊的地理区位。

在明清地方史志的记载中，整条浦头溪总共有三个比较重要的渡口，分别为溪头的诗浦社的诗浦渡（即西浦渡）、溪中的浦头社的浦头渡、溪尾的碧湖社的碧湖渡。可为何只有浦头社的浦头渡得到进一步发展与繁荣，而其他两个渡口一直没有什么大动静？如果说碧湖社处在浦头溪溪尾远端的僻远地带，发展不起来实属正常，可是诗浦渡所在的诗浦社，与浦头社毗邻，距离漳州府城也与浦头社相若，且诗浦社还更靠近南门溪，为何也没有得到发展的机会？主要的原因就在于浦头社所处地理位置的特殊性。

漳州府城东门"文昌门"自明清以来位置一直没有变化，如果以此门为具体的参照物，那么，浦头港处在文昌门朝东方向直线位置的3 里处，碧湖渡在同一方向的 6 里处，诗浦渡则在此门东南方向的 4里处。当然，明清时期漳州府城向东的陆路官道并不在这一线，而是沿着文昌门前的东门街、东街市，再折向东北方向的岳口街（现名新华东路），再往东走赫赫有名的万松关。漳州府城东门外的"接官亭"就设在东街市附近，浦头港则在"接官亭"的东南方向 1 里处左右。然而，其时浦头溪的首尾三个渡口的设置，也证实了这一带亦是漳州府城民众往东出行的要道之一，主要通往海澄月港、石码这一带，浦头港即是距离漳州府城最近的东边第一大渡口。随着清代中前期浦头溪航运的高速发展，便捷的水运在相当程度上替代了陆路交通。清代浦头溪往石码、厦门的水路一度成了漳州府城官道之一，前述浦头大庙乾隆十年的"沐思本县主章勘丈绿洲碑记"可以佐证，浦头大庙相当于清代中后期漳州府城水路官道"接官亭"。撇开浦头溪的航道不说，从现代交通规划来看，本着截弯取直的精神，现在的浦头港北边是南昌路，南边是水仙大街，两条六车道的大马路夹着浦头港向东呼啸而去，直奔漳州东向咽喉处——江东桥。由此可见，无论是水路快捷，还是陆路的便利，浦头渡都比诗浦渡与碧湖渡来得有优势。更何况其时浦头渡还有多条港道可直通漳州府城，无形中构成了一处浦头溪与漳州府城直接勾连的水路航道交汇处，而诗浦渡与碧湖渡的船只要通往漳州府城，要么绕道南门溪，要么就得老老实实通过浦头渡所在的港道。因此，浦头渡天时、地利与人和皆占便宜，利用其水陆交冲的特殊地理区位，迅速崛起。

另外，还必须审视明清时期漳州府城经济的发展态势对于浦头港的影响。如前所述，九龙江口的明代月港与清代厦门湾港口的先后崛起，对于漳州府城经济发展都起到了巨大的推动作用。而从漳州府城经济自身发展的趋势来看，应该有一个由内向外的扩展过程，清代康熙版《龙溪县志》所记载的漳州府城东向的街市发展排序应该是东铺头市（府治东，即城内）—东门街（东厢，文昌门城门口前）—东街市（东厢，紧接东门街）—浦头市（东厢，紧接着东街市）。也就是说，漳州府城经济本身受到东边九龙江口明代月港与清代厦门湾港口经济发展的吸引，有着向东发展的巨大动力。浦头渡所在的浦头市就是在上述两种经济驱动力的推动下而产生的，不同的是，明代月港与清代厦门湾港口经济发展的吸引力大一些，漳州府城自身经济发展的作用相对而言会小一些。漳州府城东向一带的街市除了折向岳口街这一线，再就是延伸到浦头市一线为止，这一线再向外发展的冲动则被浦头溪巨大的航运能力给消化掉了。譬如，浦头溪浦头港东岸一带，诸如与浦头大庙正对岸的土坪、土白社一带，则完全见不到浦头港西岸那样的繁华的码头街市的影子。同理，在浦头东岸一带也见不到与浦头港西岸一样繁盛的民间信仰内容。

如果把这里数量众多的民间宫庙忽略不计，而今丧失了码头经济这一特殊地理经济区位的浦头港与漳州市芗城区城郊结合带的其他社区，并无二致。由此可见，码头经济特色对于曾经的浦头港及其民间信的仰影响究竟有多大。

二 浦头港民间信仰夹杂着传统社里与码头经济的双重特色

毫无疑问，清代之前的浦头港民间信仰更多保留了传统社里的特点，虽然无法全面描绘出其时浦头社民间信仰的全貌，但是本文现在所能勾勒出来的浦头社四座明代民间宫庙，分别是浦头大庙、文英楼周仓爷庙、探花码土地公庙与祈保亭观音佛祖庙，所祭祀的主神分别为关公、周仓爷、土地公与观音菩萨，都是明代民间社里比较通行的日常供奉的神祇，尚看不到浦头港码头经济的痕迹。

进入清代，浦头港民间信仰全貌顿时清晰起来，涌现了"大庙管十八庙门"的盛况，目前虽然还无法精确梳理出这大小十九座庙门，但是浦头港目前尚存的十几座民间宫庙所祭祀的主神，还是能够展现出其码头经济的特色。这些主神除了上述这四位，还有以下各位神祇：霞东书院文昌帝君、东岗祖宫关帝、祥慈宫妈祖、管仔顶保生大帝、增福祠土地公、闸仔头谷保仙王、人和庙辅顺将军马仁、朝天宫保生大帝、三公庙（无存）、合美宫白氏王爷公、河仔尾佛祖庙注生娘娘、相厝庙伽蓝大王与夫人、田中央凤田宫伽蓝大王与夫人、塔后武当宫玄天上帝等。相厝庙与田中央凤田宫同属浦头苏氏宗族，同时祭祀伽蓝大王与夫人，并不为奇，尤其是田中央作为一个独立的村社存在至今，距离浦头港核心区较远，受浦头港影响较小；塔后武当宫玄天上帝是水神，这是毫无疑问的，只是塔后社早在清代就已经脱离了浦头社，且塔后社与浦头港之间还隔着相厝社，因此受浦头港影响也较小。因此，基于研究的集中性，这三座庙我们留待后续研究。那么，剩下的主神分别比已经整理出来的明代的主神多了一尊文昌帝君、一尊关帝、一尊妈祖、两尊保生大帝、一尊土地公、一尊谷保仙王、一尊辅顺将军马仁、一尊白氏王爷公、一尊注生娘娘，还有不知名的三公庙诸神。人和庙辅顺将军马仁与三公庙今已无存，我们无法整理出其神祇清晰的历史面貌，但是辅顺将军马仁是"开漳圣王"陈元光的得力部将，与陈元光同时为开漳治漳而战殁沙场，是自唐代以来漳州官方与民间同时都在祭祀的神祇，出现在浦头港并不令人意外，属于漳州地面上的常规祭祀神祇。而这里的关帝、保生大帝、王爷公、注生娘娘、土地公、谷保仙王都可视为浦头港码头经济高速发展后新增的神祇。浦头港的街市会集了各行各业的民众，士农工商无不包含，因此需要上述形形色色的主祀神，以庇佑这方码头。前文所述的增福祠土地公、闸仔头谷保仙王（庇佑闸仔头的米业生意）等建庙的目的都很明确，是因为浦头港商业兴起的需要，而非常规社里的农业社会的需要。霞东书院文昌帝君则是因为浦头港高度发展后所需要的社学文教神祇，一般的社里农业社会还真供不起这样规模的文昌帝君庙。至于浦头溪岸边的祥慈宫妈祖与东岗祖宫关帝则是直接庇护浦头港航运的水神与财神，守护着整个浦头港的水运安全与兴盛。同样不能忽视的还有浦头港民间诸宫庙主要附祀的神祇，有大量为庇护码头、水运而存在的神明。如浦头大庙正殿左边附祀的水仙尊王大禹、东岗祖宫正殿左边附祀的水仙尊王屈原与侧殿主祀神即柳仔脚妈祖庙的妈祖、原文英楼周仓爷庙二楼后进主祀神妈祖，等等，都是浦头港码头经济繁荣的直接反映。

浦头港民间信仰的码头经济的特点，还在于其涌现的数量庞大的民间信仰宫庙群，除了浦头大庙与霞东书院两座浦头港共有的民间宫庙，其他的民间宫庙分别属于浦头港的各个角落，在内容与数量都远超城郊结合带常规社里所能够拥有的民间信仰规模。为何区区浦头港能涌现"大庙管十八庙门"这样大规模的民间信仰内容？原因就在于浦头港庞大的码头经济，其背后繁华的街市经济，使得每一小段街区或社里角落起码都能够供奉起一座庙，因此，在本文整理出来的每一座浦头港民间宫庙历史中，都可以见到浦头港的商户为之捐资，甚至是商户在主导浦头港民间宫庙修建的记载。

在浦头港民间信仰漫长的发展历史中，随着整个社会政治经济大背景的变动、战乱、陆路交通的兴起，以及浦头溪的淤塞，民国以来的浦头港民间信仰逐渐向传统社里经济回归，无法再依赖曾经兴盛一时的浦头港码头经济。尤其是改革开放以来，浦头港民间信仰实际上被还原到其原本的浦头社的社里组织结构中，信众的主体褪去了多元的码头经济各色社会人的身份，而被社民重新取代。诚如浦头港耆老所言"有社有庙，才算一庙门"，近现代以来浦头港的历史发展固然对浦头港民间信仰造成了相当大的影响，比如东岗祖宫背后的兴废、祥慈宫妈祖庙的倾颓、三公庙与人和庙的彻底荒废，都因应这一历史因素而变动，但是现今浦头港的民间信仰能够保存清代时期的内容架构，不得不说是得益于浦头社原居民的坚持与守护，这已经与浦头港社会经济模式关系不大。显而易见，浦头港原居民流散殆尽的角落民间宫庙也必然随之倾颓，譬如三公庙、人和庙、柳仔脚妈祖庙。如今，曾经嘹亮的浦头港称谓又逐渐被浦头社的叫法所替代，浦头港留存下来的民间诸宫庙则归属分明地被浦头社的四角落社民所供奉，曾经南来北往的商旅行人完全淡出了浦头社社民的视野。譬如，1949年中华人民共和国成立后浦头港探花码街区搬迁到只剩两户，然而改革开放后，其中的一户蔡家本着维护本街区传统信仰文化生活，以及祈求神明护佑自家平安、发财的目的，先后主持修复了四座浦头社的民间宫庙——探花码土地公庙、管仔顶保生大帝庙、有应公妈庙与祥慈宫妈祖庙。其中，他们的生计已经脱离传统的浦头港码头经济模式，且这四座庙神明迥异的神职功能也已不再是他们的首要考虑的因素。

第二节 浦头港民间信仰周期性发展的启示

浦头港民间信仰的周期性发展规律，实际上是笔者整理完明清以来浦头港民间信仰的历史存在后得出的结论之一，这是一项回溯性的研究结论。

明代浦头社属于龙溪县二十七都诸多社里之一，现有掌握的资料并不足以准确描画出明代浦头社民间信仰的全貌，仅仅能勾勒其中四座宫庙，分别为浦头大庙、文英楼周仓爷庙、探花码土地公庙与祈保亭观音佛祖庙。但是，正是这四座分别奉祀不同神明的民间宫庙，足以证明明代浦头社已经有了一整套与之相适应的民间信仰内容，并非真是荒浦一片。

以清代浦头港民间信仰的兴起作为观察此地民间信仰发展周期的起点，主要基于以下三点考虑：一是明、清朝代更替的历史事实，明代"浦头社"转身成为清代的"浦头保"，在人口、户籍、土地等方面必然进行了新的整顿与编制；二是明末清初明郑政权与清军在漳州府城东向一带来回拉锯作战，对于靠近漳州府城东厢的浦头社的破坏是毋庸置疑的，这必然促使浦头社进行重建，那么其民间信仰相应进行重构是言之成理的；三是借助水陆交冲的地理优势，清代浦头保社会经济文化在清代中前期突飞猛进，与浦头保相对应的"浦头渡""浦头市""浦头港"等深具地方经济色彩的名称，大量出现在本地地方史志与民间文献中，预示着浦头保的民间信仰建设，也相应进入了复兴与发展期。

进入晚清时期，浦头港的社会经济发展已经达到顶峰，而浦头港民间信仰内容的扩充实际上也达到了极限。这意味着，从此以后，浦头港民间宫庙只有减少的内容，而再没有新增民间宫庙的可能。清末民国初年，浦头港在新一轮的改朝换代中，似乎一度有复兴的痕迹，但是诸般因素都不太有利于浦头港社会经济发展与持续，民国二三十年以来的战乱、社会秩序的失控、陆路交通的兴起、浦头溪航道的淤塞，以及漳州府城码头经济重心转移到南门溪一带等因素，使得浦头港又慢慢退化成了以农业耕作为主的浦头保，抗日战争爆发成了压垮浦头港码头经济的最后一根稻草，浦头港曾经辉煌的码头经济终于一去不复还。而实际上，在清末民国初年一直到改革开放之前的这一长段的时间里，笔者所能勾勒出来的浦头港民间宫庙也只有区区两座，即浦头大庙与霞东书院（祈保亭因为弘一法师在抗战期间一度卓锡其中，也还可以看到一点影子）。而且，这一时期见不到任何新增的民间宫庙碑刻、庙志等民间文献材料，加深了我们对于这一时期浦头港社会秩序之动荡、之不稳定的感触。但从浦头港耆老们的口述资料来看，浦头港并非真的被损毁到只剩这两座庙，只是大多民间宫庙确实处在废弃、半废弃或潜伏状态，更遑论会被过多的关注。1949 年中华人民共和国成立后没几年，建筑物比较完好的浦头港民间宫庙，一律被地方政府挪为它用，譬如浦头大庙、霞东书院、祈保亭；建筑物较小的民间宫庙则干脆废弃而被民户占用，譬如增福祠土地公庙、合美宫王爷庙。至此，笔者认为浦头港民间信仰大致走完了一个完整周期。

改革开放以来，浦头港社会经济的复苏与发展，有力推动了浦头港民间信仰的复兴与繁荣，使得笔者似乎又目睹了清代中前期浦头港民间信仰的兴起与繁荣。虽然此时浦头港的社会经济内容已经发生了翻天覆地的变化，码头经济荡然无存，取而代之的是现代城市社会经济发展模式。但是，这并不妨碍其民间信仰内容的复兴与繁荣。现今浦头港的民间信仰活动稳定而繁荣，丝毫未见衰竭迹象，因此，笔者认为这是浦头港民间信仰"凤凰涅槃"后重新开始的半个周期。

由此，浦头港民间信仰所历经的一个半的发展周期，所给出启示如下：

一 社会稳定以及经济的复苏与发展，是推动民间信仰的复苏与繁荣的决定因素之一

林国平教授曾对民间信仰下过一个相对客观全面的定义：民间信仰是指信仰并崇拜某种或某些超自然力量（以万物有灵为基础，以鬼神信仰为主体），以祈福禳灾等现实利益为基本诉求，自发在民间流传的、非制度化、非组织化的准宗教。[①] 此定义在总结学界已有的民

---

① 林国平：《关于中国民间信仰研究的几个问题》，《民俗研究》2007 年第 1 期。

间信仰定义、比照经典宗教与民间信仰异同的同时，将民间信仰放回其来源地——日常社会生活，从而准确揭示了民间信仰的本质特点。民间信仰作为人们日常社会生活不可或缺的组成部分，其必然深受社会大环境稳定与否的影响。明清以来的浦头港民间信仰存在历史的一个半周期，显示了社会越稳定，则民间信仰发展越从容，反之，社会越动荡，民间信仰发展亦不得安宁。

只不过，清代中前期与改革开放以来这两个时间段的浦头港民间信仰的复苏与发展都比浦头港社会经济的复苏与繁荣滞后。人首先要满足第一层次的物质生活需要，然后才能腾出相应的人力与物力来满足第二层次的精神生活需要。另外，浦头港社会经济的发展程度决定了其民间信仰的繁盛程度，它们之间的关系恰成正比！区区清代浦头保的民间信仰居然形成了"大庙管十八庙门"的格局，也就是说，清代浦头保民间信仰最繁盛的时候至少包含了十九座大小宫庙！浦头港耆老们所述的每一个庙门，可都必须要有相应的角落社众加以奉祀，才能成为名副其实的"庙门"。这意味着浦头港经济的高度发展，使得其核心地带——浦头保会聚了大量的人口与财富，从而有能力，也迫切需要内容相应繁盛的民间信仰，以满足其码头经济发展的需要。

二 社会经济发展模式的不同，导致民间信仰内容产生新变化

浦头港的祥慈宫妈祖庙，其妈祖信仰自然与浦头港的码头经济息息相关，在此模式下，其香火持续没什么问题。可到了民国中后期，随着浦头港码头经济的衰微，祥慈宫妈祖庙在1949年中华人民共和国成立前就只剩下断壁残垣，再经1960年西溪大洪水的冲刷，全庙建筑荡然无存。崎仔顶柳仔脚妈祖庙的命运与祥慈宫妈祖庙大同小异，在1960年西溪大洪水的冲刷荡然无存，只剩庙址地皮。在改革开放后的新型的市场经济模式下，祥慈宫妈祖庙重建也是最晚的，重建的理由也不再与浦头港的社会经济模式挂钩，浦头人更多是出于维

护传统社里信仰文化的考虑。而崎仔顶柳仔脚妈祖庙最后干脆被兼并到新建的东岗祖宫中，作为其侧殿的主祀神而存在。增福祠土地公庙，浦头港兴起后促使浦头保华丽转身为“浦头市”，众多的街市需要相应的民间信仰内容相配套，于是保护地方平安发财为神职的增福祠土地公庙应运而生。另有闸仔头谷保仙王庙，据浦头港耆老们的口述，该庙亦是浦头市米市仔街的米商们创设，用以供奉神农氏以护佑米商们的粮食生意，而非护佑传统农业社会中的粮食生产。

三 官宦士绅与普通信众是影响民间信仰发展不可忽视的另一股力量，在不同历史时期分别扮演不同角色

普通信众作为浦头港民间信仰发展的基础力量，一直存在其中，也就是说，浦头港民间信仰的基本依赖力量，首先要归功于各民间宫庙所在社里角落的普通社众，浦头港耆老们所说的“有庙有社，才算一庙门”就是这个道理。譬如，清代中前期创建的浦头社学霞东书院，主要由龙溪县官宦士绅与浦头港部分商家主导，本地社众参与度较低，进入民国时期，主祀神文昌帝君的神职功能丧失（甚至一度讹变成了岱仙岩的康仙祖），这固然是霞东书院的颓废的主要原因之一，而缺乏本地社众的大力支持，也是霞东书院在民国时期衰废的不可忽视的原因，也导致了霞东书院在改革开放后得不到及时的修复，最后还是再次由官方主导，商家支持，霞东书院的香火才得以延续。更有早已无存的浦头潭仔尾三公庙、人和里的人和庙、水田墘土地公庙等，都是因为社众人丁不兴、迁徙流散而倾颓。

地方官宦士绅的力量，相对于普通信众来说，则显得张力十足，更多在浦头港民间宫庙发展的关键时刻得以凸显，比如庙宇创建、重修以及对宫庙后续的声名延续影响，等等。譬如，明代的“探花”谢琏、“八闽解元”陆希韶，清代的“平台名将”蓝理、龙溪县令姚莹等人，都曾对浦头港民间诸宫庙产生过巨大影响。可以凭一己之力创

设一座民间宫庙的，譬如探花码土地公庙之于谢琏、文英楼周仓爷庙之于陆希韶、姚莹之于清代的霞东书院，市文管办主任杨丽华女士之于现在的霞东书院；蓝理甚至以一己之力影响了整个浦头港经济及其民间信仰。当然，官宦士绅在浦头港民间信仰的历史发展过程中，更多发挥的是"微波炉"的特性，简言之，发挥作用快，效果好，这是共性；其影响力持久性，则长短不一。浦头大庙的核心宫庙地位的持续存在与霞东书院曲折的历史存在，分别诠释了这一特性。

四 与社会经济发展同步存在的社会政治文化等因素，都在不同程度上影响着浦头港的民间信仰内容

上至清朝皇帝的诏令，下至龙溪县令所出的禁示碑，小到浦头保自己设立的乡约规制，或多或少都影响到浦头港民间信仰的存在。明清两代朝廷上下对于关帝信仰、文昌帝君信仰的日益推崇，使得远在边陲地带的浦头港浦头大庙的关帝信仰与霞东书院文昌帝君信仰受益匪浅。浦头港以关帝为主神的宫庙就有两座，以关帝为配祀神的则更多；关帝的部将周仓将军也因此早早在浦头港站稳脚跟，在明末就有了自己独立的香火——文英楼周仓爷庙。浦头港民众对浦头大庙关帝爷信仰尤其看重，乡约如明万历十年的"大庙码头碑"和示禁碑如清乾隆十一年"沐恩本县主章勘丈缘洲碑"，都很能说明这个问题，确保了浦头大庙稳定的香火钱的来源。上行下效，有力推动了关帝信仰在浦头港的香火延续。而霞东书院文昌帝君信仰虽是清中期才创建的，但在清廷的倡导下以及科举考试的推动下，在有清一代香火盛极一时；随着1905年科举制的废除及以后很长一段时间里，霞东书院彻底倾颓；改革开放后，霞东书院管委会又很快摸准了国家考试制度充满不确定因素的这一命脉，迅速恢复文昌帝君信仰，香火再次兴盛。如果把战乱也纳入政治范畴中，那么明清以来无数次的大小战乱都对于浦头港民间信仰产生了不同的消极影响，小一点的影响如民国

时期军阀杨逢年为修建战备马路，强行拆了东岗宫关帝小庙的后殿，致使人单势薄的东岗宫信众无力重建，直至今日东岗祖宫才得以重建，其信众对此事至今依然愤愤不平；宏观的如抗日战争，使得整个浦头港人去楼空，那么只能固守在浦头港各个角落的民间诸宫庙，处境可想而知。再有就是国家大政方针，譬如，中华人民共和国成立后，政府奉行破除封建迷信政策，浦头港民间信仰一度陷入沉寂状态；改革开放后，随着国家宗教政策的调整，浦头港民间信仰则迅速复苏。另有 1998 年以来以"旧城改造"为端倪的漳州城市化进程，亦曾一度左右着浦头港的民间信仰生存状态。

　　总之，影响浦头港民间信仰的因素是多元的，其中以明清以来浦头港码头经济所发挥的作用最为明显，改革开放后的城市化进程对于浦头港民间信仰影响亦十分显著；战乱、改朝换代、政治、文化、地方士绅、普通社民信众，以及神祇自身神职功能的社会适应性等因素，也都在浦头港民间诸宫庙刻下了各自的痕迹；浦头港民间宫庙群因应上述这些因素，亦趟出了祂们各自不同的历史发展轨迹。如此，综合构成了浦头港民间信仰漫长的历史存在，及其与地方社会复杂的互动关系，为观察明清以来处在不同经济地理区位的闽南民间信仰的历史发展，提供一项具有历史纵向感与横截面，兼具一定代表性与启发性的研究个案。

参考文献

一 古代文献与地方文献

（明）梁兆阳修，蔡国祯、张燮等纂：《海澄县志》（崇祯六年刻本），《日本藏中国罕见地方志丛刊》，书目文献出版社 1992 年版。

（明）陈洪谟修：《大明漳州府志》（正德影印本），厦门大学出版社 2012 年版。

（明）陈瑛等修，邓延祚等纂：《海澄县志》（乾隆二十七年刊本），民国十五年重印本。

（明）何乔远：《闽书》，福建人民出版社 1994 年版。

（明）黄仲昭：《八闽通志》（修订本），福建人民出版社 2006 年版。

（明）刘天授修，林魁、李恺等纂：《龙溪县志》（嘉靖刻本），《天一阁藏明代方志选刊》，中华书局 1995 年版。

（明）罗青霄修：《漳州府志》，陈叔侗点校，福建省地方志编纂委员会整理，厦门大学出版社 2010 年版。

（明）闵梦得修：《漳州府志》（万历癸丑刻本），中国人民政治协商会议福建省漳州市委员会整理，厦门大学出版社 2012 年版。

（明）王圻：《续文献通考》，现代出版社 1986 年版。

（明）张燮：《张燮集》（4 册），陈正统编，中华书局 2015 年版。

（明）朱纨：《甓余杂集》，台南：庄严文化事业有限公司 1995 年版。

（清）江国栋修，陈元麟、庄亨阳纂：《龙溪县志》（清康熙五十六年刻本），漳州市图书馆整理，2005 年版。

（清）江日昇：《台湾外志》，刘文泰等点校，齐鲁书社 2004 年版。

（清）昆冈：《清会典事例》，中华书局 1991 年版。

（清）蓝鼎元：《鹿洲全集》（上、下），蒋炳钊、王钿点校，厦门大学出版社 1995 年版。

（清）秦炯：《诏安县志》（同治十三年刻本）。

（清）沈定钧续修，吴联薰增纂：《漳州府志》（光绪五年刊刻），《中国地方志集成》，上海书店 2000 年版。

（清）吴荣光：《吾学录初编》，同治庚午江苏书局重刊本。

（清）吴宜燮修，黄惠、李畴纂：《龙溪县志》（清乾隆廿七年修，光绪五年补刊本影印），台湾成文出版社 1967 年版。

（清）张廷玉：《明史》，中华书局 1974 年版。

（清）周凯修：《厦门志》（道光十九年刊本），台湾成文出版社 1967 年版。

（民国）《福建通志》，台湾大通书局 1987 年版。

（民国）林凤声重编：《石码镇志》，《中国地方志集成·乡镇志专辑》，上海书店 1992 年版。

（民国）赵尔巽等撰：《清史稿》，中华书局 1998 年版。

福建省地方志编纂委员会：《福建省志》，方志出版社 2000 年版。

福建省漳州市芗城区地方志编撰委员会：《芗城区志》，方志出版社 1999 年版。

陆江：《漳州东乡港脚陆氏族史》，手写本，1999 年版。

浦头文保小组、浦头大庙理事会：《福建漳州浦头关帝庙》，内部资料，1998 年。

漳州市民间文学集成编委会：《中国民间故事集成·福建卷·漳州市分卷》（四卷本），（87）闽出管准印证第 13—1800 号，1987 年版。

政协龙海市文史资料委员会：《石码史事辑要》，内部资料，1993
　年版。

政协漳州市文史资料委员会：《漳州民间故事集》，闽漳新出内刊第
　008 号，1988 年版。

中国第二历史档案馆：《中华民国史档案资料汇编》，江苏古籍出版社
　1994 年版。

中国人民政治协商会议福建省漳州市委员会、芗城区委员会文史资料
　委员会：《漳州市文史资料·合订本》（六卷本），内部资料，
　2009 年。

［中］郑振满、［美］丁荷生编纂：《福建宗教碑铭汇编》（一、二、
　三、四），海峡出版社发行集团/福建人民出版社 2018 年版。

二　中外论著

陈桂炳：《泉州民间信仰》，九州出版社 2012 年版。

陈进国：《信仰、仪式与乡土社会：风水的历史人类学探索》，中国社
　会科学出版社 2005 年版。

陈支平：《福建宗教史》，福建教育出版社 1996 年版。

陈支平：《近 500 年来福建的家族社会与文化》，生活·读书·新知三
　联书店上海分店 1991 年版。

陈支平：《史学的思辨与明清的时代探寻》，中西书局 2020 年版。

陈支平：《一统多元的宗教学阐释》，厦门大学出版社 2011 年版。

陈自强：《明清时期闽南海洋文化概论》，鹭江出版社 2012 年版。

段凌平：《漳台民间信仰》，厦门大学出版社 2011 年版。

范正义：《民间信仰与地域社会——以闽台保生大帝信仰为中心的个
　案研究》，博士学位论文，厦门大学，2004 年。

费孝通：《江村经济——中国农民的生活》，商务印书馆 2001 年版。

傅衣凌：《福建佃农经济史丛考》，福建协和大学中国文化研究会

1944 年版。

高丙中：《民俗文化与民俗生活》，中国社会科学出版社 1994 年版。

郭于华：《仪式与社会变迁》，社会科学文献出版社 2000 年版。

韩真：《民国福建军事史》，中国言实出版社 2000 年版。

胡小伟：《关公崇拜溯源》（上、下册），北岳文艺出版社 2009 年版。

黄树民：《林村的故事》，纳日碧力戈译，生活·读书·新知三联书店
　2002 年版。

贾二强：《唐宋民间信仰》，福建人民出版社 2002 年版。

江焕明：《丹霞萃金——漳州古城史迹考》，厦门大学出版社 2014
　年版。

金泽：《中国民间信仰》，浙江教育出版社 1989 年版。

蓝达居：《喧闹的海市：闽东南港市兴衰与海洋人文》，江西高校出版
　社 1999 年版。

李金明：《明代海外贸易史》，中国社会科学出版社 1990 年版。

李亦园：《文化的图像》，台中允晨文化实业股份有限公司 1992 年版。

连心豪、郑志明：《闽南民间信仰》，福建人民出版社 2008 年版。

林国平：《闽台民间信仰源流》，人民出版社 2013 年版。

林国平：《闽台区域文化研究》，中国社会科学出版社 2000 年版。

林国平：《簸占与中国社会文化》，人民出版社 2014 年版。

林国平、彭文宇：《福建民间信仰》，福建人民出版社 1993 年版。

林国平、王志宇：《闽台神灵与社会》，厦门大学出版社 2010 年版。

林国平、钟建华：《漳州民间信仰与闽南社会》，中国社会科学出版社
　2016 年版。

林美容：《妈祖信仰与汉人社会》，黑龙江人民出版社 2003 年版。

林文豪：《海外学人论妈祖》，中国社会科学出版社 1992 年版。

林耀华：《金翼：中国家族制度的社会学研究》，庄孔韶、林余成译，
　生活·读书·新知三联书店 1989 年版。

刘大可：《传统与变迁：福建民众的信仰世界》，社会科学文献出版社2010年版。

刘志军：《乡村都市化与宗教信仰变迁（张店镇个案研究）》，社会科学文献出版社2007年版。

路遥：《中国民间信仰研究述评》，上海人民出版社2012年版。

潘朝阳：《台湾汉人通俗宗教的空间与环境诠释》，厦门大学出版社2008年版。

皮庆生：《宋代祠神信仰研究》，上海古籍出版社2008年版。

钱小柏：《顾颉刚民俗论集》，上海文艺出版社1998年版。

施正渊：《弘一法师在漳州》，香港天马出版有限公司2004年版。

施正渊、施斌：《施氏轶事荟萃》，内部资料，1994年版。

汤毓贤：《南国残阳太平军南方余部烽烟纪实》，福建教育出版社2009年版。

王尔敏：《近代文化生态及其社会变迁》，百花洲文艺出版社2002年版。

王见川、苏庆华：《近代的关帝信仰与经典——兼谈其在新、马的发展》，台北博扬文化事业有限公司2010年版。

王建新、刘昭瑞：《地域社会与信仰习俗：立足田野的人类学研究》，中山大学出版社2007年版。

王景琳、徐陶：《中国民间信仰风俗辞典》，中国文联出版社1992年版。

王铭铭：《村落视野中的文化与权力：闽台三村五论》，生活·读书·新知三联书店1997年版。

王铭铭：《社会人类学与中国研究》，广西师范大学出版社2005年版。

王铭铭：《逝去的繁荣——一座老城的历史人类学考察》，浙江人民出版社1999年版。

王铭铭：《溪村家族——社区史、仪式与地方政治》，贵州人民出版社

2004 年版。

王秋桂、李丰楙：《中国民间信仰资料汇编》（30 册），台湾学生书局 1989 年版。

王志宇：《寺庙与村落——台湾汉人社会的历史文化观察》，台北文津 出版社 2008 年版。

翁国梁：《漳州史迹》，漳州图书馆整理，（漳）新出（2002）内书第 67 号，2002 年版。

乌丙安：《中国民间信仰》，上海人民出版社 1995 年版。

厦门市志编纂委员会、《厦门海关志》编委会：《近代厦门社会经济 概况》，鹭江出版社 1990 年版。

徐晓望：《福建民间信仰论集》，光明日报出版社 2011 年版。

徐晓望：《福建民间信仰源流》，福建教育出版社 1993 年版。

徐晓望：《福建通史》（五卷本），福建人民出版社 2006 年版。

徐晓望：《明清东南海洋经济史研究》，中国文史出版社 2014 年版。

杨国桢：《闽在海中：追寻福建海洋发展史》，江西高校出版社 1998 年版。

叶春生：《典藏民俗学丛书》（上、中、下），黑龙江人民出版社 2003 年版。

叶国庆：《笔耕集》，厦门大学出版社 1997 年版。

叶国庆：《笔耕集续编》，漳州图书馆整理，（漳）新出（2009）内书 第 004 号，2009 年版。

俞黎媛：《福建张圣君信仰研究》，博士学位论文，福建师范大学， 2006 年。

苑莉：《二十世纪中国民俗学经典》（9 册），中国社会科学出版社 2002 年版。

张珣：《妈祖·信仰的追寻》，台北博扬文化事业有限公司 2008 年版。

张珣、江灿腾：《当代台湾本土宗教研究导论》，台北南天书局 2001

年版。

漳州吴真人研究会：《吴真人学术研究文集》，厦门大学出版社 1990 年版。

赵世瑜：《狂欢与日常——明清以来的庙会与民间社会》，生活·读 书·新知三联书店 2002 年版。

赵世瑜：《小历史与大历史：区域社会史的理念、方法与实践》，生 活·读书·新知三联书店 2006 年版。

郑镛：《闽南民间诸神探寻》，河南人民出版社 2009 年版。

郑镛、涂志伟：《漳州民间信仰》，海风出版社 2005 年版。

郑振满、陈春声：《民间信仰与社会空间》，福建人民出版社 2003 年版。

周大鸣：《现代都市人类学》，中山大学出版社 1997 年版。

朱海滨：《祭祀政策与民间信仰变迁——近世浙江民间信仰研究》，复 旦大学出版社 2008 年版。

朱天顺：《妈祖研究论文集》，鹭江出版社 1989 年版。

朱维幹：《福建史稿》，福建教育出版社 2008 年版。

庄孔韶：《银翅：中国的地方社会与文化变迁》，生活·读书·新知三 联书店 2000 年版。

庄英章：《林圯埔：一个台湾市镇的社会经济发展史》，"中央研究 院"民族学研究所专刊乙种第 8 号，1977 年版。

庄英章、潘英海：《台湾与福建社会文化研究论文集》，"中央研究 院"民族所 1994 年版。

卓克华：《从寺庙发现历史——台湾寺庙文献之解读与意涵》，历史学 博士学位论文，厦门大学，2002 年。

宗力、刘群：《中国民间诸神》，河北人民出版社 1986 年版。

David Johnson, Andrew J. Nathan, Evelyn S. Rawski. Popular Culture in Late Imperial China（C）. Berkeley: University of California Press,

1985.

［德］马克斯·韦伯：《儒家与道教》，王容芬译，商务印书馆 1999
　　年版。

［美］康豹：《台湾的王爷信仰》，台北商鼎文化出版社 1998 年版。

［美］施坚雅：《中华帝国晚期的城市》，徐自立译，中华书局 2000
　　年版。

［美］武雅士：《神、鬼和祖先》，张珣译，《思与言》1997 年 9 月第
　　35 卷第 3 期。

［美］武雅士：《中国社会中的宗教与仪式》，彭泽安、邵铁锋译，郭
　　潇威校，江苏人民出版社 2014 年版。

［美］杨庆堃：《中国社会中的宗教：宗教的现代社会功能与其历史
　　因素之研究》，范丽珠等译，上海人民出版社 2007 年版。

［日］滨岛敦俊：《明清江南农村社会与民间信仰》，朱海滨译，厦门
　　大学出版社 2008 年版。

［日］渡边欣雄：《汉族的民俗宗教》，周星译，天津人民出版社 1998
　　年版。

［新］林纬毅：《华人社会与民间文化》，亚洲研究学会 2006 年版。

［英］杜赞奇：《文化、权力与国家：1900—1942 年的华北农村》，王
　　福明译，江苏人民出版社 1994 年版。

［英］莫里斯·弗里德曼：《中国东南的宗族组织》，刘晓春译，王铭
　　铭校，上海人民出版社 2000 年版。

［英］王斯福：《帝国的隐喻：中国民间宗教》，赵旭东译，江苏人民
　　出版社 2008 年版。

三　期刊论文

陈春声：《明末东南沿海社会重建与乡绅角色——以林大春与潮州双
　　忠公信仰的关系为中心》，《中山大学学报》（社会科学版）2002

年第 4 期。

陈春声：《信仰空间与社区历史的转变——以樟林的神庙系统为例》，《清史研究》1999 年第 2 期。

陈建宪：《民间故事与宗教文化》，《民间文艺季刊》1988 年第 4 期。

陈剩勇：《清代社学与中国古代官办初等教育体制》，《历史研究》1995 年第 6 期。

陈松民：《漳州南词》，《闽台文化交流》2008 年第 2 期。

陈支平：《明清福建的民间宗教信仰与乡族组织》，《厦门大学学报》（哲学社会科学版）1991 年第 1 期。

丁贤勇：《明清灾难与民间信仰的形成——以江南市镇为例》，《社会科学辑刊》2002 年第 2 期。

胡小伟：《〈周仓考〉补正》，《明清小说研究》2003 年第 2 期。

黄向春：《地方社会中的族群话语与仪式传统——以闽江下游地区的"水部尚书"信仰为重心的分析》，《历史人类学学刊》2005 年第 1 期。

黄旭涛：《民间传说对关羽神化的影响》，《社会科学辑刊》1995 年第 3 期。

李玉昆：《近几年来福建民间信仰的研究》，《世界宗教研究》1992 年第 1 期。

梁丽萍：《中国传统社会汉民族的宗教观与宗教信仰——历史与文化的考察》，《中州学刊》2002 年第 6 期。

林国平：《福建民间信仰的现状、特点与发展趋势》，《东南学术》2004 年第 S1 期。

林国平：《关于中国民间信仰研究的几个问题》，《民俗研究》2007 年第 1 期。

林国平：《民间宗教的复兴与当代中国社会——以福建为研究中心》，《世界宗教研究》2009 年第 4 期。

林国平:《闽台民间信仰的兴衰嬗变》,《世界宗教研究》1998 年第 1 期。

林国平:《闽台民间信仰的由来及发展》,《台湾研究》2002 年第 2 期。

林国平、陈静:《闽台民间信俗的文化内涵与现代价值》,《福建师范大学学报》(哲学社会科学版)2014 年第 1 期。

林继富:《神圣的叙事——民间传说与民间信仰互动研究》,《华中师范大学学报》2003 年第 6 期。

刘朝晖:《乡土社会的民间信仰与族群互动:来自田野的调查与思考》,《广西民族学院学报》(哲学社会科学版)2001 年第 3 期。

刘晓春:《一个地域神的传说与民众生活世界》,《民间文学论坛》1998 年第 3 期。

刘永华:《关帝崇拜的塑成与民间文化传统》,《厦门大学学报》(哲学社会科学版)1995 年第 2 期。

吕达:《元、明、清的社学考略》,《上海师范大学学报》1986 年第 3 期。

王建红:《融入与适应:明清漳州蓝姓畲族的崛起》,《闽台文化交流》2011 年第 4 期。

王日根:《"社学即官办初等教育"说质疑》,《历史研究》1996 年第 6 期。

吴真:《民间信仰研究三十年》,《民俗研究》2008 年第 4 期。

严春宝:《多神合一与宗教和谐——新加坡联合庙(宫)现象透视》,《中国宗教》2011 年第 8 期。

严明:《佛道世俗化与江南民间信仰之关系——以明清时期江南观音、城隍习俗为中心》,《学术界》2010 年第 7 期。

张祎琛:《清代圣谕宣讲类善书的刊刻与传播》,《复旦学报》(社会科学版)2011 年第 3 期。

郑刚：《民国时期书院研究述评》，《大学教育科学》2011 年第 2 期。

郑志明：《台湾民间信仰的研究回顾》，《世界宗教研究》2013 年第 1 期。

［美］欧大年：《历史、文献与实地调查——研究中国宗教的综合方法》，《历史人类学学刊》2004 年第 1 期。

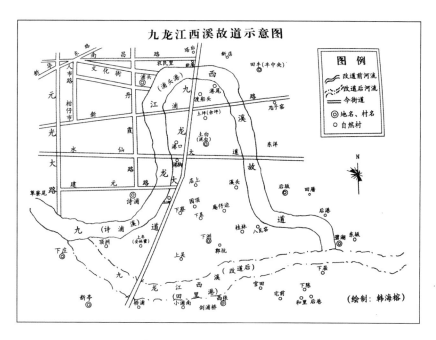

图1.2　九龙江西溪故道示意图（韩海榕先生绘制）

资料来源：中国人民政治协商会议福建省漳州市委员会、芗城区委员会文史资料委员会：《漳州芗城文史资料·合订本第五卷·第十四辑》，漳州：（漳）新出（2009）内书第105号，2009年，第3373页。

图1.3　标识浦头港传统地理范围的相厝庙"霞浦镇"牌匾

附录二

改革开放以来浦头港各民间宫庙
重修捐款芳名碑

碑1 "重修浦头大庙"碑文（1996年）

重修浦头大庙

时丙子年浦头大庙理事会研究决定岁次全面翻修并重建东西厅等，各方信士及本社弟子自愿喜乐捐献，兹将芳名列下：

二千四百元　田丰社　八百元　文英楼　五万元　张海雄　颜艳珠（夫妇）　一万零一百六十八元　颜锡祜　六千八百零八元　林建国　二千六百八十元　苏阿标　二千五百八十元　郑炳鑫　洪阿忠　二千零八十元　康锦坤　一千八百八十元　颜于标　一千八百元　颜子深　孙宝莲　一千四百元　郑阿勇　一千二百八十元　洪阿河　蔡阿水　苏石头　蔡源根　一千二百四十元　石锦海　一千一百元　陈阿平　一千元　郑阿水　许志坚　九百零八元　颜志辉　八百八十八元　陈根昌　八百六十元　洪阿全　八百元　吴少伟　林瑞祥　林阿水　六百八十元　苏荣煌　陈锦田　陈港顺　陈港榕　洪树水　六百六十八元　石文澜　六百四十元　黄政伟　六百零八元　兰炳森　六百元　陈阿龙　郑南松　伍佰八十元　郑小龙　伍佰元　陈蔡溪　四百八十八元　郑南松　两千四百元　相厝社　笃厚社　一千二百元　忠英庙　四百八十元　郑丽贞　高旭　陈大庆　陈阿专　杨傅煌伟

四百六十八元 郑明福 洪顺裕 四百六十四元 郑阿勇 四百四十元 王阿河 四百二十元 杨文泽 四百零八元 吴雨霖 洪森树 苏木树 四百元 黄松 林建设 陈淑卿 苏宏财 林阿明 蔡建杏 苏柏木 林玉桃 蔡和顺 高廻荣 高炳辉 孙忠明 郭文祥 陈淑卿 三百九十八元 陈开荣 陆茂松 三百八十八元 谢柯荣 林茶 三百六十八元 郭永辉 平宏伟 陈志平 三百四十八元 苏阿兴 三百二十八元 郑加和 陈宝宝 康阿池 蔡林忠 吴金金 三百二十元 吴金水 谢柯荣 三百十八元 林建明 三百零八元 赖锦辉 陆亨通 苏阿成 苏炳森 三百元 谢瑞麟 苏生国 李清波 陈宗山 杨李汉 侯升添 聂卫西 黄镒生 黄碧松 蔡和成 二百九十元 康金山 二百八十八元 黄清泉 李萌 方石花 魏炎 黄海水 陈建忠 陈建平 杨镇江 蔡苏伟 二百八十元 朱清云 吴启文 郑庆年 郭树林 庄阿辉 钟毅萍 钟昇保 陈金城 张少正 苏开根 傅阿南 二百七十元 吴阿土 二百六十八元 郑美丽 洪锦平 杨阔嘴 陈志辉 郭爱民 林炎根 林国良 石建源 苏陈跃辉 李阿水 陈阿华 二百六十元 郭来成 二百五十八元 苏锦文 二百五十元 苏阿章 二百四十八元 唐寿祥 蔡渭西 石建源 刘阿坤 林海堂 陈炳龙 林来福 郑瑞贞 李伟英 陆文通 陈宝石 苏锦章 李茂兴 林志群 林志强 苏陈宗德 高启水 苏吴河山 林启运 肖三县 二百四十元 何志荣 陈莉玲 二百三十元 苏知头 郑恒有 陈美丽 苏通风 郑炎池 颜锡棠 吴游荣 郑胜杰 林文池 吴雨兰 吴雨斌 吴雨嘉 二百三十八元 苏滨勇 黄溪水 二百三十元 洪蝙蝠 二百二十八元 蔡金枝 严浴潘 陈吴泗 郑文明 颜跃辉 李劲民 黄宝贞 陈志明 施龙泽 郑水兰 黄炳煌 邓素英 许阿根 郑龙山 王阿辉 颜启棠 刘添荣 张瑞龙 王海欣 洪克生 吴志强 陆焕文 黄曾虬 郑卯 陆坤 陆碧莲 黄桂 黄瑞驹 吴颜子欣 黄海树 叶句星 郑龙山 杨更强 周来凤 纪

玉来　苏荣海　叶向阳　高天仁　许巧菊　郑阿溪　曾志平　蒋万松
黄启棠　陈金明　金冠音像　许镇河　郑金山

本庙理事会

公元一九九六年桂月　日吉置立碑

碑 2　浦头大庙"募建龙虎堂功德榜"碑文（1998 年）

募建龙虎堂功德榜

颜志敏　壹仟捌佰捌拾元　颜志辉　壹仟捌佰捌拾元　郑炳鑫
壹仟捌佰捌拾元　洪仔忠　壹仟捌佰捌拾元　杨傅煌伟　壹仟陆佰捌
拾捌元　蔡建成　壹仟陆佰柒拾柒元　陈锦田　壹仟陆佰元　蔡源根
壹仟肆佰玖拾元　林建设　玖佰陆拾捌元　洪树木　捌佰捌拾捌元
蔡阿水　捌佰元　康锦坤　陆佰捌拾元　颜志勇　陆佰捌拾元　吴志
强　陆佰捌拾元　侯美丽　陆佰捌拾元　洪阿河　陆佰捌拾元　陈志
平　肆佰捌拾元　林建国　肆佰捌拾元　蔡雄伟　肆佰捌拾元　陈棠
棣　肆佰捌拾元　谢柯荣　肆佰捌拾元　张万山肆佰元　陈松源　肆
佰元　张惠新　肆佰元　叶向阳　贰佰捌拾元　高天仁　贰佰捌拾元
杨镇江　贰佰捌拾元　陈利坚　贰佰捌拾元　吴金全　贰佰陆拾元
许镇河　贰佰陆拾元　苏石头　贰佰陆拾元　郑满丽　贰佰肆拾元
林伟奇　贰佰肆拾元　颜子标　贰佰零捌元　林春水　贰佰元　苏芳
池　贰佰元　苏水财　贰佰元　苏水泉　贰佰元　洪福利　贰佰元
陆建忠　贰佰元　吴长明　贰佰元　陆中华　贰佰元　吴阿婴　贰佰
元　吴文伯　贰佰元　聂卫西　贰佰元　蔡清河　贰佰元　洪朝正
贰佰元　傅阿南　贰佰元　赖国祥　贰佰元　陈丽卿　贰佰元　陆天
赐　贰佰元　郑阿太　贰佰元　石锦海　贰佰元　陈阿朝　贰佰元
陈西风　贰佰元　林建忠　贰佰元　陆翠　贰佰元　方财德　壹佰捌

拾元 蔡斌 壹佰捌拾元 苏开根 壹佰捌拾元 林秀珍 壹佰捌拾

元 石锦户 壹佰陆拾元 许阿根 壹佰陆拾元 许勇清 壹佰捌拾

元 苏阿通 壹佰捌拾元 纪清标 壹佰捌拾元 陈水泉 壹佰捌拾

元 韩建忠 壹佰捌拾元 江仔乳 壹佰捌拾元 肖美莲 壹佰捌拾

元 陈阿汉 壹佰捌拾元 杨更强 壹佰捌拾元 黄吴 壹佰捌拾元

蔡开荣 壹佰捌拾元 蔡和成 壹佰捌拾元 杨永敏壹佰捌拾元 蔡

少飞 壹佰捌拾元 林福和 壹佰捌拾元 郑惠娇 壹佰捌拾元 谢

志亮 壹佰捌拾元 洪克生 壹佰捌拾元 陈沈生 壹佰捌拾元 苏

阿标 壹佰捌拾元 蓝炳森 壹佰捌拾元 陈志辉 壹佰捌拾元 陈

宝石 壹佰捌拾元 苏木树 壹佰捌拾元 吴以霖 壹佰捌拾元 黄

吴平壹 佰捌拾元 黄进约 壹佰捌拾元 翁文德 壹佰捌拾元 陆

亨通 壹佰捌拾元 蔡秋山 壹佰捌拾元 陈阿能 贰佰元 陈阿平

肆佰捌拾元 郑阿勇 贰佰捌拾元 苏世昌 肆佰元

浦头大庙两届理事会同立

公元一九九八年岁次戊寅年蒲月落成

碑3 浦头文英楼"重建定潮楼又名文英楼捐献芳名"碑文（1994年）

重建定潮楼又名文英楼捐献芳名于左 甲戌仲夏 一九九四年六

月 立

群勇十一组 伍仟元 群勇十二组 叁仟元 杨世海 康锦坤

陆金 毅少鸿 各式仟元 陈俊 壹仟捌佰元 群勇村委会 陆啟沙

各壹仟伍佰元 张美英 壹仟肆佰元 陆爱国 壹仟叁佰元 陆宝

苏阿庆 苏宜 许阿根 各壹仟式佰元 陆何用 黄西念 苏长 陆

年 苏凤鸣 洪溪河 蔡阿根 陈黄阿杰 吴阿能 郑炳泉 王河山

欧阳森 柯福能 江宝国 黄育平 王阿河 王荷莲 陆阿明 陆其

中　林王清福　陆金山　林建荣　陆松　林添池　蔡陆建文　黄顺立

陆溪港　张宽勇　张宽辉　陆阔嘴　王河霖　吴耀芳　林国正　吴顺

仁　陆阿蓉　陆启标　黄河清　苏锦松　黄海山　黄阿万　陆德和

林贻升　来福制衣厂　陆坤河　蔡耀生　蔡清辉　陆茂松　陈开荣

唐福龙　蔡何辉　陆国平　傅献敏　鸿昌庄重来　欧亚松　以上各壹

仟元　陆水通　陆溪山　苏石榕　各捌佰元　陆阿根　柒佰元　康木

根　陈发辉　林建兴　陆少北　各陆佰元　黄阿鹏　蔡文钦　康金国

欧黄阿木　陆松溪　陈阿阔　陆金钟　康国勇　庄鸿添　林素月　陆

顶金　陈志敏　陆金中　陈锦田　陈亚朝　林群友　黄庆生　陈粤

陆九婴　以上各伍佰元　念佛会肆佰捌拾元　吴顺河　肆佰式拾元

布炳松　陆秀玲　陆阿山　陆阿鹅　杨庆福　魏炎　林清溪　张福年

林雄　盧庆辉　林加添　陆水莲　苏阿根　以上各四百元　陆天赐

陈金榕　郑太源　孟胜利、陆阿发　罗荣新　吴亚全　李聪明　吴雨

浜　林志明　蔡亚堥　陆啟裕　以上各叁佰元　蔡加容　贰佰五十元

陆启嵩　陆长和　郑明松　吴顺章　方亚西　以上各贰佰肆拾元　黄

曾和伟　贰佰贰拾元　吴剩勇　李胜利　林溪水　吴耀坤　蔡阿松

郑荣兴　黄阿恋　陈松山　游黑扩　林国华　张阿树　陆溪中　陆清

张阿同　陆雨霖　马阿知　蔡添福　曾炳煌　苏登福　陈天胜　蔡阿

生　陆阿鮍　苏龙昌　苏龙修　游美华　陈水成　吴顺发　郑国泉

许阿东　黄清松　陆少波　黄明琼　陈德祥　陈炳生　李志林　陈国

斌　蔡耀明　苏水树　王丽珍　刘德生　吴顺意　王炳毅　吴顺添

陈石池　吴啟沂　陆古鳖　张旺根　郑建平　戴安平　洪树松　陆翠

周阿国　陆石　蔡林忠　陆元根　郑锦国　陈友龙　苏水根　林建义

江青松　唐金池　蔡来意　陈亚鑫　张少正　陆建荣　林国斌　黄水

根　陈迺财　王炳佑苏阿勇　陈德财　陆阿端　林海龙　柯阿煌　陈

雄标　杨树松　廖青山　林荣龙　吴绍合　王炳宏　陈翠英　黄金治

傅胜　林康金城　刘春松　陆阿英　陆美玲　李连财　颜祥　陆文通

陆榕　阮亚金　以上各式佰元

开庙门　苏石榕　吴满枝　苏长　各捐壹仟式佰元

上列总合计捐献金额壹拾式万陆仟捌佰柒拾元整

董事：欧亚松　陈郑锦山　蔡亚根

头家：欧亚松　陈郑锦山　郑炳坤　陆其中　蔡耀生　黄亚树
吴亚能　黄亚水　陆阔嘴　陆小松　陆金山　吴亚金

修建组：欧亚松　陈郑锦山　蔡亚根　蔡添福　陆坤河　吴长明
陆宝

公元一九九四年岁次甲戌仲夏月　吉置

碑4　浦头文英楼"捐献供奉观世音菩萨金身圣像宝座"碑文（1994年）

捐献供奉观世音菩萨金身圣像宝座

功德无量　福不唐捐

捐献芳名列下　　　　　　一九九四年　岁次甲戌　桂月

胡跃泉　方碧玉　黄延平　王裕鹏　陆锦东　郑春枝　王国猛
杨志忠　蔡清辉　陈石池　曾炳煌　陆爱国　陆国平　陈建阳　陈义
松　戴培芬　蔡美琴　蔡秀华　林石英　苏瑞坤　庄仰生　林瑞美
王荷莲　陆加明　陆加水　陆亚加　林志明　吴瑞琴　蔡跃生　林俊
欧丽云　陆翠凤　周亚华　蔡紫莲　陆金山　许美蓉　李聪明　陆秀
琴　朱加光　游□彩　黄亚水　杨庆福　吴建平　郑炎发　陆宝

上列百元以上捐献

碑5 浦头文英楼"新建龙舟寮"
碑文（1995 年）

新建龙舟寮

新造龙舟　捐款芳名

王河成　张少鸿　苏龙庆　各伍仟元　群勇十一组　群勇十二组

陆建德　蔡陆建文　陆爱国　吴建平　康锦坤　各式仟元　张宽辉

壹仟伍佰元　柯福能　陆国平　陆启沙　林建荣　吴建伟　陆阿明

各壹仟元　杨世涵　陆顶金　陈小兵　蔡加容　各伍佰元　陆阔嘴

陈光伟　傅献敏　欧阳森　陆阿山　张宽荣　陆溪港　吴长明　陈金

榕　陈阿清　陈德祥　吴以兵　郑炳泉　陆啟裕　吴顺添　陆文通

各式佰元　总计捐献肆萬壹仟叁佰元

理事会：陈金榕　陈阿清　吴以兵　郑炳泉　吴顺添　傅献敏

欧阳森　陆啟□　陈德祥　陆阿山　陆文通　张宽辉

经办人：陈阿清　吴以兵

公元一九九五年　岁次乙亥仲秋月　吉置

碑6 浦头祈保亭"重建祈保亭七宝寺众善男
信女捐资芳名碑"碑文（2003 年）

重建祈保亭七宝寺众善男信女捐资芳名碑

元福海　陈桃　谢土地十三平方米

苏跃坤　谢石鼓一对

洪阿忠　洪文政　郑炳鑫　郑志强　马志群　马根鹏　贰仟元

郑丽云　陈阿平　黄　旗　陆雪云　郑阿宏　郑友亮　陈吴跃　陈亚

彩　壹仟元

游艺勇　捌佰元

陈港顺　陆佰元

洪仔河　肆佰捌拾元

陈兴国　谢香炉一个

刘玉镕键　玖佰玖拾玖元

林建国　苏阿标　张丽君　洪以彬　郑亚勇　蔡亚生　林参跃
陈　箐　郑丽贞　石文瀚　杨江良　刘锦国　刘玉杰　肆佰元

洪锦平　贰佰壹拾捌元

张进约　陈英爪　李阿龙李亚建　王志勇　洪阿垄　洪碧缎　洪
碧石美　余启良　蔡建杏　康锦坤　黄锦种　林福和　陈少明　陈少
辉　陈少贞　蔡源根　郑龙山　高天仁　叶苏永昌　聂卫西　王　厅
蔡国章　蔡苏伟　陈旺根　兰炳霜　贰佰元

肖三县　曾振耀　王阿莱　黄永华　叶文英　郑杨平贵　何　莲
苏国海　苏秀秀　杨彩秀　陆碧莲　林立中　吴金水　吴明伟　吴志
榕　林长河　王宝焯　石金寅　严丽卿　康美清　张咸胜　周元桂
郑晓东　林在国　杨菊花　吴　琴　郑海通　郑炎松　郑炎标　罗德
通　罗海松　罗海林　张志强　王五一　谢建国　张　坚　汪阿乳
郑亚溪　林玉石羡　吴贵洲　李献清　陈瑞标　郑永义　林港河　林
建川　林建荣　杨向明　林亚琴　林育忠　林建设　林育贞　林雅君
苏少聪　苏丽珠　杨丽丽　陈清标　高爱国　蒋丽华　吴惠彤　吴水
生　吴美石　曾彩虾　饶丽英　林明坤　纪玉来　胡阮强　康阿发
肖亦斌　肖奕惠　黄锦霖　郑少先　叶向阳　曾彩银　王扁红　杨松
树　赖国洋　蔡绍全　黄　素　林金枝　王瑞玲　郑春枝　陈耀才
吴　泉　叶阿佑　陈伊璇　陈宝石　陈文昌　陈志平　吴建宗　陈伟
国　吴明智　侯河根　林　茶　陆　家　陈春红　蔡开荣　叶道籽
梁燕飞　杨永清　施飞跃　何妙江　孙建秋　陆素珍　汤李成　洪克
生　壹佰贰拾元

原田户

方大胜　陆佰叁拾肆元

陆玉碳　蔡绍全　郑何莲　吴淑美　沈林芳　许博廉　郑丽云
陈亚彩　伍佰伍拾元

庄绿华　贰佰贰拾元

丁红英　陈林旭　林金枝　张　海　周丽冰　贰佰元

谢哲峰　壹佰伍拾元

施　簪　壹佰肆拾元

洪克生　陈雪云　林锦溪　张万山　谢郑勇　陈杨榕　陈华灵
林天祥　黄美英　李苏莲　朱义强　蔡国宁　林建明　张跃辉　肖吴
莲　林来福　陈丽红　陈宗山　吴金水　陈亚明　叶　红　郑淑贞
张金娥　郑步先　张亚伟　童树宗　林玉碳　黄永华　叶向阳　李纯
桦　王丽英　严惠卿　蔡亚龙　蔡亚建　杨　英　王丽红　李茂华
吴秋燕　林小凤　林宝熔　陆米贞　刘卫国　郑少杰　郑衣亮　杨镇
江　蔡丽琼　蔡染林　黄玉坤　陈碧虾　陈芳楼　黄　月　陆美五
壹佰贰拾元

蔡亚田　壹佰元

公元二〇〇三年岁次癸未七月廿八日立　　祈保亭七宝寺重修理
事会启

碑7　浦头大庙"助建浦头大庙捐资
功德立碑"碑文（2008年）

助建浦头大庙捐资功德立碑

十万元　悦华集团　六万零六十六元　郑炳鑫　五万元　颜志铭
三万元　蔡建成　二万八千元　洪仔忠　二万三千二百八十八元　林
建国　一万八千八百元　陈港顺　一万六千二百元　邹立畴　一万五

千六百八十九元　郑胜杰　一万五千元　林参跃　陈菁　一万二千八十八元　洪仔河　一万二千元　林建设　侯美丽　漳州市建达塑胶有限公司　一万一千八百九十元　蔡原根　一万一千八百八十八元　杨镇江　一万一千六百六十六元　蔡清阳　一万一千元　郑阿勇　一万零八百元　康锦坤　蔡光辉　王添福　一万零六百十八元　颜志勇　颜志敏　一万元　漳州永利面粉有限公司　韩滨　戚毅川　陈瑞祥　蔡碧松　周金明　庄颜君　八千八百八十八元　陈锦田　八千元　何向荣　何志荣　陈郑炳裕　七千一百八十八元　黄金发　六千六百六十六元　谢志亮　六千二百元　蔡苏伟　五千八百元　郑丽真　五千六百八十元　林纬奇　五千二百八十元　吴建忠　五千一百六十元　颜子标　一万元　张英松　五千元　蔡建杏　林树鹄　四千八百元　蔡裕德　四千六百八十元　吴志强　我佳咖啡　四千二百元　陈旺根　四千元　苏志惠　徐志红　三千二百六十八元　蔡国章　三千元　许鸿洲　三千八百元　林金伟　叶向阳　洪以彬　吴明伟　吴志明　洪梵峪　颜锡祜　郑铭浪　二千六百八十元　肖奕斌　颜丽枝　二千六百元　苏玉山　二千四百元　蔡亚勇　洪锦平　严仁智　郑文聪　一千三百一十元　信建建材　二千二百八十元　郑瑞贞　二千二百元　洪仔金　陈少辉　二千零六十元八　杨松泉　二千零八元　蔡清云　二千零六元　龙舟协会　贰仟元　颜志辉　高维平　新城集团　林育忠　许锦龙　张福英　林志峰　蔡东伟　洪树木　颜佳能　高育德　郑加木　陈荣海　张丽君　洪树林　韩毅军　卢春黎　季亚海　陈炳辉　郭景阳　一千八百八十八元　陈港榕　一千八百八十七元　林来福　一千八百元　陆雪云　李小苹　陈志平　黄丽芬　一千六百元　周来凤　陈俊兴　林建东　郑小玲　一千二百九十六元　陈根昌　一千二百八十八元　洪志伟　张荣国　洪志鹏　洪碧娜　严建明　吴伟强　一千二百八十元　苏荣勇　蔡志坚　一千二百六十八元　石锦海　陆海洲　一千二百零八元　林小凤　林宝熔　一千二百元　郑丽英

蔡亚辉　郑亚溪　黄元渊　张团仁　谢小平　林亚琴　兰炳霜　张天枝　陈少明　林丽珍　苏源根　林启运　苏长　林文池　载杰平　吴金水　吴秋燕　傅亚坤　杨大目　傅亚南　戴杰平　刘亚坤　王志民　黄来福　曾思发　肖松溪　苏文华　苏少斌　谢文德　苏陈进发　李茂华　吴永根　陈李真　黄耀辉　李永顺　许宝华　严振南　傅仰越　吴福建　柯两德　蔡跃生　柯志坚　许镇河　蒋港顺　许巧菊　一千零八十八元　平宏伟　一千零三十二点五元　老人协会　一千零八十元　郑冬华　黄少强　黄炯东　一千元　杨庆年　郑建华　黄碧娥　卢亚惠　李小宣　游美华　苏文芳　苏龙金　陈戴胜　陈金成　陈金城　苏阿成　王剑虹　王海鹏　孙忠民　郑定国　曾炳辉　高週荣　江阿木　侯井祥　林奕新　许燕全　郑小玲　陈浩　许志扬　许伯廉　李德成　陆加木　吴顺添　刘王褒杰　侯和树　曾志坚　游寿南　孙志委　黄进伟　博阿榕　孙忠巍　侯井添　陈渊华　刘进雄　郑芳宇　蔡陆仁杰　九百八十八元　杨少漳　八百九十元　庄镇辉　八百八十八元　黄宝凤　蔡金枝　林坤钟　陈秀楼　八百八十元　郭幸雨　康锦发　谢陈兵　陈文昌　八百元　林文泉　陆建德　陆建国　陆建龙　黄建龙　侯河水　陈文通　陈文华　陈聪明　梁国平　林水榕　郑有河　王春安　王茂兴　蔡玉莲　吴月卿　曾志平　曾志伟　陈林旭　邱建华　张峻明　郑茹茹　侯建能　侯和根　唐福龙　林淑清　陈陆炎明　侯建军　林亚岱　庄顺德　李大川　戚大明　戚毅敏　苏耀忠　陈永源　良祺公司　蔡海瑞　林斌斌　蒋月林　张宽辉　许黄建明　吴顺章　游炳福　陈益藤　陆松溪　吴清德　苏耀坤　何木来　洪阿国　七百八十元　陈庆丰　七百元　康金山　六百八十八元　王扁红　林学文　六百八十元　吴英祥　陆国霖　符海章　许聪明　许立己　陈俊　林志辉　林金枝　苏阿祥　吴亚玉　郑清源　张艺川　苏有新　颜清泉　六百六十八元　陆明义　林汤　林砖　蒋少宏　林国良　洪碧羡　林炫宇　陈艺红　林建阳　六百六十六元　杨文泽　六百六十

元　游慧明　张跃进　游慧荣　谢锭彬　苏伟强　六百五十五元　郑
水兰　莫祺　六百四十元　肖建明　六百一十八元　林娟　肖紫妍
苏锦钟　林惠明　林惠勇　陆智星　吴霖林　六百一十八元　郑跃西
蔡少鹏　赵明北　颜素珍　谢榕泽　六百零八元　林立人　蔡树　陈
宝石　陈林建团　陈茂松　翁艺辉　六百元　林川根　郑永松　郭振
木　洪克生　杨庆水　杨庆华　杨庆福　蔡文斌　周亚海　施志明
郑百卿　陈亚条　郭爱军　苏亚时　郑加强　蔡昌　林建发　许志成
洪荣伟　林海森　陈玉树　陈炎　郑文正　李素美　邵芝成　邵一峰
林雅君　黄哲颖　林雅茹　林雅莹　陈炳龙　庄清林　陈清山　李明
渊　陈秀花　洪炎武　浦东宾馆　陈天火　李家雄　郑治飚　李勇
陈永章　林国辉　翁小田　宋碧珠　颜振东　林宝玉　蒋丽贞　郭亚
旭　李清海　林阿玲　游炳忠　郭永祥　林祈德　杨恩德　郑铭泉
吴剩勇　黄亚明　肖贵旺　陈翠红　钱俊义　李雅峥　吴木根　郑小
菲　方德辉　高映虾　陈启裕林小莉　林银燕　陈毅斌　陆翠英　陈
石池　李文章　洪宇　黄祥龙　陈全民　陈明发　黄清辉　郑俊杰
陈建云　刘清松　洪炳福　陈胜　肖建明　陈阿乘　李忠标　陆亨通
漳州梦舒特服装　杨建明　苏耀明　庄海军　施昭客　郑庆年　张振
毅　刘德星　连元欣　李莉苹　牧羊世家小肥羊　林石角　刘生泉
王宗泅　林伟建　林坐炎　叶庆弟　苏亚平　曾振耀　杨傅煌伟　魏
坚　魏有元　魏解平　魏黄巍　李为民　李添文　蔡兴国　郑力量
杨雅雯　郭亚建　洪阿菊　六百元　林浴河　郑炎松　郑炎标　陈港
发　梁晓东　许维加　蔡古松　游卫勇　苏金菊　胡建泽　郑小玲
苏联凤　吴泓　张姬娜　柯正文　林克勤　高周才　杨志强　柯福能
蔡加坤　林跃能　杨志斌　陈少勇　罗海松　许志扬　曾海军　王永
发　苏秀琴　许秀　林雅欣　张钦亮　五百六十元　王建国　高东庆
古银元八块　六百八十元　吴英祥　蔡和成　六百元　游伟文　林志
群　蔡佑全　吴少萍　肖程洲　许西东　李为民　吴建云　李劲民

再添二千元　陈庆丰　再添一千元　蔡建杏　再添一千元　吴顺添
一千元　李美洲　二千八百元　吴志雄　二千零零八元　肖亦惠　一
千二百元年　黄旗　一千二百元　苏锦章　八百元　刘顺坤　刘顺和
沈建芬　李仔章　徐天助　郭阿雄　高週木

碑8　浦头大庙"浦头社淑女捐资芳名功德碑"碑文（2008 年）

浦头社淑女捐资芳名功德碑

二千元　郑丽华　一千二百元　林瑞虾　杨淑卿　一千元　郑金
娥　郑金莲　八百八十八元　苏青　六百元　郑丽贞　陈丽真　杨丽
卿　杨丽琴　杨丽钗　四百六十六元　陈少贞　四百元　林秀宝　林
素莲　苏阿贞　苏阿珠　蔡林碧珍　卢阿惠　三百六十元　林英虾
二百八十八元　洪碧云　陈燕云　二百八十元　陆丽华　郑翠恋　魏
淑宽　魏淑贞　魏淑珍　魏淑芬　魏淑惠　魏淑莲　陈燕红　二百四
十元　陆美娟　陆美清　蒋丽华　刘惠华　刘惠清　刘惠美　刘惠白
二百二十元　林惠贞　蔡淑华　陆素珍　陆阿雪　二百元　林美莲
林赛花　蔡丽花　郑丽琴　郑玉羡　林明珠　石瑞卿　郭仔兰　郭仔
红　郭少红　洪碧缎　陈阿杏　刘玉英　陆素华　陆阿羡　颜惠珍
颜惠贞　颜惠敏　郭爱月　陈淑卿　陈淑娟　陈淑宝　李燕红　洪蓓
蓉　李素珍　兰莉苹　林阿莲　林娟　林阿楼　吴以兰　陆碧华　许
美琴　许丽卿　许丽琴　黄素英　苏阿丽　苏爱琴　苏爱华　苏素琴
苏美丽　陆阿美　游秋月　游瑞月　郭瑞兰　陈丽羡　郑翠卿　颜美
华　纪亚红　陈阿玉　蔡淑珠　蔡金瑄　蔡敏玲　杨静　许美丽　林
坤英　林雪丽　洪丽红　吴丽珠　郑素珍　陈丽红　陈丽丽　陈丽琼
李素珠　张玲　张连红　颜运婵　颜美羡　颜阿珠　颜素珍　康来有
蔡美莲　陈文静　纪小红　林秀枝　唐丽华　吴幼慧　吴幼华　吴幼

红　洪丽玲　郑阿卿　郑素环　郑美环　郑美玲　郑海燕　纪小宽
苏丽华　郑茹茹　侯玉环　陈陆金兰　陈陆玲兰　李素惠　陆美虾
林金莲

碑 9　浦头文英楼"文英楼抬升捐资芳名碑"碑文（2009 年）

文英楼抬升捐资芳名碑

漳州市浦头文英楼，又名周爷楼、定潮楼。属于市文物保护单位。近年来因城市建设等原因地势升高。文英楼变成了低洼，逢大雨就浸水。在本社的里人及热心信众提议将庙抬升。于 2009 年岁次己丑年，本社里人及当任理事与神明商议，问卦征得神明同意，择良辰吉时动工抬升重建。得广大信众热心捐资，经过四个月到农历十月竣工。庙貌焕然一新。现将热心捐资的信士芳名勒碑，相传永久。

叁万元：漳州市霞东书院文昌宫

壹仟贰佰元：浦头石桥头增福祠

壹拾万元：陈瑞祥　**陆锦东**

贰万元：**张少鸿**　戚毅根

壹万捌佰元：蔡光辉

壹万元：**柯福能**

玖仟玖佰九十九元：**蔡源根**

陆仟元：洪仔忠

伍仟元：陆亚山

肆仟元：郁伯虎　**康锦坤**

贰仟贰佰元：

黄　松　黄和平　黄建荣　黄建顺　黄建华　黄秀芸　黄秀华

黄秀玉　**吴建平**　**吴建伟**

贰仟元：

朱永瑞　林伟雄　张艳华　**郑炳泉**　王伟鹏　蒋丽安　蒋思展
陆海洲　陆明义　**蔡陆建文**　郑炳裕　林振强　茵子川菜馆　**苏龙庆**
黄吴剑　庄鸿涛　王春安　黄碧松

壹仟贰佰陆拾捌元：**港脚信士**

壹仟贰佰元：

陈锦池　**陈小兵**　方加河　**陆溪港**　吴雨霖　方志强　陈启能
苏祯凯　**陆金中**　曾思发　黄正川　蔡建文　**陆顶金**　陆清辉　**林国
正**　陈益腾　陆建龙　林建国　张阿桐　**陆建德**　陆建国　张宽勇
黄水建　陆水生　李永顺　蔡跃明　林国辉　蔡苏伟

壹仟元：

洪树松　陆海能　陆加能　陆胜忠　魏慧杰　陆秋根　苏龙根
吴以兵　吴宝溪　黄国梁　**蔡添福**　钟海鹰　**林志明**　李水星　蔡阿
木　黄永清　**吴顺添**　张迎春　**张阿树**　**林国华**　傅阿坤　陆胜利
林添池　**陆加明**　陆加木　陆增加　陆加标　**陆阿明**　陆溪河　**苏锦
松**　林国平　黄秀清　欧阳福源　方碧玉　陆秋祥　陆秋月　**林建荣**
陆亚容　方张艺　苏木树

捌佰元：

赖敏洪　苏丽英　陈有龙　梁国平　吴振辉　蔡文钦　陆文通
张瓜子　王　珂　严光跃　郑富强　林火明　韩江龙　郑友和　郑杭
海　郑国辉　吴阿能　李文章　陆爱国　陆亚峰　陆志峰　柯　山

陆佰捌拾玖元：

符海章

陆佰捌拾元：

洪亚河　杨金海　陆国霖　林顺德　游志强　黄跃辉

陆佰陆拾捌元：

陆素华　郑明松　蒋少宏

陆佰陆拾陆元：

陈国滨　陈国华　郑宏谋　郑天宋

陆佰壹拾捌元：

苏阿根　郑炳松　朱智渊

陆佰元：

蔡忠义　方毅勇　洪丽英　林启明　蔡宝珠　陆永平　陈志明
胡俊强　陆松溪、陆少君　周亚海　黄健龙　郑荣兴　孟解放　陆志
伟　吴绍和　曾茶　蔡家珍　蔡佳荣、陈艺虹　苏永福　颜高能　颜
高值　杨树松　陆美英　郑文亮　李赞扬　郭树松　苏嘉滨　李海滨
郑国辉　陆水源

伍佰元：

柯建煌　王裕鹏　谢玉凤

肆佰捌拾元：

戴树城　苏龙昌　欧黄胜　郑贞　陈成勇

肆佰陆拾捌元：

陈俊松　苏水森

肆佰贰拾捌元：

谢小平　肖亦城。

肆佰零捌元：

陈琦　陈雅静

肆佰元：

陆阿美　陆美玲　陆美霞　陈顺国　白永联　胡授寨　林川根
林有中　林曲　王则林　洪辉　李赞雄　陆阿华　许志鹏　黄木根
黄清辉　曾佳　吴四得　苏跃东　高红月　吴镇春　李秀来　吴文明
张秀华　张聪明　黄忠辉　林国辉　陈阿阔　阮锡川、林加添　林涵
沈福龙　黄文英　陈建宏　阮月粉　吴添福　林越飞　苏建峰　黄剑

川、许教贤　胡跃南　赖庆生　俞金山　黄勇亮　陈跃格　欧路明　胡院中　林丽华　黄媛艺、王杰　欧圆圆　王渭北　陆永明　陆永清　吴陈泉　黄秋强　陆国平　陆明后、罗荣新、蔡绍全　陈福吉　陈聪明　蔡伟国　洪溪河　吴志明　颜丽萍　傅庆辉　傅献敏　甘联开　甘联众　卢顺利　付鹏　付红　刘雪琴　杨朝章　杨向颖　郑志宏　郑志强　蔡建新　施艺文　刘海城　黄木章　洪团水　黄金美　郑炳煌　黄丽俄　郑清池　吴阿加　纪亚玉　陈海云　陆启嵩　黄和绒　兰炳霜　林之楠　颜丽珠　颜镇洋　康全忠　陆志明　陆志兵　王西湖　林全成　卢楚珍　林育昌　林劲隆　林炫名　黄阿明　李岳英　陈水成　孙阿辉　黄木书　林金辉　何桂香　林君　陆胜勇　陆小玲　苏天勇　林昭君　蔡革新　林祥祥　郑炳英　黄魏　陆阿溪　陆清强　陆清标　洪炳福　林清光　吴佳林　谭贵文　杨陈为根　苏龙修　苏椒英　陈建阳　陈平　陆建明　林斌标　陈东光　林斌城　徐土水　徐海森　陈秋燕　卢福松　康国勇　黄阿鹏　王溪德　陈智勇　陆福松　康国勇　黄阿鹏　王溪德　陈智勇　陆阿鹅　王编红　黄宗荣　黄长河　蔡水龙　李清波　林珏金　黄亚蕾　黄清谦　王永辉　游黎方　林婷婷　苏亚香　陆阿贞　陆阿亮　陆文通、洪文政　洪雯婷　陆阿大　吴顺发　黄阿州　黄亿军　黄艺娟　苏水英　吴月卿　蔡建新　陈少夫　陆金山　李志林　陈建渊　陈海河　詹玉丽　黄燕丽　庄东生　苏伟明　郭阿坤、陆水通　蔡瞬贤　郑新华　康汉才　黄吴　许巧菊　黄维　黄洪川　杨秋龙　黄锦文　黄来福　陆翠英　郭振木　黄江芳　梁长福　黄景升　陈顺水　陈顺成　陈溪山　陈国华　王建国　康建成　陆少波　朱蔗水　林阿忆　陈登峰　刘阿坤　刘德里　黄伟峰　吴顺意　张献　陈圆蓉　林海义　林德玉　谢志伟　游乌糖　林界明　阮招治　黄阿树　吴明珠　朱建荣　陆德河　黄绕　陈木森　吴智斌　方碧花　黄雪珍　王茂兴　吴辉耀　漳州骨伤科医院　付国富　许志扬　林福兴　肖如松　俞明福　安玉珠　林炳坤　杨子艺

杨荣坤　蔡俊清　邱满港　黄友和　陆智勇　陈晓晴　陈国全　欧李
忠　许可佳　洪伟元　吴志伟　许志雄　陆永强　林来福　林旺松
黄福志　陆翠英　黄衍生　叶昌龄　蔡和顺　林委　林伟云

苏跃中　苏鹏飞　苏宏烨　喜谢龙柱一对壹万元

陆少北　敬谢本庙全部水电工资及材料伍仟元

林秀珠　布施名树三株　修护庙　施工工费陆仟玖佰元

黄秀清　喜谢壹千贰佰元添置香炉

林亚友　敬谢福神一座

林振强　游志雄　二人捐献老石板四十平方米

林育昌　林炫名　林钰钧　三人喜谢贰仟元添置香炉

陈乂松　喜谢水池栏杆石材

林启盛　喜谢水池栏工资

文英楼理事会

公元贰零零玖己丑年孟冬

碑 10　浦头文英楼 "文英楼兴建庙室捐资

芳名碑" 碑文（2011 年）

文英楼兴建庙室捐资芳名碑

浦头文英楼庙室于公元二零一零年八月兴建，二零一一年春竣工，其建筑面积二百零六多平方米，系群勇十二组大埕之地，经理事会研究决定付人民币壹拾贰万元作为此地补偿费。

恳承社会各界信士敬献爱心喜乐捐资兴建而成。

附注：下面列社会信士捐资芳名录：

陆锦东贰万元　**陈瑞祥**贰万元　**吴建平**贰万元

苏龙庆壹万零肆佰元　吴斌壹万元

柯福能壹万元　**张少鸿**壹万元　蔡志辉壹万元

·295·

苏跃坤捌仟元　苏跃忠捌仟元　**陆建龙**肆仟肆佰元

黄秀芸伍仟佰捌拾捌元　**黄建顺**伍仟捌佰捌拾捌元

陈永平伍仟陆佰元　**蔡清辉**伍仟元

陆信用肆仟元　**陆少北**肆仟元　**蔡跃生**肆仟元

王阿河肆仟元　张宽荣贰仟捌佰元　郑建平伍仟元

陆建德肆仟元　**陆建国**肆仟元

以下贰仟元

郑炳泉　陆顶金　黄建荣　黄建华　徐郑炎发　**蔡陆建文**　陆亚鹅　**欧阳森**　陆爱国　陆金中　陆加木　陆信忠　**陆加能**　吴顺添　**庄鸿涛**　陆亚山　陆亚客

以下壹仟贰佰元

吴以兵　**陆水生**　**陆清标**　吴文明　吴清河　**陈锦池**　陆志强　**张阿桐**　**陆阿明**　吴友晓　徐亚明　王志鹏　王炳艺

以下壹仟元

黄海龙　陆永辉　陆永毅　陆吉生　陆溪忠　颜高植　王毅伟　**洪团水**　**魏慧杰**　**赖敏洪**　蔡土芳　林启威

以下捌佰元

颜高能　**吴阿能**　林海涛　杨淑卿

陆佰陆拾捌元　**蒋少宏**

以下陆佰元

陆素英　陈金榕　刘德星　蔡志斌　潘剑兵

以下伍佰元

苏龙根　**洪树松**　陆建平　**蔡陆建文**　**陆阿鹅**

郑毅　肆佰捌拾元

以下肆佰元

陆美清　陆美娟　陆溪山　陆加标　陆水通　陆建国　陆建德　陆清强　蔡文钦　黄秋勇　林伟雄　原阿财　苏文松　许维加　张丽

娟　蒋月林　苏毅　许黄建阳　林志明　许顺玉　黄木章　李阿坤

曾漳汀　蔡陆仁杰　林明德　林晓欢　黄宝惠

陈作梗叁佰元　黄定云贰佰肆拾元

林加添贰佰肆拾元　杨荣深贰佰贰拾捌元

王照辉贰佰壹拾捌元

以下贰佰元

阮金芗　陈志强　陈志伟　林木典　陆同霖　郑剑堂　张艺聪

陈志明　许秀　黄阿鹏　温明杰　蔡雪华　郑俊志　吴李晓波　肖如

松　黄阿清　苏丽英　黄献深　陆永青　陆永铭　陆青　蔡正楷　杨

振辉　陈艺枫　林莉花　赖庆生　陆宝琴　陈家荣　李惠川　施志明

占美真　陆智勇　蔡国煌　柯陆秋根　蔡添福　陈汉麟　李水星　黄

亚景　曾恩发　林春生　陈国和　康俊荣　康俊亮　吴家裕　吴伟伟

林启明　郑阿环　陈福熙　戴美英　胡援崇　陈美霞　黄松　黄秋勇

陈高中　黄毅慧　黄毅杰　陈梧桐　郑文亮　郑美卿　郑美丽　杨微

娜　黄毅娜　黄毅荣　郑秋玉　胡援忠　苏鹏举　蔡建文　吴文洲

苏淑英　许乙凡　朱乔君　苏小英　林炳发　陆阿珠　苏风明　王阿

利　郑炳煌　郭树松　杨庆福　曾建栋　郑小龙　郑天赐　陈丽贞

孙亚辉　陆阿美　陆阔嘴　黄仔洲　蔡草新　陈国容　陈武勇　陆玉

燕　陆彩云　林志伟　陆文通　林阿明　方翔　蔡亚木　康国勇　张

瑞东　方娜娜　黄立新　林亚明　黄国梁　王渭北　周秀宾　陈少斌

陈乌必　于海黄景达　郑顺花　黄素玲　郑桂兰

碑 11　浦头增福祠"功德碑"碑文（2008 年）

功德碑

扩建增福祠捐资信众芳名如下：

陈瑞祥　10097 元　何向荣　何志荣　何少荣　10000 元　林瑞

霞 4000 元　林建设 4000 元　谢志亮 4000 元　蔡碧松 2850 元　林建国 2860 元　傅亚坤 2806 元　蔡源根 2000 元　林丽珍 2000 元　陈旺根 2000 元　洪树木 1660 元　颜志敏 1408 元　吴金水 1400 元　李茂华 1200 元　林建东 1088 元　陆阿榕 1000 元　洪树松 1000 元　洪仔忠 1000 元　王和盛 1000 元　吴明伟 1000 元　陆志强 1000 元　郑阿勇 1000 元　陈锦田 1000 元　苏木树 1000 元　蔡建杏 1000 元　庄丽华 1000 元　周小明 1000 元　卢阿惠 800 元　林钻钻 800 元　蔡裕德 800 元　杨明德 800 元　杨明川 800 元　林宝熔 600 元　叶向阳 600 元　洪炳福 600 元　洪树林 600 元　吴志雄 600 元　肖奕斌 548 元　林瑞祥 520 元　郑治飙 500 元　郭幸丽 480 元　郑瑞贞 408 元　香格里拉新物业服务中心 400 元　林小凤 400 元　黄少强 400 元　王扁红 400 元　陈戴胜 400 元　吴金全 400 元　林国良 400 元　陈建德 400 元　陈建国 400 元　陈建龙 400 元　林育忠 400 元　陈跃坤 400 元　李忠标 400 元　洪跃坤 400 元　何木来 400 元　黄清香 400 元　谢瑞麟 400 元　谢小平 280 元　颜子林 268 元　颜国祥 268 元　肖亦慧 268 元　林坤钟 208 元　林坤奇 208 元　颜志勇 208 元　林炫宇 208 元　洪晨洋 208 元　杨瑞珠 200 元　王水仙 200 元　洪阿菊 200 元　谢志清 200 元　陈亚彩 200 元　陆雪云 200 元　蓝炳森 200 元　黄木章 200 元　苏阿泉 200 元　苏锦章 200 元　林仔楼 200 元　苏炜 200 元　陆溪港 200 元　苏连忠 200 元　洪建福 200 元　张阿顺 200 元　颜加能 200 元　黄锦钟 200 元　蔡建明 200 元　陈建团 200 元　林春良 200 元　郭爱军 200 元　陈佩生 200 元　林川根 200 元　傅庭勇 200 元　廖阿燕 128 元　侯建国 120 元　许志扬 120 元　颜信义 120 元　蔡和成 120 元　蔡少聪 120 元　吴阿秉 120 元　林小玲 120 元　林毅 120 元　陈志毅 120 元　黄铭琼 120 元

洪仔阿 208 元 林进财 208 元 曾秀香 208 元 朱乔君 200 元
游定国 120 元

漳州市增福桥及增福祠文物保护小组

公元二○○八岁次丁亥年腊月吉立

碑 12 浦头探花码土地公庙"善男信女功德碑"碑文（2004 年）

善男信女功德碑

浦头探花码庙修建记载，第一次修筑由探花码弟子蔡源根、纪玉赐、谢柯荣于一九八一年捐资修建，第二次修建于一九九八年，由探花码蔡家弟子及众信士捐资。因旧城改造，为美化环境配套于二○○四年进行第三次修建，由探花码蔡家弟子与众信士捐资及悦华集团大力支持，再次进行全方面的装修。

林建设 2800 方绍辉 1689 傅李才 1280 曾阿平 陈苏进发 康锦坤 1200 陈锦田 1000 刘亚丽 郑国漳 800 简芳蜚 600 蘇剑峰 1389 郑根松 980 陈霜 889 蔡少雄 1998 蔡露章 968 林亚琴 680 黄建龙 陆亚根 纪玉赐 姚小香 吴玉琴 陈红专 400 林建国 480 蔡露章 王卫斌 林育忠真 510 蔡亚水 林江燕 600 蔡林志文 400 王添水 228 叶向阳 240 吴木根 300 肖松溪 350 陈港顺 240 柯建华 陈阿朝 张丽君 康永裕 黄宝凤 曾吉章 严炎新 张杰 张周明 王秀花 黄阿伟 许建武 曾庆辉 苏炎宏 林志峰 颜锡祜 陈国乾 严炳炎 戴志华 黄勤 朱之峨 方宗明 200

游阿明捐水泥路 严永华捐献石砖

探花码土地公庙座西北向东南，总占地面积 266 平方米，其中主庙占用地 25.5 平方米，两边室占用地 53 平方米，活动室占用地 35

平方米，东边围城内占用地 116 平方米，西边围城内占用地 35.5 平方米。

探花码理事会

理事长　蔡林志伟

理　事　傅李才　颜锡棠　蔡源根　苏木树　纪柯赐　谢柯荣

碑 13　浦头管仔顶保生大帝庙"庙记·漳州市浦头管仔顶保生大帝庙修建信众捐资芳名功德榜"碑文（2008 年）

庙记

原漳州浦头管仔顶保生大帝庙始建于宋代年间，清乾隆甲子年重修，公元一九六零年六月九日被洪水冲毁，于公元二〇〇八年由本社蔡弟子及众善信捐资修建。

漳州浦头管仔顶庙理事会

戊子年仲秋吉旦

漳州市浦头管仔顶保生大帝庙修建信众

捐资芳名功德榜　单位（元）

蔡林志伟 16889　洪俊杰 12000　王志丹 8000　何向荣 5000　何志荣 5000　何少荣 5000　卢春黎　5000　王凯曲 4000　华大机械系漳州培训班同学会 3690　陈锦田 2800　方冬瓜 2800　方绍辉　陈霜 2580　谢志亮 2000　蔡少雄 2000　庄丽华 2000　林建设　2000　倪少伟　2000　许艺农 2000　严志义 2000　苏陈进发 1800　黄建龙 1688　傅李才 1660　康锦坤 1200　陈港顺 1200　蔡碧松 1200　六石太子宫 1200　蔡美莲 1068　林建国 1008　林阿琴 1008　蔡亚松 1000　佛弟子 1000　肖松溪 1000　林育忠 888　陈春秋 800　王添木 800　蔡林碧珍 800　颜锡祐 800　黄勤 800　王芋根 600　林来福 400　周来

凤 400　吴莲花 400　黄阿伟 400　苏石头 400 林斌 800　林宏 800　苏宗标 400　陈宗德 400　陈跃辉 400　苏跃明 400　苏适 400　柯泽森 400　李唯毓 400　张舒能 400　张周明 400　孙白菜 400　严仁智 400　郑国璋 220　张杰 200　王阿珠 200 林素珠 200 林塘发 200　林塘明 200　林白菜 200　廖云萍 200　陈建生 200　华锦英 200　林进海 200　林建东 200　陈庆丰 200　蔡东宝 200　蔡东川 200　陈阿杏 200　林塘强 200　林武汉 200　黄海石 200　蔡森森 200　吴金全 200 陈小土 200　郭爱军 200　林漳池 200 苏惠森 200　蔡国璋 200　颜锡棠 200　方宗明 200　吴惠顺 200　陈建山 200　王龙庆 200　陈秋玲 200　陈兆秋 200　吴西坤 200　陈亚万 200　吴宏辉 200　陈勇棋 200 林川根 200　苏厚根 200　苏亚玉 200　黄跃辉 200　叶向阳 400　蔡林志文 400

戊子年仲秋吉立

碑 14　浦头文浦亭有应公妈庙"文浦亭功德碑"碑文（2009 年）

文浦亭功德碑

庙记

文浦亭有应公妈庙原位于浦头与官园石路头交汇处，始建明宣德年间，经百年沧桑多次修缮。因旧城改造，由悦华新房产集团有限公司迁至浦头探花码土地公婆庙右侧，二○○九年陆月由本社蔡家弟子及众善男信女捐资修建，勒刻为石。

己丑年季夏置

捐资修建芳名榜

蔡林志伟　二万八千元　官园杨以能　二万元　陈瑞祥　一万三千元　郑亚溪　一万元　华大机械系漳州同学会　三千六百九十元

洪俊杰　二千元　陈锦田　二千元　严志义　二千元　苏陈进发　一千八百元　王添木　一千两百八十元　王为斌一千元　陈港顺　一千元　颜席棠　八百元　黄勤八百元　陈春秋八百元　官园林丰收　八百元　香格里拉物业中心　六百元　蔡宝珍　六百元　林雅琴　六百元　李亚木　陆海荣　李加容　洪树松　杨阿勇　叶明升　黄建龙　官园陈聪明　陈红专　蔡林碧珍　蔡林志文四百元　王建勇　三百元　洪仔河　二百六十元　洪荣伟　二百四十元　吴木根　二百二十元　蔡惠成　二百零八元　二百元　李瑞根　纪福根　黄友强　曾彩霞　杨秀碗　林川银　郑伟东　陈仁衷　曾上海　蔡正楷　刘永华　刘锦辉　徐进财　吴建辉　高一峰　蔡亚勇　蔡亚生　王亚畲　游卫方　高艺红　吴昊　林志强　颜亚潘　吴清水　苏亚通　苏龙忠　苏龙金　韩龙源　郑庆斌　赵青伟　杨阿勇　朱儒　陈建生　陆秀琴　柯泽文　黄四娜　郑河根　郑和元　蔡少鹏　赵明北　高清山　吴树莲　郭亚坤　王扁红　朱生　陈庆丰　朱志谦　林亚菜　陈亚忠　林艺君　傅献敏　陈建生　林亚碑　陈亚阔　林其漳　张剑苹陈天潭　林启盛　林建东　林进海　林砖　叶东东　许秀华　陈宗德　苏宗标　郭永祥　游育玲　黄同义　郑为民　张周民

碑15 "浦头蛏仔市祥慈宫妈祖庙"
碑文（2010 年）

浦头蛏仔市祥慈宫妈祖庙

　　位于漳州市浦头区港边，坐西北向东南，始建于明洪武九年，原庙地总面积二百八十平方米，内供天上圣母、禅师公、顺风耳、千里眼、土地公等菩萨。明清年间，浦头港码头系漳州对外航运商贸交易繁华地域，妈祖保佑护航商家顺利平安，广大信众信仰供奉。中华人民共和国成立后，因久年失修，加上一九六〇年六月九日又遭遇罕见大水灾冲毁。于二〇一〇年由陆少北先生主持发起，颜锡棠先生设计施工，林寅鸣先生慷慨解囊及广大信众热心捐资，重新修建于二〇一〇年农历十月初八落成。

祥慈宫理事会

重建蛏仔市妈祖庙众信士捐资芳名

林寅鸣　48000 元　蔡林志伟　2800 元　林丽坤　黄海防　2400 元　陆溪港　2000 元　陆娟 1000 元　康锦坤 800 元　曾庆强 600 元 林细春 500 元　蔡文钦　陈辉　陆永垚　陆永强　苏龙根　蔡绍全 陆江　黄铭琼　洪树松　林阿琴　傅阿坤　曾志坚　400 元　洪仔河 260 元　聂卫西 240 元　陆溪山　陆少君　苏心怡　郑庆生　陆智勇 黄智杰　林建东　陆松溪　蔡跃明　林川根　林秋宪　蔡舜贤　杨傅 煌伟　陆素华　陆德河　欧黄胜　李志林　陆秋红　王扁红　朱智渊 庄小斌　郑滨泉　林文池　洪良煌　王雨问　蔡雪莲　蔡和成　林炳 坤　戴培芳　陆秀琴　苏阿根　陈渭兵　郑雪玉　蔡建文　吴金花 黄跃辉　赖庆生　林莉花　蔡正楷　林启胜　200 元　黄浴滨 160 元 吴顺发　李天文　黄木树　林炳发　陆亨通　陆古松　120 元

何志荣　谢三尊金身及金库　11800 元

曾志坚　陈炳棋　谢石狮一对　2400 元

陆少北　曾东燕　谢妈祖金身 3600 元

严仁智　谢福德正神金身一尊　1380 元

方河泉　谢三十六关将彩画 2600 元

陈义松　谢石板材 2400 元

郑彤　张宇辉　谢庙内彩画 1280 元

吴俊勇　谢庙内彩画 1280 元

苏鸿艺　谢庙内彩画 1280 元

李顺仁　谢油漆　800 元

陈炳祥　谢瓦片 200 元

陆少波　黄富贵　傅阿坤　谢庙旗五支路灯 1200 元

设计施工工资　颜锡棠　4800 元　陆少北 30000 元

后　记

在笔者的博士学位论文即将正式出版之际，按照惯例，得写点东西以资存想。

这部书稿的完成，实际上要分成三个阶段。一是早在 2012 年年底，作为林国平教授主持闽南师范大学闽南文化研究院重大课题"闽南民间信仰与漳州社会变迁"课题组成员，我负责其中的子课题之一"漳州都市民间信仰"，其主要研究对象便是漳州府城东门外的浦头港的民间信仰，其后的调研报告作为结项成果，收录在《漳州民间信仰与社会变迁》一书；二是 2014 年我考入林门，在林老师的大力鼓励与指导下，利用后续三年读博时间，再次深入浦头港的各个角落，全面深入梳理浦头港及其"大庙管十八庙门"等民间信仰内容的历史发展脉络及其横向联系，使得我对闽南民间信仰研究有了质的飞跃，由此撰成的博士学位论文顺利通过了答辩；三是博士毕业后，除了对浦头港进行持续性的跟踪调研，我还参加了陈支平教授主持的"中国海上丝绸之路通史"重大课题，负责其中的子课题之一"中国民间信仰海外传播研究"，对于本书的主要田野作业所在地——漳州浦头港，及与之密切相关的周边主要港口，诸如月港、厦门港、泉州港，以及明清时期闽南沿海一带所面临的海内外复杂的社会经济、政治、文化等环境因素有了更深一步的体会，因此，对本书关于明清时期漳州浦头港的兴起与发展的内容也就有了更加宏观全面的认识与补充。

本书的出版，最应该感谢授业恩师林国平教授。与林老师相识甚早，林老师风度翩翩，为人和善、风趣、爽朗，尤其愿意提携后进，我曾受惠多年。2014 年有幸考入林老师门下，林老师渊博的学识、严谨的治学态度、敏锐的学术洞察力、勤奋而专业的田野调查作风，以及为人、做事深具大家风范，毕业这么多年，依然使我如沐春风，受益良多。本书从选题、田野调查、文章架构、问题意识提炼，最终成稿，乃至后续的跟踪调研、最终修改与出版等工作，无一不凝练着林老师的心血与智慧。也正是在恩师精心的指导、提携与鞭策下，我也才能够打破原本迷茫的学业桎梏，有了崭新的学术研究方向。如此恩情，难以言表，一一铭刻我心！林师母笑语盈盈的款待，总是那么的温暖人心，在此一并致谢！

此外，还要特别感谢陈支平教授，能够近距离感受陈老师非凡的才华与人格魅力，并得到陈老师的一再提携，确是人生幸事！这里还要特别感谢我的博士论文答辩会委员们，他们分别是答辩会主席金泽研究员，委员刘永华教授、郭丹教授、郑镛教授、邓文金教授，他们专业而独到的指教使我受益匪浅，对本书的后期修改助益甚巨。同样要感谢的还有我读博期间前往宝岛台湾"中研院"民族学研究所访学的合作指导老师张珣教授，张老师慨然应允我的短期访学，并专门抽出时间来接待与指导我，帮我推荐了许多台湾学术前辈的研究成果，鼓励我在民族所开设讲座，并慷慨赠书，使我十分感动！还要感谢"中研院"民族所前所长胡台丽教授、林美容教授、石磊教授、丁仁杰教授等师长给了我诸多的指导与关照，尤其是林美容教授，不辞辛劳多次带我赶赴台湾各地的民间信仰研讨会，使我大开眼界的同时，倍感温暖。幸运的是，我还得到了汤漳平教授、邓文金教授、马重奇教授、陈庆元教授、张晓松教授、段凌平教授、李德栓教授、施榆生教授、王建红教授、黄宁夏教授、安拴虎教授、郑玉玲教授、施沛琳

教授，以及漳州市道教协会前秘书长 杨亚聪 先生、漳州市政协海峡

文史馆江焕明馆长、厦门大学 郭志超 教授、王日根教授、福建艺术

研究院叶明生研究员、马来西亚道理书院王琛发教授等先生的教诲与

关怀，无一不鼓舞着我努力向前。同样还要感谢闽南文化研究院常务

副院长刘云博士、马海燕博士、李毅婷博士、郑榕博士、苏惠苹博

士、陈启钟博士、罗臻辉博士、马睿哲博士、马华明硕士，以及《闽

台文化研究》编辑部同仁等师友对我的支持与帮助。

特别感谢调研地浦头港的林建国、苏水泉、 苏金水 、林进海、

蔡源根、蔡林志伟、蒋亚明、林来福、苏龙根、吴以兵、陆江、陆松

江、周来凤等叔伯姨婶，还有许许多多甚至只有一面之缘的浦头港

人，都十分包容我近十年不间断的打扰，不厌其烦的接受我的访谈，

为我提供各种帮助，在此一并致谢！他们身上流露出来的那片热爱家

乡社里传统文化的赤诚，总让我感动不已。

这里还要感谢我的家人。家父生前不辞辛苦支持我的学业，并一

直以他的幺儿为豪，很遗憾老人家未能亲眼见证我攻读博士学位，谨

以此本书的出版告慰家父在天之灵。感谢泉州安溪老家八十几岁老母

亲的耐心等待，老人家虽然时常笑着诧异我三四十岁还在读书写字，

但从未抱怨我因此而忙碌。感谢我的五哥、大姐以及各位哥嫂，替我

分担了照料老母亲的职责。感谢我的爱人魏君青老师，她的工作十分

忙碌，但这么多年还是很努力地体谅我，着实替我分担了大小许多事

情，正是她的鼓励、理解与分担，使我能够心无旁骛。当然，这本书

还应该献给我那刚出生的儿子，看着他那天真无邪的笑容，使得我不

知疲惫，勇往直前。

本书能够得到顺利出版，还得特别感谢我所在单位闽南师范大学

提供的学术著作出版专项经费的全额资助。同样要特别感谢中国社会

科学出版社的大力支持，尤其是编审宋燕鹏博士，对本书的出版贡献

良多，一并致谢。

最后，本书的出版，可能存在的一应谬误均由我个人承担，也祈请各位方家不吝赐教。

钟建华

2023 年 3 月